CRÉSUS

Kevin Leloux

CRÉSUS

Le plus riche des rois de Lydie

PERRIN

92, avenue de France
75013 Paris
Tél. : 01 44 16 08 00

ISBN : 978-2-262-08578-0
Dépôt légal : septembre 2023

Mise en pages : Nord Compo

Avertissement

Dans le présent ouvrage, on retiendra la chronologie « traditionnelle » des règnes des cinq rois mermnades en dépit d'une contribution récente, parue en 2016[1], qui invite à remonter de presque vingt ans les années de règnes d'Alyatte et de Crésus, ce dernier accédant au trône de Sardes dès 580 av. J.-C. environ[2]. En effet, sans entrer ici dans les détails, il existe suffisamment de bons arguments qui invitent à maintenir l'idée que le dernier Mermnade a bel et bien succédé à son père vers 561 avant notre ère.

On retiendra donc les dates suivantes :

Gygès : 680-644 av. J.-C. environ ;

Ardys : 644-624 av. J.-C. environ ;

Sadyatte : 624-610 av. J.-C. environ ;

Alyatte : 610-561 av. J.-C. environ ;

Crésus : 561-547 av. J.-C. environ.

Avant-propos

> « [Les oracles] prédirent à Crésus que, s'il faisait la guerre aux Perses, il détruirait un grand empire. »
>
> Hérodote, I, 53.

Automne 547 avant notre ère : Crésus se réfugie précipitamment dans son palais de Sardes, la capitale du royaume lydien*, un vaste ensemble territorial occupant l'essentiel de la portion occidentale de l'Anatolie (Turquie actuelle). Les troupes perses de Cyrus II le Grand encerclent la ville de toutes parts et, bientôt, parviennent à l'investir et à l'incendier. À la vue de sa capitale dévastée, Crésus se résout au suicide. Ainsi tombe le dernier souverain de Lydie. Mais comment ce célèbre et opulent royaume a-t-il pu sombrer si vite face aux Perses, pourtant inconnus en Anatolie ?

---

* La Lydie est une région du centre-ouest de l'Anatolie, à l'est d'Izmir, d'une superficie équivalente environ à celle de la Belgique actuelle.

La prise de Sardes fut perçue comme un moment tragique qui entraîna la chute de la Lydie tout entière, un événement sans précédent dans l'esprit des anciens Grecs. Il est vrai que cet effacement du royaume, auquel le monde hellénique n'était pas préparé, eut de multiples conséquences, notamment pour les riches cités grecques installées en grand nombre sur l'ensemble de la côte d'Asie Mineure, aux franges de l'entité lydienne. En effet, dans la foulée, elles furent incorporées à leur tour au sein de l'immense Empire perse alors en construction. Mais c'est aussi la mise au pas de ces communautés qui entraîna, une cinquantaine d'années plus tard, la révolte de Milet : sa sédition allait provoquer le soulèvement de l'Ionie* tout entière, une révolte elle-même prélude aux guerres médiques. Pendant dix ans, le fracas des armes allait placer les Grecs face à leur destin, ce qui allait provoquer l'émergence de la pensée historique.

La Lydie de la dynastie des Mermnades – dont Crésus fut le dernier souverain – impressionnait les Grecs contemporains par sa richesse, et sa puissance était considérée par ceux-ci comme celle d'un royaume invincible faisant office de verrou contre toute menace venue d'Orient. La fin tragique du monarque fut donc un choc pour l'ensemble du monde grec dès le lendemain de la chute de Sardes. À la suite des guerres médiques (conflits du début du Ve siècle av. J.-C. entre les Grecs et les Perses), avec le recul, le personnage de Crésus fut ainsi considéré comme la première victime de l'expansion-

---

* L'Ionie est une région de la frange égéenne de l'Asie Mineure qui a vu l'installation de nombreuses cités grecques dès le XIe siècle av. J.-C.

nisme perse et, à ce titre, il se gagna la sympathie des peuples grecs. L'opulence des offrandes faites par ce roi dans plusieurs sanctuaires grecs, dont les plus prestigieux, était à l'image des ressources financières dont il disposait et elles frappèrent tellement l'esprit de ses contemporains que sa richesse devint proverbiale. En effet, qui ne connaît pas l'expression « riche comme Crésus » ?

L'étude de l'histoire du royaume lydien n'a jamais perdu de son attrait depuis plus de 2 500 ans, sans doute pour une bonne part grâce à la renommée acquise par son dernier roi, une figure entrée dans la légende et passée à jamais à la postérité. Mais malgré les nombreux récits de voyageurs et antiquaires, il faut cependant attendre 1893 pour voir paraître un premier ouvrage d'historien en langue française – celui de Georges-Albert Radet – aborder de manière érudite la maison royale des Mermnades. Il s'agit d'une enquête axée sur la Lydie seule, rédigée par un historien passé par l'École française d'Athènes, familier du monde égéen. Depuis cette date, plus aucun autre ouvrage en français n'a été consacré au royaume fondé par Gygès, le premier des cinq rois mermnades. Néanmoins, il est évident que les fouilles entreprises par les Américains depuis 1909 à Sardes, la capitale lydienne, ont entretenu l'intérêt suscité par le royaume de Crésus. Plusieurs publications à portée archéologique, et par moments historique, ont donc vu le jour, mais aucune ne s'attarde particulièrement sur la dynastie des Mermnades. Dès lors, force est de constater que, depuis la publication de la somme de Georges-Albert Radet, aucun autre ouvrage ne s'est intéressé spécifiquement et en profondeur aux règnes de Crésus et de ses ancêtres. Il a donc paru opportun de revisiter cette page d'histoire laissée en friche depuis bientôt cent trente ans.

Étudier le royaume mermnade est une véritable gageure tant est cruel le manque de sources à notre disposition. Pour aborder l'histoire de ce royaume réduit en cendres par Cyrus II, c'est du côté d'Hérodote qu'il faut se tourner : celui que l'on surnomme, à la suite de Cicéron, le « père de l'Histoire » est à la fois le plus disert et le moins éloigné des événements. Si l'historien d'Halicarnasse en vient à s'intéresser à la Lydie, c'est parce qu'il veut remonter aux origines des guerres médiques qui ont vu s'opposer Grecs et Perses. À la suite d'Hérodote, Xanthos (historien grec natif de Sardes contemporain du père de l'Histoire) s'est également penché sur le royaume. Malheureusement, de ses écrits ne subsistent que les fragments conservés, entre autres, chez Nicolas de Damas*. Enfin, d'autres auteurs, certains antérieurs à Hérodote et Xanthos, d'autres – beaucoup plus nombreux – postérieurs, fournissent aussi à l'occasion des informations parfois capitales pour la compréhension des règnes des derniers Mermnades. Parmi les plus notables, on retiendra Mimnerme, Xénophane, Bacchylide, Ctésias de Cnide, Xénophon, Diodore de Sicile, Strabon, Plutarque, Polyen, Élien et Justin. On fera observer que ces différents auteurs ne peuvent être abordés de la même manière : ils appartiennent tous à des époques très diverses, chacun d'eux s'exprimant pour témoigner dans un contexte historique qui lui était propre, avec

* Historien et philosophe de langue grecque du Ier siècle avant notre ère, proche du roi de Judée Hérode le Grand, dont il était le secrétaire.

des préoccupations inhérentes à celui-ci, au moyen d'un genre littéraire spécifique.

Bien entendu, il ne fallait pas oublier les sources orientales. Concernant les sources lydiennes, rien ou presque n'est parvenu jusqu'à nous. Il n'existe à ce jour qu'une centaine d'inscriptions en lydien et, dans la plupart des cas, il s'agit de courtes inscriptions funéraires. Heureusement, à côté de cela, on dispose de plusieurs documents babyloniens éclairants comme la *Chronique de Nabonide*.

Il va de soi que, pour évoquer cette grande page de l'histoire archaïque, la documentation matérielle (en particulier celle fournie par l'archéologie, l'épigraphie, la numismatique et l'iconographie) constitue un précieux apport surtout accessible au travers des contributions érudites et des rapports de fouilles rendant compte de l'exploration des sites occupés à la période archaïque (700-500 av. J.-C. environ) en Anatolie occidentale.

C'est par l'utilisation de ces différentes sources anciennes que nous invitons le lecteur à découvrir l'incroyable parcours du célèbre et dernier roi de la dynastie des Mermnades : Crésus.

Introduction

Les Mermnades, les ancêtres de Crésus

Crésus est le cinquième et dernier roi issu de la dynastie dite des Mermnades. Ce nom désignerait les descendants de Mermnas, un ancêtre de Gygès*, celui qui passe pour le fondateur de la dynastie royale. Mais sans doute faudrait-il plutôt voir dans ce Mermnas le nom d'une tribu locale de Sardes d'où serait issu Gygès[1]. Quoi qu'il en soit, cette suite de souverains aurait régné sur le royaume de Lydie pendant un peu plus de cent trente ans, de 680 av. J.-C. environ jusqu'en 547 av. J.-C.

Avant l'arrivée sur le trône de Gygès, le premier Mermnade, donc, l'histoire de la Lydie est très délicate à reconstituer. La version que les auteurs grecs, notamment Hérodote, nous ont transmise ne consiste en effet qu'en un mélange de romances et de contes largement invérifiables et que l'on peut qualifier de « folkloriques ». Mais avant d'y venir, il convient de se familiariser avec le cadre dans

* Pour plus de détails sur les ancêtres de Crésus, voir l'arbre généalogique en annexe en fin d'ouvrage.

lequel ces figures royales vont se faire connaître et évoluer, de prendre aussi la mesure des conditions politiques égéo-anatoliennes qui créèrent l'opportunité pour ces individus de développer un puissant royaume centré sur Sardes et qui s'étendit pendant plus d'un siècle au moins sur une bonne part de la Turquie occidentale actuelle.

La Lydie est une région de vallées fluviales et de montagnes de l'Anatolie occidentale. Parmi les cours d'eau principaux la parcourant, on trouve le Gediz (ancien Hermos), deuxième plus grand fleuve de Turquie, arrosant la plaine juste au nord de Sardes avant de se jeter dans la mer Égée à proximité de Phocée. On notera également le Küçük Menderes (ancien Caystre, ou « petit Méandre » en turc), plus au sud, se jetant dans l'Égée près d'Éphèse*. D'autres fleuves et chaînes de montagnes marquent les limites septentrionales et méridionales de la Lydie. Au nord, le Caïque (moderne Bakır Çay) et la chaîne du Temnos (Simav Dağları) séparent le vieux pays de la Mysie, tandis qu'au sud, le Méandre (moderne Büyük Menderes) sépare la Lydie de la Carie. À l'est, la frontière avec la Phrygie devait être le cours supérieur du Méandre et ses affluents vers le nord-est. Enfin, l'extrémité occidentale est au contact des domaines acquis par les cités grecques fondées sur le continent[2].

Durant l'âge du Bronze, le territoire du futur royaume lydien était sous la domination de deux royaumes louvites** de l'Arzawa (nom donné à une région de l'Anatolie occidentale durant cette période), tous deux futurs vassaux

* Voir la carte en annexe en fin d'ouvrage sur les principales cités d'Asie Mineure au temps de Crésus.

** Les Louvites étaient un peuple de l'âge du bronze vivant en Anatolie et parlant une langue indo-européenne : le louvite.

du Nouveau Royaume des Hittites à partir du règne de Muršiliš II (fin du XIVe – début du XIIIe siècle av. J.-C.) : au nord le Pays de la rivière Seha avec probablement le site de Kaymakçı comme capitale, au sud le royaume de Mira qui avait sa capitale située à Apaša (Éphèse)[3].

C'est dans le contexte des migrations et des destructions associé à la fin de l'âge du bronze en Méditerranée orientale (fin XIIIe – début du XIIe siècle av. J.-C.) que les Lydiens, provenant du nord-ouest de l'Anatolie, arrivèrent dans la région et supplantèrent la population locale parlant le louvite. Il est possible également qu'ils étaient déjà présents dans cette zone depuis le second millénaire avant notre ère et qu'ils profitèrent de la situation pour évincer les autorités louvitophones, mais le manque de sources littéraires et archéologiques ne permet pas de trancher pour l'une ou l'autre hypothèse. Quoi qu'il en soit, lorsqu'un pouvoir central s'est réorganisé dans la région, le centre névralgique s'est déplacé des alentours du lac de Gygès vers le sud, sur l'autre rive de l'Hermos, à Sardes[4].

Si on veut retracer dans les grandes lignes l'histoire des principales figures royales qui précédèrent Crésus, on constate que les récits aux dimensions incontestablement folkloriques qu'Hérodote s'est plu à faire connaître à son public grec donnent tous, chacun à leur manière, l'impression que le surgissement du royaume lydien est avant tout un processus local.

Selon Hérodote (I, 7)*, à Sardes, avant que les Mermnades ne s'y imposent, régnaient la dynastie des Atyades

---

* Entre parenthèses, les lettres et chiffres se rapportant à Hérodote (que nous abrégeons parfois Hdt.) renvoient à ses *Histoires*. Ici, il s'agit du chapitre 7 du livre I.

et, à sa suite, celle des Héraclides. Cette dernière dynastie mythique aurait dirigé la Lydie pendant cinq cent cinq ans (vingt-deux générations). Les Atyades passaient pour être les descendants d'Atys et de son fils Lydos (qui aurait donné son nom à la Lydie). C'est durant le règne d'Atys qu'une famine aurait frappé durement les Lydiens et que le roi aurait divisé son peuple en deux groupes pour remédier à la disette : un groupe serait resté en Lydie tandis que l'autre, sous la houlette de son fils Tyrrhénos, aurait été enjoint de quitter le pays pour l'Ombrie (Italie) où ils se seraient établis, prenant là le nom de Tyrrhéniens (I, 94)[5].

Ensuite, le premier représentant de la dynastie des Héraclides – descendants d'Héraclès[6] – aurait été un certain Agron, tandis que le dernier devint célèbre par le récit laissé par Hérodote à son sujet : il s'agit du fils de Myrsos, Candaule[7], un personnage que les Grecs auraient appelé Myrsilos à en croire Hérodote (I, 7-11), ou Sadyatte selon Nicolas de Damas (90 F 47)*. Les rois lydiens utilisaient le système des *duo nomina*. Ainsi, une fois sur le trône, les souverains, qui portaient déjà un nom depuis leur naissance, se choisissaient un nom « royal ». Ce système en usage à la cour des Sardes serait l'héritage d'une ancienne pratique datant de l'âge du bronze en Anatolie, utilisée notamment par les rois hittites[8]. Le nom même de « Myrsilos », utilisé par les Grecs, serait la forme hellénisée du nom royal hittite « Muršiliš ». L'utilisation de ce nom royal serait, de la

* Nicolas de Damas, fragment 47. Dans le corpus des fragments des auteurs grecs (FGrH) établi par Félix Jacoby, Nicolas de Damas porte le numéro 90.

part des rois de Sardes, une manière de se rattacher au passé glorieux de la région lorsqu'elle était en contact direct avec le royaume hittite[9].

C'est durant les règnes des derniers Héraclides qu'on doit avoir assisté à l'affirmation sociale de la tribu des Mermnades, et notamment de Gygès. C'est par ailleurs sous le règne du dernier Héraclide que Gygès serait devenu le garde du corps du roi.

Il n'en reste pas moins que les évocations fragmentaires du passé lydien nous renseignent malgré tout sur un point qui ne surprendra guère : il existait un climat conflictuel à la cour de Sardes entre les représentants des différentes tribus nobles (dont les Mermnades), qui entendaient exercer à leur profit une forte influence. Quoi qu'il en soit, les Mermnades sont arrivés au pouvoir à l'aide d'un coup d'État en assassinant le dernier des Héraclides, Myrsilos (ou Candaule, ou Sadyatte)[10].

Malgré les quatre récits différents relatant le complot[11], il est impossible de connaître les circonstances exactes de l'arrivée au pouvoir de Gygès sur le trône de Lydie. La ruse semble avoir été de la partie et on peut soupçonner une intrigue de cour ourdie au plus haut niveau. Reste que déduire que le premier Mermnade accéda probablement au pouvoir à la suite d'une passe d'armes, peut-être une guerre civile conduisant à des interventions extérieures, reviendrait sans doute à faire la part belle à l'« imaginaire raisonnable ». Avec le règne de Gygès, l'histoire lydienne émerge davantage des contes populaires et récits philosophiques : les sources grecques deviennent plus précises et peuvent être soutenues par les sources proche-orientales et archéologiques[12]. Les Mermnades ont vu cinq membres de leur lignée s'imposer comme rois de Lydie : Gygès, Ardys, Sadyatte, Alyatte et Crésus. Ils doivent avoir régné, de manière patrilinéaire, durant un peu plus de cent trente ans, de 680 av. J.-C. environ jusqu'en 547 av. J.-C.

Selon Hérodote (I, 13-14), une fois monté sur le trône de Lydie, Gygès s'empressa d'envoyer des ambassadeurs à Delphes afin que l'oracle le reconnaisse comme le nouveau souverain car des Lydiens voyaient d'un mauvais œil le meurtre de leur ancien roi et la guerre civile menaçait. L'oracle de Delphes aurait confirmé Gygès sur son trône, mais la Pythie déclara tout de même que la dynastie serait maudite car, lors du règne du quatrième descendant de ce souverain, les Héraclides seraient vengés*. En d'autres termes, selon l'oracle, la dynastie était donc maudite jusqu'à Crésus compris. Cependant, personne ne tint compte de cet avertissement et, pour remercier l'oracle, le premier Mermnade envoya de nombreuses offrandes de valeur à Delphes[13]. Ceci étant, ces propos d'Hérodote placent alors le début des relations étroites que les souverains lydiens entretinrent avec le sanctuaire phocidien.

Pendant son règne, Gygès a non seulement réussi à cantonner le danger cimmérien** aux abords de son royaume, mais il a aussi cherché à étendre son influence

---

* On précisera au passage que, dans le texte grec, il est question du « cinquième » descendant mais il s'agit d'un calcul qui inclut Gygès. Le même procédé, bien attesté, est à l'œuvre pour les compétitions olympiques qui se déroulaient tous les quatre ans mais que le grec qualifie de « pentétérique », en incluant les fêtes précédentes.

** Les Cimmériens étaient un peuple de cavaliers nomades qui ont ravagé l'Asie Mineure du VIIIe au VIIe siècle av. J.-C.

sur les cités grecques installées parfois récemment (et donc encore peu puissantes) sur la frange égéenne de l'Asie Mineure, et par là entamer avec un succès inégal une politique d'expansion territoriale. Il aurait ainsi envahi et mené des campagnes contre le territoire de Magnésie du Sipyle, de Milet et de Smyrne, et même investi la ville basse de Colophon[14]. Ces campagnes de Gygès à l'encontre des cités ioniennes devaient avoir pour objectif de permettre aux Lydiens de mettre la main sur leurs récoltes et leurs greniers à blé[15]. Gygès a aussi tissé des liens avec la cité grecque d'Éphèse afin, probablement, de pouvoir bénéficier de son port. En effet, il aurait donné la main de sa fille à Mélas « l'Ancien » (Nic. Dam. 90 F 63), tyran d'Éphèse et ancêtre de Mélas « le Jeune », père de Pindare qui, plus tard, fut déposé par Crésus. Ces liens devaient également permettre aux Lydiens d'accéder à l'Artémision, un sanctuaire que fréquentaient les Anatoliens dès le Xe siècle av. J.-C. environ[16]. Le premier des Mermnades s'est également vite tourné vers la Troade, car, à en croire le témoignage de Strabon (XIII, 1, 22)*, les Milésiens ont dû demander la permission au roi lydien pour fonder Abydos sur la rive asiatique de l'Hellespont (vers 670 av. J.-C.).

Le règne de Gygès est donc surtout dominé par les incursions des Cimmériens. Déjà présents en Anatolie dès le VIIIe siècle av. J.-C., leur nom reste surtout associé à la chute du royaume de Midas. Ce peuple nomade ne va pas davantage épargner la Lydie et l'Ionie à par-

---

* Entre parenthèses, les lettres et chiffres se rapportant à Strabon renvoient à ses *Geographika*. Ici, il s'agit du passage 22 du chapitre 1 du livre XIII.

tir des années 670 av. J.-C. Pour le coup, les sources assyriennes viennent compléter les informations fournies par les sources littéraires grecques. En effet, pour combattre le peuple nomade entré en Anatolie, Gygès va devoir se résoudre à envoyer une ambassade porteuse d'un appel à l'aide à Assurbanipal vers 664 av. J.-C.[17], et dans ses Annales (gravées sur un cylindre conservé au British Museum), le roi assyrien décrit que Gygès se reconnaissait comme son sujet et qu'il lui avait envoyé des présents, notamment un prisonnier cimmérien, après sa première victoire contre le peuple nomade. Cependant, même après avoir été repoussés une première fois par les Lydiens, la menace représentée par les Cimmériens demeurait toujours bel et bien d'actualité en Asie Mineure car les annales assyriennes relatent une nouvelle incursion en Lydie en 644 av. J.-C. C'est lors de cette offensive que la ville basse de Sardes fut prise et que Gygès trouva la mort[18].

Ardys – que Nicolas de Damas (90 F 63) nomme Alyatte – succéda à son père apparemment sans encombre. On a très peu d'informations concernant son règne, excepté le fait qu'après la mort de Gygès, il aurait renouvelé l'alliance avec Assurbanipal pour chasser les Cimmériens[19]. Mais vers 640 av. J.-C., après la mort de leur chef Tugdamme (que Strabon nomme, en l'écorchant, Lygdamis), la puissance cimmérienne s'est fortement estompée, ce qui permit à Ardys de se détacher définitivement de l'Assyrie. Peu d'autres faits à mettre à l'actif de ce roi mermnade sont connus car les sources sont pratiquement muettes sur son règne. Selon Hérodote (I, 15), il captura Priène et envahit le territoire de Milet. Tout comme son père, il aurait aussi tissé des liens avec la cité d'Éphèse, puisqu'il aurait marié sa fille Lydè à un Éphésien : un certain Milétos, un descendant de Mélas l'Ancien (Nic. Dam. 90 F 63)[20].

On sait très peu de choses sur le règne de son successeur, le troisième Mermnade à monter sur le trône, Sadyatte (vers 624-610 av. J.-C.). Selon Hérodote (I, 17), il aurait entamé une longue guerre contre la cité de Milet, un conflit qui ne prit fin que sous le règne du père de Crésus. Les seules autres informations concernant les « années Sadyatte » concernent encore une fois les liens tissés entre les Mermnades et les tyrans d'Éphèse. Selon Nicolas de Damas (90 F 63), le roi lydien se serait épris de sa propre sœur, Lydè, qui était alors l'épouse de l'Éphésien Milétos.

Le début du règne d'Alyatte, qui succède à son père vers 610 av. J.-C., paraît avoir été dominé par la poursuite de la guerre que Sadyatte avait entamée contre la cité de Milet (Hdt., I, 17-25). Les Lydiens prirent l'habitude de mener contre la cité milésienne des razzias – une sorte de tribut annuel. Le but était donc assurément de faire du butin sur le compte des Milésiens mais sans doute aussi d'affaiblir leur cité. Il fallait en tout cas veiller à ce qu'elle ne devienne pas une menace pour l'arrière-pays[21].

Lors de la douzième année de la guerre (elle avait été menée auparavant, six ans durant déjà, par Sadyatte), l'incendie déclenché par les troupes lydiennes toucha par accident le temple d'Athéna Assesia situé dans la campagne appartenant à Milet. Hérodote raconte qu'Alyatte serait alors tombé malade et aurait appris par la Pythie de Delphes qu'il ne recouvrirait la santé qu'une fois reconstruit le temple endommagé par le feu. Tenu au courant de la réponse faite à Alyatte, le tyran de Milet Thrasybule fit croire aux émissaires lydiens qui étaient venus entamer des négociations que la cité ne souffrait en aucun cas de la disette. Pour donner le change, avant leur arrivée, Thrasybule avait fait amasser tout le blé des réserves de la cité sur l'agora et avait encouragé ses citoyens à ostensiblement festoyer. Berné par le stratagème, acquis à l'idée que la guerre ne conduirait à rien, Alyatte conclut des accords de paix avec le tyran de Milet, et finança la reconstruction non pas d'un mais de deux temples dédiés à Athéna Assesia, ce qui lui aurait permis par la même occasion de se relever de sa maladie (dont on ignore les détails). Même s'il est fort probable que tout le passage du récit concernant la guérison miraculeuse d'Alyatte soit imaginaire[22], il n'en reste pas moins que l'archéologie confirme la reconstruction du temple d'Athéna Assesia puisque les vestiges du temple montrent la trace d'un incendie et d'une reconstruction à la fin du VIIe siècle av. J.-C.[23].

Tout comme Gygès avant lui, selon Hérodote, Alyatte aurait également envoyé des offrandes à Delphes, en particulier un grand cratère d'argent avec son support[24]. C'est d'ailleurs la présence de ces offrandes du roi lydien qui a pu offrir le prétexte idéal pour les prêtres du sanctuaire en quête de publicité de créer de toutes pièces une histoire à la gloire de Delphes et d'Apollon, relatant la maladie du roi et sa guérison divine.

Selon Hérodote (et Nicolas de Damas 90 F 64), Alyatte aurait également mené une campagne militaire contre les cités de Smyrne et, plus à l'ouest encore, Clazomènes. Dans le cas de la prise de Smyrne, les sources littéraires trouvent une confirmation archéologique puisque les fouilles menées sur le site ont permis de mettre au jour les restes d'une rampe de siège ayant permis aux Lydiens d'investir la ville[25]. Alyatte aurait aussi réussi à mettre la main sur la cité de Colophon et à anéantir sa cavalerie, la classe dominante de la cité, grâce à un stratagème transmis par Polyen (VII, 2, 2)*. Il aurait tendu un guet-apens aux cavaliers colophoniens en les invitant dans sa capitale afin de leur verser une double solde mais, une fois dans la ville, les Lydiens les auraient tous massacrés[26].

À la suite de ses expéditions plutôt heureuses contre les différentes cités grecques d'Asie Mineure, et après avoir chassé les Cimmériens d'Asie (Hdt., I, 16), Alyatte tourna son attention vers l'est, où il se serait mesuré aux armées mèdes de Kyaxare (Hdt., I, 73-74). C'est lors de cette guerre qui aurait duré cinq ans qu'une éclipse totale du soleil intervenue le 28 mai 585 av. J.-C. – et que Thalès de Milet aurait prédite – résolut les belligérants à conclure des accords de paix. C'est dans le cadre des engagements contractés par les deux parties qu'Alyatte donna sa fille (et sœur de Crésus) Aryènis en mariage à Astyage, le fils de Kyaxare, roi des Mèdes. C'est à la même occasion que la ligne de partage entre les domaines lydien et mède aurait été fixée sur le fleuve Halys[27]. C'est probablement lors

---

* Entre parenthèses, les lettres et chiffres se rapportant à Polyen renvoient à ses *Stratagemata*. Ici, il s'agit du passage 2 du chapitre 2 du livre VII.

de sa marche vers l'est, en direction des territoires sous contrôle des Mèdes*, qu'Alyatte soumit au passage ce qui subsistait du territoire des Phrygiens qu'avaient malmené les Cimmériens.

Grâce à son contrôle acquis sur plusieurs sources aurifères présentes sur les territoires désormais sous sa domination, Alyatte entreprit la monumentalisation de sa capitale, Sardes. Outre l'édification de son tumulus funéraire (au sud du lac de Gygès, à quelques kilomètres au nord de Sardes), c'est notamment sous son règne que les Lydiens érigèrent les remparts de la capitale, fortifièrent l'acropole et monumentalisèrent des bâtiments réservés à l'administration[28].

Comme ses prédécesseurs, Alyatte avait lui aussi tenu à tisser des liens familiaux avec la cité d'Éphèse, puisqu'il avait marié une de ses filles au tyran éphésien Mélas le Jeune (Élien, *Histoire variée,* III, 26). De ses unions, Alyatte eut aussi au moins deux fils : Crésus (né d'une épouse carienne) et Pantaléon (né d'une Ionienne) qui, comme nous le verrons plus loin, se disputeront la royauté.

À la mort d'Alyatte, c'est Crésus qui lui succéda (Hdt., I, 26). À ce moment, il était alors âgé de 35 ans (vers 561 av. J.-C.). Celui qui fut le dernier Mermnade eut lui aussi des enfants. Hérodote nous en parle dans des développements faits d'anecdotes en méandres marqués par des accents dignes des mythographes et des Tragiques, ce qui fragilise le crédit à leur concéder. Il mentionne un fils sourd-muet qui parla la première fois

---

* Voir la carte en annexe en fin d'ouvrage sur les empires et royaumes voisins de la Lydie.

lorsqu'un soldat perse faillit tuer Crésus lors de la prise de Sardes par les armées de Cyrus (Hdt., I, 85), et un autre fils prénommé Atys qui trouva la mort lors d'une partie de chasse (Hdt., I, 34-45).

Parce que Crésus aurait reçu un songe dans lequel il aurait vu son fils tué par une pointe de fer, le lendemain, le roi lydien fit disparaître toutes les armes du palais royal et il refusa qu'à l'avenir son fils participe aux campagnes militaires. Lors des préparations des noces d'Atys un prince phrygien nommé Adraste serait arrivé à Sardes afin d'être purifié car il avait tué sans le vouloir son propre frère et avait été, pour son geste, chassé de Phrygie. Après avoir été accueilli au palais, la nouvelle d'un sanglier ravageant les cultures des Mysiens (des voisins de la Troade) parvint à Sardes. Atys demanda alors la permission d'aller chasser le sanglier et rassura son père en lui disant qu'une bête, même féroce, ne porte pas de pointes de fer. Crésus se résolut à accepter mais lui imposa la présence du Phrygien Adraste comme garde du corps. Lors de la chasse, un javelot lancé par ce même Adraste toucha Atys et le tua. La nouvelle affligea Crésus au plus haut point, et celui-ci invoqua Zeus afin de le prendre pour témoin du malheur que le prince phrygien avait apporté à sa maison. Crésus avait, sans le vouloir, nourri l'assassin de son fils. En amenant le corps de la victime devant le roi de Lydie, Adraste présenta ses excuses et se fit pardonner par le Mermnade. Mais le prince phrygien, ne se pardonnant pas son geste, préféra se suicider sur le tombeau d'Atys. Toute cette histoire pourrait très bien être issue d'une tragédie portant sur la maison des Mermnades[29], car on reconnaît depuis longtemps l'analogie entre le destin d'Œdipe et l'épisode d'Adraste.

On le voit, par le récit de la mort d'Atys et par la prise de Sardes par les troupes perses menées par Cyrus II en 547 av. J.-C., les menaces de la Pythie proférées à Gygès furent avérées. En effet, ainsi devait l'annoncer l'oracle mis en scène dans le théâtre athénien dont Hérodote expose les mécanismes du drame à la manière d'un logographe. Cependant, doit-on se contenter d'un scénario mentionnant une dynastie des Héraclides destinée à être vengée à la cinquième génération (donc sous Crésus) ? Les Mermnades étaient-ils bel et bien maudits ? Non, il est impossible de se satisfaire d'une histoire mettant en scène un Crésus réduit à subir la réalisation d'une prophétie émise à Delphes. Tentons donc, autant que possible, de nous affranchir de ce carcan tragique et de nous interroger sur le véritable règne du dernier des Mermnades.

1

La jeunesse de Crésus

Crésus naît aux alentours des années 590 avant notre ère, probablement à Sardes. À cette époque, la capitale est déjà une cité prospère qui se dotera sous le règne de son père, Alyatte, d'une imposante enceinte fortifiée et de bâtiments administratifs. Pour se faire une idée des organisations, des usages mais aussi des coutumes auliques et sociétales qui rythmaient la cour où grandit Crésus, Hérodote, une fois encore, est d'un grand secours. Grâce à lui, nous pouvons exploiter les quelques indications éparses glanées chez les auteurs grecs tardifs et les combiner aux rares compléments parvenus jusqu'à nous grâce à l'épigraphie – comme la dédicace du roi trouvée à Éphèse, par exemple.

Malgré tout, il existe trop peu d'informations concernant la cour de Sardes, son recrutement, sa composition, son étiquette, ses activités les plus notables, ou encore son influence sur la conduite des affaires ou son poids face au souverain. Cela se comprend sans peine dans la mesure où les différents auteurs anciens opérant à partir du Ve siècle av. J.-C. ne se fixaient pas pour objectif premier de décrire la cour des rois lydiens. À leurs yeux, de toute évidence, celle-ci devait avoir été dominée sinon écrasée tout au long par la personnalité et l'autorité des rois, conformément à l'idée vite convenue que l'on se faisait d'une monarchie orientale. En pratique, ils en auraient été d'ailleurs incapables, si l'on songe que tous écrivaient bien longtemps après la destruction de la capitale lydienne et la disparition du dernier Mermnade.

Il faut rappeler que si, pour quelque raison pas si évidente, Crésus était demeuré présent dans la mémoire collective des Grecs, l'homme était mort depuis près d'un siècle lorsque Hérodote se lança dans la rédaction de son *logos* sur la Lydie (ses *Lydiaka*). Son propos était organisé autour de la figure du dernier roi de Sardes, mais la parcimonie extrême des témoignages écrits accessibles à l'homme d'Halicarnasse a rendu ce couloir du temps plus sombre encore à remonter.

La cour de Sardes et l'entourage du roi

La meilleure façon de se faire une idée véritable de ce qu'était la cour royale de Sardes est encore de s'inspirer avec prudence de ce que l'on sait des cours attestées dans les différents royaumes orientaux de ces siècles comme la Perse, la Babylonie et l'Assyrie, en conjecturant que leur composition et fonctionnement étaient sans doute assez proches de ce que montrait la cour de Crésus.

Par ailleurs, sachant le profond enracinement de l'identité lydienne dans la culture de l'Anatolie occidentale du IIe millénaire av. J.-C., on se doit aussi de considérer ce que l'on sait des cours plus anciennes et bien documentées comme dans les royautés paléo-assyrienne et hittite. Il n'est certainement pas interdit de chercher à voir si l'organisation du palais et du domaine lydien n'avait pas une dette auprès de ces prestigieux prédécesseurs.

Sans entrer dans les détails, il semble donc que, dans la majorité des cas, les cours orientales aient été édifiées sur le modèle paléo-assyrien. Au cours de l'âge du bronze récent (XVe-XIIIe siècles av. J.-C.), le terroir qui allait constituer la future Lydie faisait partie du royaume du « Pays de la rivière Seha ». Cette entité géographique appartenait à la mouvance d'un royaume plus vaste, l'Arzawa, dont il s'avère qu'une capitale (Apaša*) ne devait être autre que l'Éphèse des Grecs. Mais ce puissant territoire ouest-anatolien fut néanmoins contraint de reconnaître la domination du Nouveau Royaume hittite[1]. Or c'est par l'intermédiaire des multiples colonies (*karum*)** assyriennes que les Hittites furent conduits à adopter, outre l'utilisation de l'écriture cunéiforme pour transcrire leur langue indo-européenne, le nésite, les nombreux usages auliques des Assyriens[2]. Ces diverses observations invitent à considérer que la composition de la cour lydienne pouvait donc présenter de fortes

* Pour tous les termes propres à l'Asie Mineure et la culture lydienne (noms communs, noms de personnes, noms de lieux), voir le lexique en annexe en fin d'ouvrage.

** Des comptoirs commerciaux installés au XIXe siècle av. J.-C. en Anatolie (comme Kanesh/Nesha, site de Kültepe, qui fut la principale principauté hittite).

réminiscences avec ce qu'était la cour du « Pays de la rivière Seha », elle-même influencée par celle d'Hattuša, la capitale hittite, formée aux usages assyriens.

Pour l'âge du fer et la période dite « archaïque » des Grecs (XIIe-VIe siècles av. J.-C.), plusieurs études ont démontré que la cour néobabylonienne était conçue quasi à l'identique avec la cour néo-assyrienne, à la suite notamment de l'annexion du royaume de Babylone en 729 av. J.-C. par l'Assyrie. De même, les cours des royaumes néo-élamites – dont celui d'Anshan, le royaume de Cyrus II – laissent entrevoir, elles aussi, de nombreuses influences néo-assyriennes. Ces observations ne surprennent guère quand on sait que la civilisation néo-assyrienne était en grande partie héritière des Assyriens de l'âge du bronze[3]. Ainsi les cours des différents royaumes du Proche-Orient et de l'Anatolie (*a fortiori* la Lydie) partageaient-elles sans doute de nombreux points communs.

À la lecture des sources grecques comme Hérodote[4], Nicolas de Damas[5] ou encore Plutarque[6], on apprend que la cour royale lydienne à l'époque de Crésus était composée du roi (*qaλmλuλ* en lydien), de ses femmes, de ses enfants, de sa famille au sens large, personnes auxquelles s'ajoutaient ses servants, son personnel administratif, ses médecins et les nobles propriétaires de domaines, tout un monde auquel se joignaient par moment des membres de familles royales amies.

Le personnel constituant l'entourage immédiat de Crésus, à l'instar de celui des rois des Hittites, des Perses, des Babyloniens et des Assyriens, devait probablement inclure un surintendant du palais, des gardes du corps, un boulanger, un majordome, un secrétaire particulier, des responsables de la « maison des femmes », un barbier, ou encore un secrétaire attaché à l'héritier du trône. Les gouverneurs de domaines devaient également séjourner par moments à Sardes, fût-ce pour rendre compte de leurs gestions et témoigner de leur loyauté[7].

Bien que cela soit moins documenté, la cour lydienne pouvait aussi se répartir en deux groupes distincts : on devait avoir, d'une part, une cour « interne », composée de la famille royale et du personnel en contact direct avec le roi ; et, d'autre part, une cour « externe » réunissant les personnes qui appartenaient à l'entourage du souverain de manière temporaire ou permanente mais qui n'entraient pas – ou alors très exceptionnellement – en contact direct avec le roi.

La cour interne du roi avec sa famille se devait de disposer elle aussi de serviteurs particuliers ainsi que d'un personnel administratif – des personnes de confiance qui devaient probablement être choisies au sein de la noblesse lydienne. La cour externe devait se composer des propriétaires terriens, des gouverneurs de domaines (qui étaient parfois issus de la famille royale), des membres de familles régnantes et de la noblesse « amies ».

Si l'on s'inspire toujours des autres pratiques auliques orientales, les membres de la famille mermnade ainsi que la noblesse présente à Sardes devaient pouvoir chercher à éclairer le roi lydien de leurs avis et conseils[8].

Bien entendu, l'ensemble des courtisans devait probablement résider dans le palais édifié dans la capitale du royaume lydien et dont on ignore aujourd'hui tout du plan architectural. Au plus peut-on estimer très probable que l'ensemble du secteur abritant les bâtiments administratifs se situait sur une terrasse au nord de l'acropole de Sardes[9].

On est en peine d'en dire davantage concernant la composition de la cour lydienne à l'époque de Crésus, tant est cruel le manque de sources anciennes écrites de l'époque et la pauvreté de la documentation archéologique. Seuls les textes grecs parfois très postérieurs fournissent directement des indications invérifiables sur ce qu'était la vie à la cour de Sardes.

Quoi qu'il en soit, on apprend toujours par ces mêmes sources littéraires grecques que la société mermnade aurait reçu la visite de plusieurs personnalités grecques provenant de cités installées sur la frange égéenne d'Asie Mineure, voire de Grèce continentale. Selon ces sources – la plus ancienne et la plus diserte étant Hérodote – ces visiteurs étrangers sont presque tous rattachés au seul règne de Crésus, ou bien à celui de son prédécesseur, Alyatte.

Les « Sages » à la cour : des sources fiables ?

Que sait-on de la visite de divers savants grecs à la cour de Sardes du temps de Crésus et de son père, Alyatte ? À lire les auteurs grecs, auraient pu se mêler à l'entourage du roi de fortes personnalités telles que Thalès de Milet, Bias de Priène, Pittacos de Lesbos, et plusieurs Athéniens tels Miltiade l'Ancien, Alcméon et, le plus souvent nommé, le législateur athénien Solon[10]. Parmi ces différents personnages, quatre (Thalès, Bias, Pittacos et Solon) seront retenus comme faisant partie des Sept Sages, dont la liste ne sera établie que pour la première fois par Platon (*Protagoras*, 343a). Il ne faut pas se cacher que ces affirmations souvent prises au comptant posent de gros problèmes chronologiques ainsi qu'on tentera de les synthétiser ici en insistant sur les implications qu'ils comportent quant à la perception du dernier roi lydien.

Par exemple, on ignore si Thalès a fréquenté physiquement la cour de Sardes durant le règne d'Alyatte, mais on sait par Hérodote (I, 74) qu'il était son contemporain puisqu'il aurait prédit, à tout le moins aux Ioniens, l'éclipse totale du soleil de 585 av. J.-C. qui aurait pressé les Mèdes du roi Kyaxare et les Lydiens à conclure des accords de paix[11]. Plusieurs décennies plus tard, durant le règne de Crésus, on apprend par le même Hérodote (I, 75) que le savant grec avait accompagné le roi lydien dans son expédition en Cappadoce en 547 av. J.-C., cette fois contre Cyrus : à cette occasion, le Sage de Milet avait conseillé à Crésus de creuser un canal afin de détourner le lit de l'Halys pour qu'il puisse traverser le fleuve à gué. On ne peut que constater l'écart de trente-huit années qui sépare l'éclipse solaire du temps de Kyaxare et la campagne fatale de Crésus contre Cyrus. Même si la date de naissance du Milésien n'est pas fixée avec certitude (probablement vers 624 av. J.-C.), Thalès devait donc alors être pour le moins un homme d'un âge avancé durant la campagne de 547 av. J.-C. Mais on doit convenir que cette réserve ne rend pas pour autant sa participation impossible.

Bias de Priène et Pittacos de Lesbos, eux, sont mentionnés conjointement par Hérodote (I, 27) lorsqu'il aborde le projet de Crésus de soumettre les Ioniens des îles : l'un de ces deux Sages se serait présenté à la cour de Sardes mais l'historien se dit incapable de désigner lequel des deux car ses informateurs se contredisent. En tout cas, le visiteur en question aurait déconseillé à Crésus d'envahir les Ioniens des îles à l'aide d'une flotte de guerre. La raison ? Ces derniers auraient été occupés de leur côté à monter une expédition contre Sardes, avec comme fer de lance une cavalerie créée pour la cause (la cavalerie était pourtant l'arme par excellence des Lydiens et non des Ioniens[12]).

Il est plus que probable que Pittacos n'ait jamais fréquenté la cour de Crésus. Selon la tradition, Pittacos a été le gouverneur de Mytilène entre 597 et 587 av. J.-C. environ et il mourut dix ans après s'être retiré du pouvoir[13]. Si cette chronologie est retenue, pour le coup, il était donc contemporain d'Alyatte et il était déjà mort lors de la montée de Crésus sur le trône vers 561 av. J.-C. Reste que Mytilène, à Lesbos, vit sa fondation de la cité de Sigée convoitée par Athènes sous les yeux des Lydiens présents dans la région depuis Gygès – qui, on l'a vu, avait permis aux Milésiens d'investir la place d'Abydos quelques kilomètres plus au nord. Mityléniens et Lydiens ont donc certainement été amenés à dialoguer bien avant Crésus à propos de cette région anatolienne sensible par sa position stratégique sur l'Hellespont et la richesse de son sous-sol.

Concernant Bias de Priène, en revanche, la chronologie ne pose aucun souci puisque, selon Hérodote (I, 170), il était encore vivant après la capture de Sardes par les troupes perses et qu'il avait conseillé aux Grecs de quitter l'Ionie pour partir en Sardaigne fonder un établissement panionien. Mais il n'est pas acquis pour autant que la rencontre ne soit pas une fiction. Il y a fort à parier que c'est son statut incontesté de Sage qui a pu lui valoir à lui seul d'être mis en concurrence avec Pittacos comme conseiller de Crésus !

Crésus aurait également reçu un jour la visite de l'Athénien Alcméon (ancêtre de Périclès). On est sans doute ici dans un autre registre, pas strictement historique, mais éclairant sur les interférences de la Lydie dans les affaires grecques. Selon Hérodote (VI, 125), dans des propos distincts de ses *Lydiaka* – et dont les sources nous échappent –, Alcméon avait été invité par Crésus à Sardes. Le roi lydien désirait le remercier de l'accueil qu'avait réservé à son peuple à Delphes ce membre éminent de l'illustre famille des Alcméonides, sans doute celui qui passait pour avoir gagné leur place enviée dans la vie publique d'Athènes. Pour le remercier de son amabilité zélée, Crésus aurait alors emmené Alcméon dans la salle du trésor de la capitale et l'aurait autorisé à emporter autant d'or qu'il pouvait en transporter en une seule fois. L'Athénien aurait alors enfilé des vêtements amples et de grandes bottes qu'il aurait remplis au mieux d'or, se poudrant même les cheveux avec des paillettes d'or et en transportant même dans sa bouche. Amusé par la vue d'Alcméon qui ressemblait ainsi à tout sauf à un humain, Crésus lui aurait fait don de cet or et y aurait encore ajouté d'autres présents non moins imposants.

En fait, sous un angle étroitement factuel, il est fort probable que pareille rencontre n'eut jamais lieu car, encore une fois – mais pas pour cette seule raison – le père de l'Histoire commet là une erreur chronologique : Alcméon, que la tradition place à la tête des Athéniens lors de la première guerre sacrée, était bien plutôt un contemporain d'Alyatte ; c'est l'Alcméonide Mégaclès, son fils, grand opposant à Pisistrate, qui vécut lors du règne de Crésus, comme le signale par ailleurs Hérodote lui-même dans son logos sur la Lydie (I, 59). Certains estiment dès lors que cette histoire aurait été inventée de toutes pièces par les Alcméonides à des fins de propagande politique (et consignée par Hérodote).

Un rejet total de l'épisode n'est pas moins excessif au vu de ce qui est passé à la postérité sous le nom de « première guerre sacrée » (600-590 av. J.-C. environ) et du rôle attribué à Alcméon. Des contacts entre les Alcméonides (père et fils) et les Mermnades (père et fils), aussi impliqués les uns que les autres à Delphes à cette époque, devaient s'imposer. Sans doute Hérodote voulait-il faire de cette famille accusée d'avoir tenté de trahir Athènes lors de la première guerre médique de vieux amis des Lydiens qui, eux, étaient perçus de son temps comme les premiers adversaires des Perses et donc comme de farouches opposants aux Barbares perses[14].

Venons-en maintenant à Solon. En effet, on ne peut laisser de côté plus longtemps le fait que, après avoir soumis tous les peuples à l'ouest de l'Halys, Crésus aurait reçu – en pleine gloire, donc – la visite du législateur athénien (Hdt., I, 29-33). Son entrevue avec Crésus a fait l'objet d'un flot de commentaires et d'innombrables interprétations. Aux dires d'Hérodote, c'est dans une Sardes au faîte de son opulence que Crésus aurait vu défiler, chacun venant à son heure, tous les Sages de la Grèce qui vivaient en ce temps (I, 29). Pour le Sage athénien aussi, le moment était crucial : le législateur était sur le point de boucler un long périple qui venait de le voir passer par la cour d'Amasis d'Égypte. Son long déplacement, avec ses étapes connues, s'était déroulé dans le cadre d'un éloignement d'Athènes de dix ans. C'est le temps imparti par la tradition aux errements d'Ulysse, et c'est aussi le temps exigé plus tard des Athéniens ostracisés avant de pouvoir remettre le pied en Attique. Ici, il n'est nullement question d'ostracisme, une pratique encore inconnue : l'accord de sa mise en retrait aurait été scellé par un serment partagé avec les Athéniens. Ce dernier engageait Solon à se tenir éloigné de la Cité à laquelle le législateur avait concédé des lois que lui-même et ses concitoyens en guerre civile avaient décidé de ne pas modifier en son absence. La rencontre avec Crésus intervenait donc à un moment crucial, soit à la toute fin de cette longue période de dix années.

Comme avec Alcméon, le roi lydien lui aurait dévoilé ses trésors – preuves de sa richesse – et il aurait demandé à l'Athénien quel était pour lui le plus heureux des hommes, persuadé que Solon le désignerait, lui. À cette question, Solon répondit que les plus heureux étaient, d'après lui, Tellos d'Athènes, qui était mort au combat en défendant sa patrie, et, en deuxième place, les frères jumeaux argiens Cléobis et Biton, qui étaient eux aussi morts d'épuisement – après avoir réussi l'exploit de tirer eux-mêmes, en l'absence des bœufs, lors d'une procession, la statue d'Héra placée sur un char sur une distance de quarante-cinq stades (Hdt., I, 31). Pour Solon, il faut connaître une « belle mort » pour enfin être heureux aux yeux de ses concitoyens. Avant cela, tout au plus, peut-on avancer que la fortune sourit à l'intéressé. Ces paroles mirent Crésus en colère et le roi lydien chassa l'Athénien de Sardes.

Cette rencontre entre Crésus et Solon a toutes les chances, elle aussi, d'être fictive – sans doute le fruit d'un dialogue tragique. Du point de vue de la chronologie, là encore, elle ne s'accorde pas à ce que l'on sait des protagonistes. L'archontat de Solon peut être daté précisément de 594/593 av. J.-C., donc durant le règne d'Alyatte[15]. D'autant plus que c'est après avoir promulgué ses lois lors de la même année que le législateur aurait quitté Athènes à la découverte du monde pendant dix ans avant de revenir dans sa patrie (Hdt., I, 30). C'est donc durant les années 594/593-584/583 av. J.-C. que Solon a dû voyager, soit bien avant l'arrivée de Crésus sur le trône de Sardes. Plutarque (*Vie de Solon*, 27)* faisait déjà état de cette discordance chronologique, sans pour autant rejeter l'authenticité de l'événement au motif que le discours de Solon chez Hérodote était conforme au caractère du nomothète.

Sans trop s'attarder sur la portée philosophique du discours du législateur athénien, on peut néanmoins envisager que cette histoire ait d'abord été mise sur pied – certains suggèrent à Delphes – dans le contexte des légendes mises en circulation autour des Sept Sages. Crésus, on le verra, bien représenté dans le grand sanctuaire d'Apollon, aurait ainsi été le catalyseur de différents récits, mettant en scène certains de ces Sages, des propos qu'Hérodote aurait consignés dans son *logos* lydien[16]. Quoi qu'il en soit, le but du discours prêté au législateur athénien, dans le récit du père de l'Histoire, était de mettre en garde Crésus contre l'*hybris* (c'est-à-dire la démesure), ce dont Crésus se rappellera une fois sur le bûcher (Hdt., I, 86).

* Il s'agit ici du chapitre 27 de la *Vie de Solon* de Plutarque.

On le voit, il est plus que douteux que Crésus ait jamais reçu la visite de Solon ou de Pittacos, ou encore moins d'Alcméon. En termes de chronologie, les seules rencontres qui pourraient se prévaloir d'une certaine véracité historique sont celles de Thalès de Milet et de Bias de Priène, mais il est probable que même celles-là furent imaginées autour d'une thématique promise à un bel avenir : celle des Sept Sages.

D'un point de vue factuel, on ne sait donc absolument pas si la cour de Sardes reçut la visite de divers savants du temps des Mermnades, mais il est plus que probable que les deux derniers souverains au moins reçurent des personnalités grecques et orientales. Mais le temps faisant son œuvre, une relative confusion s'installa dans les souvenirs. Finalement, Crésus se vit seul crédité de toutes ces visites. Quoi qu'il en soit, ces récits transmis par Hérodote mettent en évidence les liens qui se tissèrent entre Lydiens et Grecs.

Crésus, gouverneur d'Adramytteion

Une des rares informations que nous possédions sur la jeunesse de Crésus à proprement parler se trouve consignée chez un contemporain d'Auguste, Nicolas de Damas (90 F 65), héritier de nombreux historiens antérieurs, en particulier ici de Xanthos de Lydie (Ve siècle av. J.-C.). On y apprend que Crésus était en charge du gouvernorat d'Adramytteion, lorsque son père, Alyatte, fit appel à ses services afin de lever un contingent armé destiné à mener campagne en Carie. Avant de plonger en quête d'informations factuelles sur cet épisode fondateur du règne à venir de Crésus, il convient de prendre en compte le contexte « moralisateur » qui entoure plus encore que chez Hérodote la présentation des faits chez Xanthos de Lydie – un trait encore renforcé par les compilations réalisées au Xe siècle ap. J.-C. pour l'empereur byzantin Constantin VII Porphyrogénète[17].

Adramytteion, près de l'actuelle Edremit, était une localité côtière face à Lesbos, qui dominait la plaine de Thèbè. Selon Strabon (XIII, 1, 16)[18], l'agglomération, installée sur le flanc sud de l'Ida troyen et sur les rives d'un golfe du même nom, était une possession lydienne. De fait, le toponyme Adramytteion dérive directement d'un Adramys. Peut-être s'agissait-il d'un frère illégitime d'Alyatte (et donc d'un oncle de Crésus), mentionné par Nicolas de Damas (90 F 63) citant Xanthos de Lydie[19].

Entre 610 et 585 av. J.-C., Alyatte aurait missionné son frère Adramys en Éolide après avoir chassé les Cimmériens d'Asie. Le roi lydien aurait alors investi ou fondé cet établissement afin de surveiller les derniers Cimmériens qui s'étaient réfugiés dans l'agglomération voisine d'Antandros et il aurait désigné son frère Adramys pour gouverner la fondation lydienne que ce dernier nomma selon son propre nom (ou renomma, s'il s'agit d'une refondation d'un établissement plus ancien)[20]. Et, par la suite, Crésus fut lui aussi envoyé par son père, Alyatte, investi de cette même mission.

Pour Strabon (XIV, 5, 28), Adramytteion était une région minière d'où les Lydiens tiraient leurs richesses. Le centre ne se trouvait pas loin d'Astyra, en Troade, dans la plaine de Thèbè, entre Antandros et Adramytteion – qui, toujours aux dires de Strabon (XIII, 1, 23), possédait aussi sur son territoire de riches mines d'or, ce que rappelle le toponyme de l'ancienne petite cité portuaire de Chrysa nommée par Homère. Ainsi, Crésus, en tant que gouverneur désigné de la localité, devait assurer le contrôle et l'organisation de l'extraction du précieux minerai. C'est donc pour la richesse de son sous-sol que l'agglomération et la plaine de Thèbè voisine devaient constituer une zone économiquement sensible aux yeux des rois lydiens[21].

Ce fut d'évidence une des raisons – sinon la principale – qui motiva le roi Alyatte d'y envoyer Crésus, un fils qui, comme nous le verrons plus loin, n'était sans doute pas destiné à devenir à son tour roi de Lydie, et à qui il avait confié, comme en compensation, le gouvernement d'un domaine stratégique lui garantissant de larges revenus.

Pareille disposition n'est pas sans rappeler un autre cas historique célèbre, qui est dûment documenté par Xénophon dans son *Anabase* : la désignation par l'Achéménide Darius II, à la fin du Ve siècle av. J.-C., de Cyrus le Jeune, son fils cadet (souvent qualifié de *nothos*, c'est-à-dire de « bâtard », en grec), à la tête d'un vaste ensemble territorial centré sur Sardes, fait de la réunion de plusieurs satrapies. Par les ressources ainsi mises à la disposition du jeune Cyrus, le tout constituait un domaine de premier plan au sein de l'Empire perse. Quant à son aîné, le futur Artaxerxès II, il préférait le garder à ses côtés pour lui succéder. On sait ce qu'il advint à la mort de Darius II : fort des ressources considérables mises à sa disposition, secondé par une troupe nombreuse, renforcée par des mercenaires grecs expérimentés (les « Dix Mille »), Cyrus se révolta immédiatement contre son frère. Artaxerxès ne dut son trône qu'à la mort du cadet lors de la bataille de Cunaxa.

Pour en revenir à la Lydie d'avant Crésus, en ce début du VIe siècle av. J.-C., une partie notable des ressources financières du royaume reposait donc sur les épaules du maître d'Adramytteion. Crésus, à l'époque, était un jeune homme envoyé dans « un exil doré » aux confins septentrionaux du royaume lydien, sur une côte éolienne parsemée d'établissements coloniaux grecs alors en quête effrénée de prospérité.

On ajoutera que ce domaine d'Adramytteion, quoique de premier choix, devait être par ailleurs un des nombreux terroirs composant un royaume lydien qu'il faut sans doute imaginer comme constitué de l'assemblage de diverses entités géographiques de cet ordre, chacune placée sous l'autorité de ce que Nicolas de Damas (90 F 65) nomme, comme il le fait avec Crésus, un « gouverneur » (ἄρχων) :

> Comme Alyatte, père de Crésus et roi de Lydie, faisait campagne contre la Carie, il donna aux chefs de son armée l'ordre d'amener leurs troupes à Sardes à un jour qu'il avait fixé ; parmi les chefs se trouvait Crésus, qui était l'aîné de ses fils et avait été désigné comme gouverneur d'Adramytteion et la plaine de Thèbè.

On admettra sans peine que Crésus était un responsable régional parmi d'autres. On ne sait cependant pas au sein de quels milieux étaient choisis les autres « gouverneurs » de l'« État lydien » : sans doute faut-il songer aux grandes familles du royaume, berceaux d'individus obligés du roi, à la fidélité acquise pour l'un ou l'autre motif et souvent responsables de groupes claniques, chacun ancré dans un terroir ancestral constitutif du royaume. Ces « nobles »

– qu'on peut supposer liés au souverain par des serments de loyauté, et peut-être accompagnés de connexions familiales scellées par des mariages de convenance[22] – formaient probablement les cadres de la fameuse cavalerie lydienne en temps de guerre, tandis qu'en temps de paix, les mêmes gouvernaient des domaines qui assuraient des rentrées au trésor royal à moins qu'ils n'aient été cédés au roi lydien. On comprend également à travers le témoignage de Nicolas de Damas que ces « gouverneurs » étaient tenus de fournir des contingents armés au roi lorsque celui-ci leur en exprimait le besoin.

Pour en revenir plus précisément à Crésus, on sait donc qu'il avait été envoyé par son père à la tête d'Adramytteion, d'où le futur et dernier Mermnade pouvait tirer une part substantielle de ses revenus grâce à l'exploitation des mines d'or ouvertes aux alentours. De même, en tant que gestionnaire de son domaine, Crésus se devait, comme ses pairs, d'envoyer des contingents armés au roi lorsqu'il en requérait.

Cependant, au-delà de ces quelques généralités, l'absence de sources littéraires, épigraphiques ou archéologiques nous empêche hélas d'en dire davantage à propos des compétences exercées par ces grands administrateurs du royaume lydien.

La succession des rois d'Asie Mineure, un système bien réglementé ?

Contrairement à ce que l'on aurait pu croire, la succession des rois lydiens ne s'opérait pas simplement en conformité exclusive avec l'ordre de primogéniture masculine. Elle n'allait donc pas de soi. Or cet aspect est susceptible d'aider à mieux comprendre plusieurs moments du règne de Crésus et certains des gestes politiques qu'il a posés. Le premier étant la lutte pour le trône qu'il mena contre son propre frère Pantaléon.

Hérodote (I, 92) précise qu'Alyatte avait donné la royauté à Crésus en le désignant comme successeur sans faire allusion à un droit d'aînesse plus ou moins conditionné : « Lorsque Crésus fut entré en possession du pouvoir par le don que lui en avait fait son père. » C'est seulement à la lecture de Nicolas de Damas (90 F 65), qu'on apprend, sans ambiguïté mais sans plus de détails, que Crésus aurait été l'aîné des fils d'Alyatte. Cela dit, en présentant le dernier Mermnade, Nicolas de Damas précise juste – et sans établir de lien de cause à effet – que Crésus était le plus âgé de ses enfants et qu'il avait été désigné pour commander Adramytteion et la plaine de Thèbè. Il paraît donc difficile de tirer une règle d'accession au trône de Lydie sur ce seul témoignage qui pourrait d'ailleurs n'être en fait qu'une déduction opérée par Nicolas de Damas (ou sa source) : puisque Crésus hérite, il était donc l'aîné !

En tout cas, à lire Hérodote, un roi lydien en place sur le trône semblait avoir toute latitude de choisir son successeur parmi ses fils sans se voir contraint de respecter l'ordre de leur naissance. De même, Xénophilos, auteur hellénistique d'*Histoires lydiennes* (fondées sur les écrits de Xanthos), nous transmet qu'Alyatte avait lui aussi reçu la royauté de son père, Sadyatte[23]. Cette façon de procéder (sans référence à une contrainte de la primogéniture) se retrouve dans d'autres royautés orientales, comme chez les Perses et les Hittites, où le roi avait à choisir son successeur au sein de ses fils « légitimes[24] ». Mais que conditionne cette légitimité ?

Chez les Perses, la même liberté de manœuvre se retrouve illustrée dans le comportement de Darius rapporté par Hérodote (VII, 2) : tandis que le Grand Roi était sur le point de « partir en expédition contre l'Égypte et Athènes, c'est alors qu'une grande contestation s'éleva entre ses fils au sujet de la royauté ; il fallait, disaient-ils, que, suivant la coutume des Perses, il *désignât* le futur roi avant d'entrer en campagne ». L'existence d'un tel usage perse a été contestée, mais après avoir évoqué sept fils issus des deux mariages successifs contractés par Darius et l'entrée de ces derniers en rivalité face à un Grand Roi vieillissant, Hérodote précise alors que le nommé Artobazanès faisait valoir qu'« il était l'aîné de tous et qu'il était reconnu comme règle par tous les hommes que l'aîné ait le commandement ». Ainsi, une règle présentée comme universelle semble mise en regard d'une coutume perse qui offrait au souverain sur le départ pour l'au-delà plus de marge de manœuvre.

Ensuite, Hérodote s'attaque à un développement singulier où mention est faite d'un récit nourri des controverses liées au médisme de certains Grecs (qui seraient donc trop proches des Perses). Ses propos impliquent le roi de Sparte, Démarate. Cette cité avait la particularité d'être dotée d'une double royauté bâtie sur deux familles régnantes (les Eurypontides et les Agiades) plus que jamais en froid depuis que Démarate, de la famille des Eurypontides, avait accusé son *alter ego*, l'Agiade Cléomène Ier, de trahir Sparte en faveur des Athéniens débarrassés des Pisistratides. Les *Histoires* d'Hérodote sont parsemées de récits montrant, de génération en génération, les fils de ces deux grandes familles régnantes, souvent issus de lits différents dans des circonstances parfois rocambolesques, se disputer l'honneur d'exercer la royauté pour leur lignée. Souvent se pose la question des fondements permettant d'assurer le choix à opérer entre eux, et la « bâtardise » est souvent l'argument invoqué pour écarter les concurrents. Ce thème de la bâtardise vient en pleine lumière à Athènes à l'époque où Hérodote séjourne dans la Cité dominée par la figure écrasante de Périclès, qui avait essayé de faire reconnaître son *nothos* (bâtard) Périclès le Jeune (né de son union avec Aspasie) comme citoyen d'Athènes[25].

Ces débats, autour de la reconnaissance ou non de Périclès le Jeune comme citoyen d'Athènes, qui ont toute chance d'avoir nourri les propos lydiens d'Hérodote qui doit avoir recueilli à Athènes une part substantielle des informations relatives à son logos sur la Lydie, peuvent éclairer le conflit qui opposa au début de son règne Crésus à son demi-frère Pantaléon.

En fait, cette analyse est confortée par les traditions séculaires de l'Anatolie protohistorique qui marquaient la Lydie du Ier millénaire. Ainsi, chez les Hittites, le roi Telipinu (XVIe siècle av. J.-C.) promulgua un « édit », qui définissait les règles de succession. En substance, celui-ci établissait que le roi devait se résoudre à choisir son héritier librement parmi ses fils « légitimes » – c'est-à-dire ceux issus de son union avec la reine consort. En cas d'absence de fils légitimes, la royauté passait à un fils de second rang (issu de l'union avec une femme de statut inférieur), sans que soit précisé un ordre de préséance quelconque. Les fils des concubines étaient quant à eux inéligibles. Il arrivait même parfois au roi de changer d'avis durant son règne. L'héritier désigné était éduqué au palais pour succéder à son père ; les autres fils, de leur côté, assuraient des missions diplomatiques, des commandements militaires, occupaient des postes majeurs dans la gestion du royaume ainsi que dans la vie religieuse. Enfin, l'administration de grandes régions (comme Alep ou Karkemish) était confiée à des fils non destinés à accéder au trône[26]. Ces usages se perpétuent pour l'essentiel jusqu'au temps de l'Empire perse.

Revenons aux Perses. Chez eux, le roi choisissait son héritier également parmi ses fils légitimes – c'est-à-dire ceux que le roi avait eus avec ses différentes épouses. Le ou les autres fils, quant à eux, se voyaient confier l'administration d'un domaine[27]. Le roi régnant avait donc la liberté de nommer son successeur en fonction de ses préférences et des analyses qui étaient siennes.

Sur ces constatations, il est plus que probable que ces usages successoraux aient aussi été pratiqués chez les Mermnades : les rois lydiens désignaient sans doute leur successeur parmi leurs fils légitimes sans nécessairement tenir compte de la primogéniture et le gardaient auprès d'eux afin de le préparer à régner. Les autres fils devaient recevoir des postes, parfois loin de la capitale, en lien avec la gestion et la défense du royaume.

Crésus contre Pantaléon

Pour en revenir à la succession d'Alyatte, seuls deux épisodes de cette querelle familiale entre Crésus et son demi-frère Pantaléon sont parvenus jusqu'à nous de façon quelque peu détaillée.

Le premier ne trouve aucun écho dans nos sources avant la mention de Plutarque[28] qui fait allusion à une tentative d'empoisonnement avortée de Crésus par sa belle-mère (le futur roi aurait été sauvé par sa boulangère, qui l'aurait prévenu de la présence du poison). Ce passage de Plutarque sur la tentative d'assassinat est en fait un commentaire sur la présence d'une statue en or représentant une femme qui cuit son pain et que Crésus avait dédiée à Delphes. En réalité, ce témoignage ne serait qu'un simple récit étiologique inspiré par le monument de la « boulangère » offert par Crésus à Delphes, et déjà mentionné par Hérodote (I, 51). Il apparaît que cette statue en or était en réalité une reproduction de la déesse Artémis d'Éphèse que le roi lydien avait consacrée au sanctuaire de Delphes après sa prise de la cité ionienne. Artémis d'Éphèse, déjà représentée à l'époque archaïque avec ses nombreux oves (ou mamelles[29]), aurait été interprétée par les Delphiens, peu habitués à ce type de représentation de la déesse, comme une sorte d'épi de blé et donc une boulangère.

Ainsi, nous pouvons difficilement tirer argument de cette statue évoquée par Hérodote, puis Plutarque, pour considérer comme un épisode historique l'empoisonnement manqué puisqu'il ne s'agit en aucun cas de la représentation de la boulangère de Crésus qui l'aurait prétendument averti de la présence d'un poison.

Le second épisode, quant à lui, est rapporté par davantage de sources : Hérodote, Plutarque, Nicolas de Damas et Élien.

Les récits que font le père de l'Histoire et Plutarque sont fort similaires en dépit des siècles qui les séparent. Chez ces deux auteurs, on apprend qu'Alyatte avait deux fils : Crésus, qu'il eut avec une femme carienne (de Carie, au sud de la Lydie), et Pantaléon, qu'il eut avec une Ionienne (grecque). De l'union avec la première mère mentionnée serait aussi née Aryènis (Hdt., I, 74). On apprend aussi qu'une lutte avait opposé les deux frères pour la succession d'Alyatte, et qu'après avoir été désigné comme le successeur légitime, Crésus mit à mort un riche partisan de Pantaléon et utilisa sa fortune pour financer des offrandes envoyées en Grèce[30].

Le récit du même épisode se trouve chez Nicolas de Damas (90 F 65) mais avec beaucoup plus de détails. Ici, nous apprenons que Crésus (l'aîné des fils d'Alyatte), lorsqu'il était gouverneur d'Adramytteion, avait été calomnié auprès de son père à cause de sa vie dissipée. N'ayant pas d'argent pour payer les troupes qu'il devait envoyer à Alyatte, Crésus alla trouver le riche marchand Sadyatte pour lui demander un emprunt, ce que ce dernier refusa catégoriquement. Le fils d'Alyatte partit alors à Éphèse où il reçut l'aide financière de son ami Pamphaès. Grâce à la somme récoltée, Crésus réussit à réunir son armée et à prêter main-forte à son père, ce qui fit taire ses calomniateurs. Nous lisons aussi que, une fois devenu roi, Crésus récompensa son ami Pamphaès et consacra la maison du marchand Sadyatte à la déesse Artémis. Le récit d'Élien (*Histoire variée*, IV, 27)* ne s'éloigne guère de celui de Nicolas de Damas. Cependant, il rappelle uniquement l'épisode du prêt de Pamphaès à Crésus et

* Il s'agit du chapitre 27 du livre IV de l'*Histoire variée* d'Élien.

la manière dont le Mermnade le remercia une fois monté sur le trône : il lui envoya un char rempli d'argent (ou d'or, chez Nicolas de Damas).

Une chose est sûre, c'est que cette lutte pour le pouvoir eut lieu du vivant d'Alyatte, lorsque Crésus était gouverneur d'Adramytteion. On manque cruellement d'éléments fiables permettant d'établir une chronologie assurée des grandes étapes de la vie de Crésus, mais on peut tenter une hypothèse : si l'on date le début du règne de Crésus vers 561 av. J.-C.[31], et qu'on admet que celui-ci devait alors avoir environ 35 ans (Hdt., I, 26), le dernier Mermnade serait né vers 596 av. J.-C. Ainsi, si nous lui donnons un minimum de 20 ans lorsqu'il fut nommé gouverneur d'Adramytteion par Alyatte, la lutte entre les deux frères se serait déroulée entre 576 et 561 av. J.-C. environ[32].

À la lecture des différents témoignages, on peut avancer l'idée que deux clans s'étaient formés à Sardes : l'un épaulant Pantaléon, d'origine ionienne par sa mère, l'autre supportant Crésus. Ces deux clans n'étaient pas uniquement fondés sur des bases « raciales », ceux-ci étaient également organisés en fonction des relations de clientélisme établies entre les souverains et l'aristocratie lydienne[33].

Pantaléon était soutenu par certains nobles lydiens, et probablement par des Grecs qui s'étaient installés dans la capitale lydienne. Parmi ses partisans se trouvaient entre autres, outre sa mère, un certain Sadyatte, ainsi que le tyran d'Éphèse Pindare et le tyran Glaucias[34]. Dans le récit de Nicolas de Damas, on lit qu'un riche marchand lydien prénommé Sadyatte refusa de prêter à Crésus de quoi lever une armée de mercenaires, contrairement au fameux Pamphaès, un Grec, qui accepta de s'endetter afin d'aider le prétendant au trône lydien. En réalité, il semblerait que ce riche Sadyatte ne soit autre que Pantaléon lui-même. En effet, nous l'avons vu, les rois de Lydie pratiquaient le système des *duo nomina*. De plus, ce nom « Sadyatte » est identique à celui du père d'Alyatte, ce qui indiquerait que seul un membre de la famille souveraine pouvait le porter. Ainsi, si l'on rapproche ce passage avec le texte d'Hérodote, on peut défendre l'idée selon laquelle Sadyatte et Pantaléon ne seraient qu'une seule et même personne.

Hérodote aurait gardé le nom de Pantaléon, et Xanthos (puis Nicolas de Damas à sa suite) celui de Sadyatte. Il est possible qu'Hérodote ait, en réalité, mal compris l'épisode de cette lutte entre les deux frères et ait mis en scène le personnage du partisan de Pantaléon ; Xanthos, de son côté, aurait imaginé le rôle du riche marchand lydien[35].

À lire de plus près Nicolas de Damas, on constate que l'accent semble avant tout mis sur la générosité de Pamphaès à l'égard de celui qui passa à la postérité comme le plus riche des hommes. Pour ces raisons, il semble que la bonté de Pamphaès ainsi que les personnages du riche marchand Sadyatte, Théocharidès et son fils aient pu être imaginés pour les besoins d'un récit moralisateur écrit par Nicolas de Damas qui voulait mettre en exergue les principes moraux aristotéliciens (comme la générosité, la sagesse, etc.) avant d'être repris par Élien pour servir encore d'exemple de générosité.

Si l'on revient au parti de Pantaléon, on suppose que la coterie constituée autour de Pantaléon et de sa mère d'origine ionienne poursuivait probablement des buts politiques : elle entendait peut-être mettre un roi empathique à la cause grecque sur le trône de Gygès en influençant le choix d'Alyatte pour sa propre succession. L'objectif visé aurait été l'abandon par la maison des Mermnades de toute velléité expansionniste au détriment des cités grecques d'Asie Mineure. Sans doute ses membres espéraient-ils que cessent ces campagnes menées jusqu'alors contre elles par les souverains lydiens tels Gygès, Ardys, Sadyatte et encore Alyatte.

Le parti de Crésus était, quant à lui, peut-être composé d'aristocrates cariens (comme sa mère), mais aussi de Lydiens et de Grecs (avec lesquels Crésus avait pu tisser des liens de clientélisme). Sans doute Alyatte avait-il épousé une femme carienne afin de fortifier les vieux liens qui rapprochaient le royaume lydien de certains aristocrates de Carie.

Crésus a pu aussi s'appuyer sur les Cariens présents à Sardes, car ils ne souhaitaient pas voir un souverain de souche grecque monter sur le trône de Lydie[36]. Ce conflit devait également être perceptible au sein même de la cour de Sardes : peut-être est-ce sous cet angle qu'il convient d'envisager le récit de la mère de Pantaléon tentant d'empoisonner Crésus en vain. Le futur roi aurait été sauvé par sa boulangère qui, après l'avoir prévenu de la présence du poison, l'aurait donné aux enfants de sa belle-mère.

À lire Nicolas de Damas (90 F 65), on comprend que les partisans de Pantaléon avaient réussi à exclure de la succession le jeune Crésus en le calomniant auprès de son père, Alyatte – nous l'avons vu. Néanmoins, cherchant par tous les moyens à regagner la confiance du roi et, avant tout, à réduire ses adversaires au silence,

Crésus déploya toute son énergie à lever le contingent de mercenaires que le roi lui réclamait pour sa campagne en Carie. Réussissant cette entreprise, il parvint à se racheter une conduite aux yeux d'Alyatte et à faire taire les partisans de Pantaléon. C'est ainsi que l'avant-dernier Mermnade l'aurait désigné (de son vivant) comme successeur (Hdt., I, 92).

Cependant, si le personnage du riche marchand lydien Sadyatte (du récit de Nicolas de Damas) peut être rapproché de Pantaléon – c'est-à-dire du demi-frère de Crésus –, il semblerait que Pantaléon-Sadyatte (en vertu de son deuxième nom « royal », en plus de son premier nom « familial ») ait en fait été le véritable successeur d'Alyatte[37]. En effet, le « double nom » montrerait qu'il était censé prendre la place de son père, au moins dans un premier temps. Si l'on suit cette supposition, on serait alors tenté de conclure qu'une fois gagnant dans une compétition au trône, Crésus aurait fait en sorte que cette lutte fratricide soit oubliée à jamais. Comme souvent, le vainqueur réécrit l'histoire en sa faveur.

Revenons un instant sur ces considérations onomastiques qui peuvent éclairer cette hypothèse. Si l'on considère le système des *duo nomina* utilisé par les Lydiens – et que nous avons déjà évoqué –, il est important de rappeler que Crésus n'est connu qu'à travers son nom « familial ». Et s'il en a adopté un second une fois au pouvoir, il n'est attesté dans aucune source disponible. En termes d'étymologie, deux hypothèses tentent de rendre compte de l'anthroponyme « Crésus ». Il faudrait comprendre celui-ci soit comme *Krowiśaś*, ou *Krowiś(δ)u*, ce qui signifie « Noble Karos », soit *K(a)rwi-*

jassi, c'est-à-dire « le Carien », qui renvoie directement à ses racines. Son nom « royal » aurait été perdu car non enregistré par la tradition littéraire grecque. C'est ainsi que le roi lydien est passé à la postérité sous son seul nom de *K(a)rwijassi*, ou *Krowiśaś / Kroisos* (Κροῖσος), ou encore, plus simplement, Crésus[38]. Le fait que l'on n'ait que son nom « familial » est étrange puisque que même les « bâtards » des rois lydiens pouvaient recevoir des patronymes construits à l'aide de la même racine que *Sadyatte*, *Adyatte* ou *Alyatte*. En effet, Sadyatte, le père d'Alyatte, eut parmi ses autres fils un certain Attalès (construit avec la même racine *-atta*), qualifié de fils « illégitime » par Nicolas de Damas (90 F 63), contrairement à Alyatte, considéré, lui, comme le fils légitime.

Les souverains lydiens se choisissaient probablement leur nom royal par le système de la papponymie. En d'autres termes, lors de son accès au trône, le roi promu prenait le patronyme de son grand-père comme titre royal. Ainsi, après avoir accédé au pouvoir, Crésus aurait bien pu adopter le nom de Sadyatte comme nom de règne. Mais absolument rien ne permet d'envisager qu'il en est allé de la sorte. On pourrait ainsi faire valoir que, si aucun des fils illégitimes d'Alyatte n'avait *Sadyatte* ou *Alyatte* comme nom, c'est qu'ils étaient exclusivement réservés comme nom de règne[39].

Avec beaucoup moins d'incertitude, on peut avancer que le patronyme de Pantaléon doit se comprendre comme celui qui est « complètement lion » ou « entièrement lion » (Panta-Léôn). Pareil anthroponyme pourrait donc directement faire référence au nom de règne de son père (Alyatte), qui serait composé, selon l'hypothèse retenue, en lydien, du préfixe « *walwel(t ?)-* » avec le suffixe « *-atta* », où *Walwel* a le sens de « lion » et *atta* de « père »[40]. Alyatte signifie donc quelque chose comme « père – lion ».

Pour dire les choses plus simplement, en optant pour ce nom de Pantaléon dès sa naissance, Alyatte aurait voulu inscrire d'emblée son fils dans la lignée « légitime » des Mermnades et faire du petit Pantaléon un successeur désigné au trône. Il faut remarquer aussi que tant Pantaléon que Crésus portent un prénom dont les origines s'éclairent lorsqu'on songe aux ascendances de leurs mères respectivement ionienne et carienne. On serait donc tenté de croire que ce sont les origines ethniques de leur mère respective qui ont guidé Alyatte quant au choix des noms à donner à ses deux fils[41]. Pour Crésus, il aurait opté pour un nom carien ; pour Pantaléon, il aurait choisi un prénom aux racines grecques, non sans lien avec son propre patronyme, peut-être afin de le faire reconnaître comme son successeur désigné.

Pour en revenir à la lutte entre les deux frères, il faut souligner que Plutarque[42] ne fait pas mention de Pantaléon ni d'une quelconque rivalité entre les deux frères ; il est question tout au plus d'une seconde femme d'Alyatte, avec laquelle le roi aurait eu des enfants qui avaient fini empoisonnés. Cette histoire serait aussi ancienne que les récits d'Hérodote, mais elle aurait avant tout l'avantage d'expliquer l'origine d'une statue féminine, à l'aspect déconcertant, offerte par Crésus au sanctuaire de Delphes[43]. Il est étonnant de constater qu'Hérodote (I, 51) mentionne cette statue sans la relier à une quelconque tentative de meurtre de Crésus, ni même avec la lutte pour le pouvoir entre celui-ci et Pantaléon. Il est donc fort probable que le récit rapporté par Plutarque ne serait qu'une invention *a posteriori* d'un épisode de la vie de Crésus particulièrement en vogue à son époque, et que le philosophe aurait consigné par écrit.

Au terme de cet examen, on serait tenté de retenir que Crésus, gouverneur d'Adramytteion, a dû faire face à la faction de son demi-frère Pantaléon/Sadyatte déjà du vivant même de leur père. Une fois monté sur le trône, Crésus consacra les biens et les possessions de son demi-frère aux sanctuaires d'Artémis d'Éphèse, des Branchides à Milet ainsi qu'à Thèbes en Béotie[44].

En résumé, si on suit les règles de successions dynastiques en usage dans les royautés orientales et en prenant appui sur l'onomastique des rois lydiens, on peut émettre l'hypothèse que Pantaléon/Sadyatte a bel et bien été l'héritier légitime d'Alyatte. D'autant que Nicolas de Damas nous apprend que Crésus était le gouverneur d'Adramytteion lorsque Alyatte était encore roi de Lydie. Or on sait que les rois hittites et perses avaient pour coutume de garder leurs fils héritiers au palais, afin de les former à leur future fonction, préférant nommer leurs autres fils à la tête de vastes domaines royaux. Dès lors, Crésus aurait été nommé gouverneur d'Adramytteion par son père en vertu de son statut de prince « non héritier ».

Bien que rien dans nos sources ne soit précisé au sujet de Pantaléon, il est vraisemblable qu'il était destiné à rester à Sardes aux côtés de son père pour apprendre la fonction royale.

Ainsi, au terme d'une lutte fratricide qui a vu Pantaléon être torturé à mort sur un peigne à carder (Hdt., I, 92), Crésus qui n'était pas l'héritier légitime au trône d'Alyatte, puisque ce dernier avait choisi son demi-frère pour lui succéder, aurait finalement été désigné comme roi.

2

Le maître de l'Anatolie

Crésus monte donc sur le trône vers 561 av. J.-C. à l'âge de 35 ans (Hdt., I, 26) après avoir éliminé son demi-frère. Le nouveau roi lydien se retrouve ainsi à la tête d'un riche royaume doté de l'armée considérée comme la plus redoutable du moment.

La redoutable armée lydienne

L'armée était, selon les Grecs, renommée pour son efficacité. Cependant, les sources anciennes abordant sa composition sont assez pauvres. Au mieux, on apprend que les Lydiens étaient les plus redoutés pour leur cavalerie. On sait même par Hérodote (I, 79) que : « À cette époque, il n'y avait pas en Asie de peuple plus viril et plus courageux que le peuple lydien ; ils combattaient à cheval, avec de longues piques, et ils étaient excellents cavaliers. »

Les différents gouverneurs de domaines (comme Crésus à Adramytteion) nommés par le roi lydien devaient former les cadres de cette fameuse cavalerie. Néanmoins, le poids des effectifs de celle-ci au sein de l'ensemble de l'armée est inconnu. Les Lydiens devaient probablement compter également des chars tirés par des chevaux. Même si Hérodote ne mentionne pas la présence de chars dans l'armée, on trouve des indices de l'existence de tels engins déjà chez Sappho (F 38)*. Dans sa *Cyropédie* (VII, 4, 14), Xénophon rapporte que, lors de la bataille de Thymbrara, Crésus pouvait compter sur sa cavalerie et ses chars. Eschyle, dans *Les Perses* (v. 46), évoque également la présence de chars lydiens, mais dans l'armée du Perse Xerxès cette fois lors de son invasion de la Grèce au cours de la seconde guerre médique. Quoi qu'il en soit, il semble bel et bien que les Lydiens bénéficiaient de ces véhicules dans leur armée et que ceux-ci, après la chute de Sardes, devaient être fournis comme tribut au roi des Perses. En témoigne la « frise des tributaires » sculptée sur les escaliers de l'Apadana à Persépolis, sur laquelle on peut voir un groupe de Lydiens apporter au Grand Roi de la vaisselle, des bracelets, un char et deux chevaux.

La Lydie et la vaste plaine de l'Hermos qui s'étendait à proximité de Sardes, de même que les vallées d'altitude de la chaîne du Tmole devaient constituer un endroit idéal pour l'élevage de chevaux[1]. Il existe cependant peu de preuves matérielles directes de la pratique de l'équitation par les Lydiens, exceptés des morceaux en fer et en bronze de brides d'harnachement d'inspiration nomade (cimmérienne ?). Les représentations iconographiques

* Il s'agit ici du fragment 38 de Sappho.

de la cavalerie lydienne sont également très pauvres : seuls quelques fragments de poteries et une frise sculptée retrouvée dans la nécropole de Bin Tepe, au nord de Sardes, représentent des chevaux ou des cavaliers avec de grandes piques, comme les décrit Hérodote.

Pour ce qui est de la présence de soldats de souche lydienne, ceux-ci ne devaient pas être nombreux. Sans doute car la population du royaume était insuffisante pour répondre à l'ambition de ses souverains qui disposaient pourtant de ressources financières « inépuisables ». C'est pour cette raison que les rois mermnades ont dû faire appel à des troupes étrangères. On trouve un écho de ce manque d'effectif dans les propos d'Hérodote (I, 77) lorsqu'il relate qu'à l'issue de la bataille de Ptérie, Crésus était mécontent de l'insuffisance numérique de ses troupes face aux Perses.

En outre, les fouilles archéologiques entreprises dans le territoire de l'ancien royaume de Lydie ont démontré que seule la capitale, Sardes, pouvait s'imposer comme le centre urbain de la région. Cependant, vu qu'à peine 1 % de la surface totale de la ville de Sardes *intra muros* a été fouillé, estimer la population de la capitale est très hasardeux. Les chiffres vont de 10 000 à 20 000 ou encore 50 000 habitants, mais un nombre proche de 10 000 serait l'évaluation la plus sûre – un nombre plutôt modeste. Pour le reste de la Lydie, la population était répartie sous forme de petites agglomérations, probablement surtout tournées vers les activités agricoles. Ces centres ruraux se situaient à proximité de Sardes et en Grande Lydie, le long des rivières et des routes. Ces bourgs devaient appartenir à de grands propriétaires qui assuraient la bonne marche de la production agricole.

C'est pourquoi on estime que ces villages devaient abriter la maison principale du propriétaire et des bâtiments auxiliaires, notamment pour loger les esclaves[2].

Ainsi, seule Sardes – de même que les propriétaires des domaines en Grande Lydie – étaient en mesure de fournir des soldats. Comme cela sera le cas sous les Achéménides (nom donné à la dynastie qui régna sur l'Empire perse de Cyrus II jusqu'à la conquête d'Alexandre le Grand), les propriétaires fonciers devaient probablement se présenter en armes et fournir des hommes équipés prêts à guerroyer lorsque le roi en faisait la demande, en échange d'un domaine agricole[3]. L'armée lydienne devait aussi disposer de garnisons permanentes dans le royaume. Ces unités devaient donc être composées de combattants professionnels qui, comme par la suite sous les Achéménides, étaient entretenus par le trésor royal[4].

Chiffrer le nombre de soldats et de cavaliers qui constituaient l'ensemble de l'armée de Crésus est une opération périlleuse à réaliser. Mais, sur base du recensement réalisé par Hérodote (VIII, 59-80) de l'armée de Xerxès lors de sa marche sur la Grèce, et à partir des estimations des historiens[5], le contingent formé conjointement par les Mysiens et les Lydiens devait avoisiner les 10 000 hommes. On peut donc concevoir que l'armée de Crésus devait réunir moins de 10 000 Lydiens. Vu ces effectifs insuffisants pour mener une campagne militaire de grande envergure dépassant des interventions locales, les Lydiens ont dû recourir à des forces extérieures. Ceci explique que Crésus imposait à ses sujets grecs et anatoliens non seulement le versement d'un tribut, mais aussi l'envoi de troupes militaires.

L'expansion du royaume lydien

À la tête de l'armée lydienne, Crésus et son père, Alyatte, entreprirent plusieurs campagnes militaires afin d'agrandir leur royaume tant à l'est qu'à l'ouest. Ces différentes campagnes nous ont été transmises par les sources écrites, mais aussi par l'archéologie. Il va sans dire que celles pour lesquelles nous avons le plus d'informations sont, d'une part, celles menées contre les cités grecques de la côte égéenne, d'autre part, celles menées contre les peuples anatoliens lors desquelles des Grecs combattaient au sein de l'armée lydienne.

La soumission d'Éphèse par Crésus

Avant de voir arriver les armées lydiennes sur leur territoire, les cités grecques avaient, peu avant, dû affronter les hordes des Cimmériens. Ceux-ci avaient envahi l'ensemble de l'Asie Mineure en plusieurs vagues qui nous sont documentées par diverses sources antiques : des auteurs grecs, mais aussi les annales assyriennes. Il faut toutefois souligner que les traces matérielles liées à ces invasions sont très ténues. Les Cimmériens n'auraient représenté une menace pour les Grecs d'Ionie, pour les royaumes phrygien et lydien ainsi que pour le reste de l'Asie centrale qu'à partir des années 670 av. J.-C. Leurs incursions les plus marquantes peuvent être placées entre cette date et la fin du VIIe siècle av. J.-C. La puissance cimmérienne se serait fortement affaiblie à la suite de la mort de leur chef Tugdamme aux alentours de 640 av. J.-C., avant d'être totalement anéantie vers 600 av. J.-C. sous les coups des Scythes et des Lydiens car c'est Alyatte qui les chassa définitivement d'Asie (Hdt., I, 16)[6]. À Sardes, les Cimmériens, dont l'agression est transmise par Hérodote (I, 15) et Strabon (XIII, 4, 8), n'ont en réalité mené qu'une seule offensive en 644 av. J.-C., au cours de laquelle Gygès aurait trouvé la mort[7].

C'est à la suite de ces invasions (et même pendant le règne de Gygès) que les cités grecques durent faire face à une pression lydienne de plus en plus forte. En effet, de Gygès jusqu'à Crésus, les rois mermnades entreprirent tous des campagnes militaires contre les cités grecques de la côte égéenne. Il faut préciser que les attaques des rois lydiens étaient dirigées contre une seule cité à la fois et qu'avant Crésus, aucune preuve ne permet d'affirmer un quelconque rapprochement politique et militaire entre les cités grecques[8].

Une fois installé sur le trône de Lydie et après avoir fait assassiner son frère Pantaléon/Sadyatte, Crésus entreprit une première campagne contre Éphèse et son tyran Pindare. Ce dernier s'était rangé du côté de Pantaléon lors de la lutte entre les demi-frères pour accéder au trône. C'est pourquoi cette expédition et celle à l'encontre du tyran Glaucias (qui se termina par la destruction de Sidène, sur le fleuve Granique où il s'était réfugié) doivent plutôt être considérées comme des offensives de représailles, intervenues dans la foulée de la prise de pouvoir de Crésus.

Durant l'époque archaïque, l'habitat de la ville d'Éphèse s'organisait en trois noyaux : l'un sur la colline d'Ayasoluk, dominant le temple d'Artémis ; le deuxième, au nord-ouest du Panayır Dağ (sous la *tetragonos agora* de l'époque hellénistique) ; et le troisième sur le Panayır Dağ. En tout cas, il paraît important de souligner que la cité semble ne pas avoir eu d'enceinte urbaine avant l'époque hellénistique[9]. Quoi qu'il en soit, dans ce cas-ci, les propos d'Hérodote (I, 26), où l'on apprend que la vieille ville d'Éphèse était située à sept stades (environ 1 300 mètres) de l'Artémision, sont erronés. L'historien aurait utilisé le chiffre 7, comme il le fait plusieurs fois dans son récit, comme un nombre symbolique[10].

La campagne de Crésus contre la cité d'Éphèse est la mieux documentée, puisqu'elle est rapportée par Hérodote (I, 26), Polyen (VI, 50) et Élien (*Histoires variées*, III, 26). Grâce à ces trois auteurs œuvrant à des époques diverses, on apprend de source sûre qu'à l'arrivée de Crésus au pouvoir vers 560 av. J.-C., le tyran Pindare se trouvait à la tête de la cité d'Éphèse. Ce dernier, grec par son père Mélas, était par ailleurs apparenté à Crésus puisque sa mère était une des filles d'Alyatte. Pindare était donc le neveu de Crésus.

Concernant la prise de la ville, on retiendra que, selon Élien, Crésus entreprit le siège d'Éphèse après le refus de Pindare de se soumettre malgré l'envoi d'une ambassade l'y enjoignant. Durant le siège, une tour de l'enceinte fortifiée (que l'on surnommera plus tard la « Traîtresse ») s'effondra. Face à l'effroi que cet éboulement a pu susciter, Pindare aurait conseillé aux Éphésiens de relier les murailles de la ville à l'aide d'un câble destiné à assurer la consécration et donc la protection de la ville par la déesse (on le verra, cet épisode serait purement imaginaire). Par ce stratagème, les Éphésiens auraient contraint Crésus à épargner leur cité, mais le Lydien aurait ordonné à son neveu de quitter la place. Par ailleurs, Éphèse abritait une population mixte de Grecs et d'Anatoliens, dont des Lydiens (et ce en continu dès l'installation des premières communautés grecques en Asie Mineure). Il ne semble pas faire de doute que, sans le recours par les Éphésiens à cette ruse qui dotait leur cité d'une dimension sacrée, Crésus aurait rasé la ville à l'instar d'Alyatte qui avait détruit la cité de Smyrne[11]. Par ailleurs, ce subterfuge aurait aussi conduit Crésus à entamer des pourparlers directs avec Pindare qui auraient permis d'épargner à la fois la population et la cité.

Les différentes fouilles archéologiques de l'Artémision d'Éphèse (qui sera considéré comme une des Sept Merveilles du monde antique), ont révélé qu'un culte était rendu à l'emplacement du temple d'Artémis dès l'époque protogéométrique, voire mycénienne. Il faut remarquer que les Lydiens accordaient une attention particulière au temple d'Artémis car des dépôts votifs de monnaies lydiennes en électrum datant de la fin du VIIe et du début du VIe siècle av. J.-C. y ont été retrouvés. En tout cas, les Lydiens de Sardes vouaient eux-mêmes un culte à cette déesse d'après des inscriptions archaïques en lydien mentionnant l'existence d'un temple consacré à Artémis dans la capitale lydienne. Sur la base de ces informations éparses, on est tenté de déduire que les Éphésiens et les Lydiens entretenaient des relations amicales jusqu'à la chute de Pindare et il semble bien que le temple d'Artémis était considéré comme l'endroit le plus propice à des rencontres et échanges. Une fois la ville libérée de son tyran et entrée dans le giron des Mermnades, Crésus entreprit une politique différente de celle qui était en vigueur sous son père, Alyatte[12].

On a souvent cru, sur base d'un témoignage de Strabon (XIV, 1, 21), que Crésus avait ordonné à la population qui s'était établie sur les collines de descendre s'installer à proximité du temple d'Artémis. On pensait aussi qu'après s'être emparé de la ville, Crésus avait décidé de détruire tous les édifices sacrés antérieurs afin de faire disparaître les lieux de culte auxquels les anciens groupes familiaux s'identifiaient[13]. Le roi lydien aurait alors entrepris la construction d'un nouveau temple, pour lequel il avait consacré la plupart des colonnes, toujours selon Hérodote (I, 92). En réalité, Crésus n'a jamais décidé de mettre fin aux édifices sacrés antérieurs en faisant construire le nouveau temple d'Artémis, puisqu'il apparaît que la construction du nouvel Artémision archaïque aurait débuté aux alentours des années 580-570 av. J.-C., donc bien avant la montée du dernier Mermnade sur le trône de Lydie[14].

Le nouvel Artémision devait plutôt remplacer un édifice de taille plus modeste construit probablement sans colonne. Il serait peut-être resté inachevé avant le commencement de la construction du temple archaïque proprement dit[15]. Ainsi, lorsque Crésus succéda à Alyatte et offrit les colonnes gravées à son nom au temple, ce dernier devait être en pleine reconstruction. Les fouilles du temple ont révélé des inscriptions fragmentaires, quatre en grec et une en lydien, qui ont été identifiées comme appartenant aux dédicaces voulues par Crésus lors de la consécration du temple. Pour les inscriptions en grec, il s'agit de quatre ou cinq fragments inscrits sur des colonnes en marbre. Une fois reconstituée, l'inscription signifierait, pour chacune des versions, « Le roi Crésus l'a dédié » (*Basileus Kroisos anéthèken*).

Celle en lydien s'avère plus énigmatique. En effet, il s'agit d'un texte dont il ne subsiste qu'un seul fragment appartenant au tambour d'une colonne en marbre provenant elle aussi du temple archaïque. Cette inscription, dans laquelle certains linguistes voient la marque de dédicace en lydien de Crésus, signifierait « ... l'a dédié » (... *is inl*)[16]. On constate donc que Crésus semble bel et bien, comme le relate Hérodote (I, 92), avoir patronné la construction de l'Artémision (débutée durant le règne d'Alyatte lorsque les relations entre Éphésiens et Lydiens étaient au beau fixe) en « offrant le plus grand nombre des colonnes », comme en témoignent ces différentes dédicaces en grec et lydien. Cette marque de sympathie (mais aussi sans doute d'appropriation afin de réaffirmer la présence anatolienne à cet endroit) de la part du roi lydien n'a pu avoir lieu qu'à la suite de la prise de la ville qui se déroula juste après sa montée sur le trône, soit vers 560 av. J.-C.

On peut ajouter que ni le témoignage d'Hérodote ni *a fortiori* les témoignages de Polyen et d'Élien ne trouvent de confirmations archéologiques sur le terrain car aucun mur d'enceinte ou porte urbaine datés du VIe siècle av. J.-C. ont été mis au jour. Pour expliquer ce cadre urbain ouvert, on invoque les bonnes relations qu'entretenaient, jusque-là, les Mermnades avec les autorités de la cité. Un climat pacifique dominait si bien qu'Éphèse ne redoutait pas d'attaques de la part des Lydiens. Par conséquent, rien ne nécessitait la construction et l'entretien onéreux de murs d'enceinte[17]. En outre, le temple d'Artémis était en pleine reconstruction, puisque les travaux avaient débuté lorsque la cité était encore indépendante, lors de l'attaque présumée des armées de Crésus.

Dès lors, il n'est pas impossible que l'épisode du câble reliant l'Artémision aux murailles de la cité d'Éphèse, afin de rendre la cité inviolable, ne soit qu'une histoire imaginée, une pratique rituelle plus récente projetée dans le passé[18].

On comprend donc qu'Éphèse devait déjà, par ses implications dans les rituels et cultes rendus à Artémis (en liaison avec les Lydiens), s'abriter à l'ombre d'un sanctuaire juste hors du centre urbain. On sait qu'Artémis était dès le VIIe siècle av. J.-C. la grande déesse de la cité[19], c'est-à-dire à une époque où des relations cordiales liaient les souverains lydiens aux autorités d'Éphèse (les Mermnades auraient alors reconnu ce statut sacré). Ainsi, même si Crésus exerçait une pression sur la cité, il n'a pas forcément entrepris le siège de celle-ci – siège qui, par ailleurs, n'a laissé aucune trace archéologique. Crésus a peut-être pu tout simplement obtenir que son neveu Pindare (petit-fils, du côté maternel, d'Alyatte) quitte le pouvoir sans résistance.

En fait, si l'on s'en tient à l'hypothèse du câble, on peine à imaginer en pratique le déroulé du siège. Comment pourrait-on croire, alors que la cité est encerclée par les troupes lydiennes, à la mise en place d'une corde de 1 300 mètres pour lier un temple en pleine reconstruction à des murailles urbaines (dont aucune trace d'existence d'un point de vue archéologique n'est attestée) ? Il est donc quasi certain que le récit de la corde reliant la ville au temple lors du siège de Crésus ne serait qu'une histoire conçue comme simple « récit des origines » permettant de plonger dans un passé reculé, peuplé de personnages illustres. Par ailleurs, le sanctuaire d'Éphèse jouira plus tard d'une réputation d'inviolabilité, donc cette histoire aurait tenté de l'étendre à la cité tout entière. Les agissements de Crésus à l'encontre des cités grecques d'Asie Mineure et l'obligation faite à son neveu Pindare de quitter la cité auraient été des prétextes idéaux pour créer cette anecdote de consécration de la ville à la déesse Artémis. C'est cette version qu'Hérodote, rédigeant plus de cent ans après les faits, nous a transmise[20].

Les bonnes relations entre les Lydiens et les Éphésiens fondées sur la présence d'une communauté anatolienne « lydienne/carienne » héritée de l'Apaša (ancien nom d'Éphèse) du temps des Hittites[21], et installée sur la colline d'Ayasoluk, permettaient à la cité de ne pas subir de raids armés de la part des Lydiens (très liés aux Cariens, comme nous le savons). Ces Grecs et Anatoliens devaient fréquenter le même sanctuaire situé sur les bords de la rivière Selinus dont la déesse sera assimilée par les Grecs comme leur Artémis.

Par ailleurs, les bonnes relations entre ces deux communautés devaient être également bénéfiques pour chaque partie d'un point de vue économique. Éphèse devait servir de tête de pont pour le commerce maritime égéen des marchandises qui empruntaient ensuite, pour atteindre l'intérieur anatolien, voire l'Assyrie, des voies terrestres commerciales (dans la vallée du Méandre et du Caystre) dont les rois lydiens entendaient s'emparer et garder le contrôle. Ainsi, les deux côtés y trouvaient leur compte : Crésus était assuré d'avoir un accès à la mer pour agir en Méditerranée, et les Éphésiens pouvaient eux aussi tirer profit des marchandises qu'ils faisaient transiter sur leur territoire (d'autant plus qu'aucune action militaire ne serait entreprise par le Mermnade)[22].

C'est donc sans surprise que les traces archéologiques retrouvées à Éphèse, datant du VIIe au milieu du VIe siècle av. J.-C., invitent à accréditer le témoignage des sources littéraires qui évoquent des contacts intenses entre la cité grecque et les Lydiens[23]. Ainsi, forte des liens de bon voisinage qui les unissaient – et avant même de tomber dans la zone d'influence lydienne à la suite des manœuvres de Crésus –, la cité d'Éphèse, contrairement aux autres cités grecques déjà passées sous contrôle lydien (comme Smyrne), ne devait probablement pas payer de tribut au roi mermnade ni lui fournir des soldats.

En effet, Hérodote (I, 6) mentionne qu'avant le règne de Crésus, tous les Grecs d'Asie étaient libres ; le roi lydien avait ainsi asservi les Ioniens (et donc les habitants d'Éphèse), les Éoliens et les Doriens. C'est donc seulement après sa soumission par Crésus qu'Éphèse dut se résoudre à payer un tribut et fournir des troupes armées. Après avoir chassé son parent Pindare, aux ascendances gréco-lydiennes, Crésus n'était plus retenu par des liens familiaux ou amicaux avec la cité grecque. Ainsi, il lui était possible d'assujettir à loisir cette agglomération au même titre que celles déjà incorporées dans son royaume (comme Priène et Smyrne).

Les accords entre Sardes et Milet

Le cas de Milet est différent de celui d'Éphèse. En effet, la cité apparaît avoir été sans cesse confrontée, déjà bien avant Crésus, aux raids des rois lydiens. Selon

Hérodote (I, 14), « Gygès, lui déjà, [...] envahit avec une armée le pays de Milet et de Smyrne, et s'empara de la basse ville de Colophon ». Le fils de Gygès, Ardys, envahit lui aussi le pays de Milet (Hdt., I, 14-15) Néanmoins, c'est sous Sadyatte, fils d'Ardys et père d'Alyatte, qu'une longue guerre débuta avec les Milésiens. Celle-ci, encore une fois selon les dires d'Hérodote (I, 17-22), dura douze années : six sous le règne de Sadyatte et six sous celui de son fils.

L'historien d'Halicarnasse est le seul – sinon Polyen (VI, 47), qui reprend en substance ses propos – à nous avoir rapporté ce conflit entre le grand-père puis le père de Crésus et la grande cité ionienne. Les campagnes lydiennes contre Milet, que l'on peut sans doute mieux qualifier de « razzias », ne devaient avoir pour autre but que celui d'affaiblir la cité et faire du butin[24]. À en croire Hérodote (I, 18-22), ce conflit prit fin la sixième année du règne d'Alyatte, soit au bout de douze ans, donc.

C'est au cours de celle-ci que le feu, déclenché par les troupes lydiennes afin de brûler les récoltes, détruisit par la même occasion le temple d'Athéna Assesia. Comme nous l'avons vu[25], ce n'est qu'après avoir reconstruit non pas un, mais deux temples, que le père de Crésus recouvrit la santé et conclut un accord d'amitié et d'alliance avec le Thrasybule, le tyran de Milet (Hdt., I, 25). Grâce à ce rapprochement diplomatique entre Alyatte et la cité, les Lydiens pouvaient dès lors bénéficier plus commodément des facilités portuaires et des réseaux de commerce maritime milésiens comme de débouchés pour leurs propres produits tant en mer Noire qu'à Naucratis. De leur côté, les vaincus pouvaient également tirer profit du contrôle par les vainqueurs des voies de communication en place à l'intérieur du sous-continent anatolien[26].

À la mort d'Alyatte, Crésus soumit la cité à l'instar des autres communautés ioniennes. Cet assujettissement à son royaume se serait déroulé sans le recours aux armes : le roi ennemi aurait profité d'une lutte intestine à la cité pour réduire sensiblement sa marge de manœuvre. En effet, au terme du règne des deux derniers tyrans de Milet Thoas et Damasenor vers 590 av. J.-C.[27], la cité fut en proie à un conflit interne (*stasis*) pendant près de cinquante ans. Dès lors, deux factions se disputaient le pouvoir : la première, celle des *Aeinautai*, et la seconde, appelée *Cheiromacha*. Ce différend prit fin, après le règne de Crésus, vers 540 av. J.-C. grâce à la médiation des Pariens qui établirent une oligarchie (Hdt., V, 28-29). Faisant valoir cette « guerre civile » qui avait dû l'affaiblir, la recherche moderne estime souvent que la cité de Milet serait ainsi tombée dans l'escarcelle de Crésus sans pouvoir montrer la moindre opposition[28]. Cependant, aucune source ancienne ne mentionne cet épisode explicitement, sauf peut-être le témoignage d'Hérodote (I, 26), rapportant que Crésus, après s'en être pris à Éphèse, attaqua un à un les peuples d'Ionie et d'Éolide sans exception.

En ce qui concerne les accords passés entre Alyatte et Thrasybule, rien dans les propos d'Hérodote ne permet de confirmer d'emblée que Crésus ait reconduit ces arrangements que tout indique comme fondés sur le principe de parité. En revanche, il est explicitement déclaré que Crésus a asservi tous les Ioniens (Hdt., I, 6 et 26-27). Dès lors, d'une manière ou d'une autre, Milet ne doit pas avoir fait exception. En effet, il est peu probable que le souverain qui a conquis toute l'Asie occidentale ait laissé une cité aussi prospère sans aucun contrôle ou taxation.

Il est cependant possible que, sous Crésus, la cité de Milet ait cherché à sauver à tout prix les engagements formels pris jadis par Alyatte et Thrasybule et, afin d'éviter une lutte armée avec les Lydiens, ait dû faire parvenir à Crésus des contributions qui, en pratique, faisaient aux yeux des Grecs grandement songer à un tribut. Celui-ci consistait sans doute en des dons de grains et en l'envoi à la demande de contingents militaires à Sardes sans obligatoirement attendre un don en retour[29]. Ces effectifs étaient rémunérés aux frais de la cité ou des gouverneurs fidèles à Sardes, en charge d'un domaine.

Toujours au sujet de Milet, Hérodote (I, 92) nous apprend que Crésus avait fait exposer des offrandes au sanctuaire des Branchides (probablement d'origine carienne)[30] à Didymes, installé sur les confins méridionaux de la cité. L'historien déclare que « [les offrandes] que Crésus avait consacrées au temple des Branchides dans le pays de Milet étaient, d'après ce que j'ai entendu dire, de même poids que celles de Delphes, et pareilles ».

Il faut tout d'abord préciser qu'Hérodote n'a jamais vu ces offrandes de ses propres yeux mais s'était renseigné sur les cadeaux du roi lydien (VI, 18)[31]. Concernant les dons de Crésus aux Branchides de Didymes, on peut les envisager comme la marque de relations diplomatiques entre le roi de Lydie et Milet[32]. Il est aussi possible que la cité ait dû fournir des troupes à Crésus à titre gracieux, en vertu des accords conclus sous son père et non formellement dénoncés par le dernier roi lydien. Les soldats milésiens étaient alors considérés, lors du règne de Crésus, comme des troupes auxiliaires étrangères (des *xenikoi*, ce terme englobant également les troupes envoyées comme tribut). Les dons du roi lydiens peuvent donc être perçus comme des dédommagements envoyés à Milet pour remercier la cité d'avoir fourni des troupes et des grains à Sardes. Ainsi, ces offrandes impressionnantes faites à Didymes seraient la marque de la politique menée par le dernier Mermnade : Crésus a sans doute, symboliquement, « acheté » la complaisance des Milésiens.

Par ces échanges entre Milet et Sardes, il semble donc que les accords conclus entre Alyatte et Thrasybule aient toujours été d'actualité sous le règne de Crésus. Cependant, progressivement, ceux-ci avaient évolué pour aboutir à une relation déséquilibrée entre le puissant roi lydien qui avait réussi à imposer l'envoi de ce que les Grecs considéraient comme tribut et la cité de Milet. Celle-ci, en proie à une sorte de « guerre civile », recevait en retour non plus du métal (comme c'était probablement le cas sous Alyatte), mais de riches offrandes consacrées au sanctuaire de Didymes. En pratique, cet étalement de richesse de la part de Crésus était également une sorte de mise en garde quant aux moyens considérables dont disposait le Lydien, et sans doute aussi une marque de réappropriation du sanctuaire carien des Branchides – où la présence grecque se faisait de plus en plus prégnante.

La mise au pas de Smyrne et Colophon

Selon les sources antiques, Smyrne est – avec Milet – la cité ionienne qui a le plus souffert des attaques lydiennes, et ce déjà depuis Gygès qui mena des campagnes contre la cité[33]. Celle-ci fut néanmoins épargnée par les campagnes d'Ardys et de Sadyatte. Il faudra donc attendre Alyatte pour que les Lydiens investissent durablement Smyrne.

Cette campagne du père de Crésus nous est rapportée par Hérodote (I, 16) et Nicolas de Damas (90 F 64). Une fois n'est pas coutume : celle-ci trouve une confirmation archéologique. En effet, les fouilles ont mis au jour une rampe faite de remblais (terre, bois, céramique) qui aurait servi lors du siège de la ville aux troupes d'Alyatte. De même, de nombreuses pointes de flèches, fers de lance ainsi qu'un casque de type oriental furent découverts. L'ensemble de ces trouvailles permet de dater la prise de la ville en 600 av. J.-C.

Après sa mise au pas, Smyrne demeura en ruines durant probablement une vingtaine d'années. Au vu des fouilles, il ressort que c'est vers 580 av. J.-C. que la ville fut réoccupée graduellement, et que ses fortifications furent relevées et renforcées pour renouer avec une vie brillante jusqu'à sa capture par Cyrus vers 547 av. J.-C.[34].

Toujours est-il que, durant sa période « lydienne », la ville de Smyrne vit ses rapports avec Sardes s'accroître, mais son statut exact n'est pas aisé à définir. Sous Alyatte qui pourtant s'en empara, il est probable que la cité ne dut ni payer d'impôt ni fournir de contingent militaire, sauf en cas de besoin – en vertu d'anciennes règles de l'hospitalité. N'oublions pas qu'Hérodote (I, 26) déclara que Crésus obligea les Grecs d'Asie à lui payer véritablement un tribut.

Ainsi, Smyrne fut peut-être simplement exploitée par les Lydiens pour son port et ses ressources frumentaires, et ce, plus librement encore après la conquête d'Alyatte. La cité dut avoir à sa tête un dynaste local ou un prince lydien appartenant à la famille mermnade qui doit avoir eu la charge de gouverneur. En témoigne la monumentale tombe à Tholos, probablement celle d'un potentat local, communément nommée la « tombe de Tantale » au nord de la ville qui fut réalisée sous la domination lydienne[35].

Mais sous Crésus, il est vraisemblable que ce gouverneur installé à Smyrne dût prendre en charge, d'une part, la levée et l'envoi à Sardes de ce qui, d'une aide gracieuse, était devenu un tribut ; d'autre part, le rassemblement de troupes armées réquisitionnées par Crésus, non plus fournies gratuitement comme autrefois.

Tout comme Smyrne dont elle passait pour la métropole (cité fondatrice), Colophon fut également la cible d'attaques de la part de Gygès, mais là encore, il faudra attendre le règne du père de Crésus, Alyatte, et la mise en place de son stratagème pour que la cité tombe durablement sous domination lydienne[36]. Cependant, aucun indice ne permet de savoir quelle fut l'organisation de la cité une fois celle-ci incorporée au royaume des Mermnades.

L'échec face à Clazomènes

Concernant la cité de Clazomènes, seul Hérodote (I, 16) nous rapporte le récit d'une expédition : « [Alyatte] prit Smyrne, fondée par des colons venus de Colophon, et envahit le pays de Clazomènes, expédition dont il ne se tira pas comme il voulait mais après avoir subi un grave échec. »

Ici, face à Clazomènes, contrairement à ses succès sur Smyrne et Colophon, le père de Crésus subit une sérieuse déconvenue. Il est probable que le revers lydien subi là-bas intervienne après la campagne victorieuse de Smyrne et puisse s'expliquer par le fait que les troupes d'Alyatte avaient été affaiblies par la résistance des Smyrnéens conduisant à un long siège[37]. Mais en réalité, il faut admettre que les causes exactes de la débâcle devant Clazomènes nous échappent.

À la suite de cette contre-performance des troupes d'Alyatte, les adversaires ont probablement été contraints de conclure un accord que pourraient illustrer les résultats issus des fouilles archéologiques. Des dépôts de céramiques lydiennes datés du second quart du VIe siècle av. J.-C. témoigneraient de la présence d'artisans opérant directement depuis la cité ionienne dès cette époque, peut-être à la suite de cette réconciliation. Ainsi, c'est grâce à cette relation nouée entre le père de Crésus et la cité grecque que des artisans lydiens se sont installés à Clazomènes, et que celui-ci est devenu le premier centre de production de céramique en Ionie du Nord durant l'époque archaïque (700-500 av. J.-C. environ)[38].

Les Lydiens pouvaient ainsi participer aux échanges maritimes – portant, entre autres, sur son huile d'olive très renommée – générés par les artisans de Clazomènes (présents à Naucratis[39]), et utiliser la cité portuaire comme débouché pour leurs propres biens. De même, le climat apaisé permit à la cité ouverte sur la mer de bénéficier du réseau routier de l'intérieur du continent contrôlé par Sardes. Selon les archéologues, les tumuli de type « lydien » dressés sur les hauteurs de Clazomènes appartenaient probablement à l'élite de la cité voulant imiter le mode de vie des habitants de Sardes aux VIIe et VIe siècles av. J.-C.[40]. Il est également possible qu'ils aient abrité les dépouilles de riches Lydiens installés dans la cité grecque. À lire Hérodote (I, 6), sous le règne de Crésus, en dépit des liens d'hospitalité fort probablement consentis entre la cité et Alyatte et sans que l'on ait trace qu'ils furent dénoncés formellement, le paiement d'un tribut aurait été imposé. Les tumuli situés sur les collines entourant la cité pourraient, comme à Smyrne, être un indice de la présence de « gouverneurs » à la tête de ces riches cités maritimes dont le rôle était de lever, en cas de besoin, des contingents armés à envoyer à Sardes ainsi que de s'assurer le bon prélèvement du tribut. La connaissance de ces anciens liens d'hospitalité pourrait expliquer qu'à la suite de l'incendie du temple d'Apollon de 548/547 av. J.-C. (Hdt., I, 51), les autorités de Delphes décidèrent de mettre à l'abri, dans le trésor de Clazomènes, le cratère en or offert par Crésus à Delphes.[41]

Les autres cités et îles ioniennes

Les contacts établis entre Priène et les autorités de Sardes ne sont guère mieux documentés que ceux avec Clazomènes. Ici encore, on est redevable au seul Hérodote (I, 15) qui fait mention d'une campagne lydienne contre la cité grecque. La localisation de la Priène de l'époque archaïque reste inconnue. Il est donc impossible de savoir si la campagne du fils de Gygès laissa des traces sur le terrain. Il semble en tout cas que la cité tomba dès cette époque – et ce, durablement – sous domination lydienne, puisque aucune autre source n'évoque une quelconque conquête lydienne sous Sadyatte, Alyatte ou encore Crésus.

En ce qui concerne le reste des cités ioniennes, notre documentation se fait plus pauvre encore : il n'existe aucune mention de campagnes qu'aurait menées l'un ou l'autre roi Mermnade à leur encontre. La seule information indirecte que nous ayons les concernant nous vient encore et toujours du seul Hérodote (I, 6), lorsque celui-ci déclare que :

> Ce Crésus, le premier des Barbares à notre connaissance, asservit certains Grecs qu'il obligea à lui payer tribut et se fit des amis de certains autres : il asservit les Ioniens, les Éoliens et les Doriens établis en Asie ; il se fit des amis des Lacédémoniens. Avant le règne de Crésus, tous les Grecs étaient libres ; car lors de l'expédition des Cimmériens, qui atteignit l'Ionie, expédition plus ancienne que Crésus, il n'y avait pas eu d'asservissement des villes, mais pillage au cours d'une incursion.

Ainsi, selon le père de l'Histoire, Crésus avait réussi à faire passer sous sa coupe toutes les cités grecques de la côte égéenne d'Asie Mineure, mais il est impossible de savoir concrètement quelles furent les relations que ces cités tissèrent avec Alyatte et Crésus.

Toutefois, il est clair que ces dernières durent passer d'une manière ou d'une autre sous la férule lydienne au cours du règne de Crésus (Hdt., I, 6), à la suite de son expédition contre Éphèse. En effet, on le voit, le dernier Mermnade attaqua toutes les cités continentales d'Ionie et d'Éolide. Néanmoins, il n'est pas impossible que certaines de ces villes aient échappé au pire en se livrant sans combattre, à la simple vue des troupes lydiennes en marche – comme nous l'avons vu dans les exemples précédents. Mais les résultats des fouilles archéologiques de ces sites n'ont livré que très peu de matériel archaïque, ce qui peut expliquer sans peine le manque de traces matérielles témoignant de la manière dont se sont opérées ces sujétions. Quoi qu'il en soit, une fois tombées sous domination lydienne, ces cités furent contraintes de payer un tribut (*phoros*) au roi lydien.

Le royaume de Lydie prit essentiellement la forme d'un ensemble continental même s'il a cherché à se rendre maître de divers établissements côtiers. Mais ce trait ne signifie pas pour autant que les souverains mermnades se désintéressèrent du sort des communautés installées sur les îles voisines des côtes ouest-anatoliennes. À propos de Samos et Chios, îles ioniennes très proches, elles conclurent, aux dires d'Hérodote (I, 27), des accords d'hospitalité avec Crésus : « [Crésus] fit un traité d'amitié (*χεινίη*) avec les Ioniens qui habitent les îles. »

Selon cet auteur (I, 27-28), c'est à la suite d'une entrevue avec Pittacos de Lesbos ou Bias de Priène que Crésus abandonna ses plans de soumission des îles. En dépit des problèmes de chronologie soulevés par les propos d'Hérodote, il reste néanmoins fort probable que le dernier roi lydien ait bel et bien noué des liens d'hospitalité avec les Grecs de certaines îles proches, telles Chios et Samos[42]. Sans doute Crésus a-t-il même parfois tissé des liens avec les habitants (Hdt., II, 178).

Au-delà des incertitudes qui subsistent, il apparaît que Chios était, avec Milet, une des premières cités grecques à commercer à Naucratis*, déjà avant la réorganisation de l'établissement du Delta par Amasis vers 570 av. J.-C. En tout cas, les céramiques les plus anciennes retrouvées dans le comptoir proviennent de Milet et de Chios et datent de la fin du VIIe siècle av. J.-C.[43]. On trouve un écho de ces liens entre les habitants de Chios et de Milet (liens nés de leur entreprise commune à l'embouchure du Nil) lors de la guerre qui opposa Alyatte à la cité de Milet. Hérodote (I, 18-19) déclare alors que Milet reçut de l'aide de Chios en retour de l'appui que les Milésiens leur avaient apporté dans leur guerre contre Érythrée (située juste en face de Chios sur le continent). À l'époque de la réorganisation de Naucratis voulue par Amasis au début de son règne, Chios était l'une des cités ioniennes en charge de l'administration du sanctuaire de l'Hellénion de Naucratis, tandis que l'île de Samos possédait son propre sanctuaire consacré à Héra. Ces deux centres constituaient donc pour le moins les chevilles ouvrières de la présence des Grecs de l'Est à Naucratis, une position qui ne devait pas manquer d'attiser l'attention des souverains lydiens.

Dès lors, ne pouvant soumettre les Ioniens des îles proches, faute de posséder une flotte, Crésus a préféré nouer des liens d'hospitalité avec ces communautés, notamment Chios et Samos. Ces dernières devaient non

* Naucratis était un *emporion* (comptoir commercial) situé sur la branche canopique du delta du Nil en Égypte. Les Grecs y partageaient un sanctuaire commun : l'Hellénion. Celui-ci avait été fondé par les cités suivantes : Chios, Phocée, Clazomènes, Téos, Rhodes, Cnide, Halicarnasse, Phalésis et Mytilène. D'autres cités avaient bâti leur propre sanctuaire : Égine un temple à Zeus, Samos à Héra et Milet à Apollon (Hdt., II, 178).

seulement aider les Lydiens à entretenir leurs liens commerciaux avec l'Égypte, mais aussi entraîner dans leur sillage d'autres cités grecques qui, elles, tombées dans le giron lydien, dépendaient plus directement de Sardes[44]. Grâce à cette relation d'amitié nouée par Crésus avec Chios et Samos, les Lydiens pouvaient bénéficier du réseau commercial mis en place par ces deux puissances navales majeures, tandis que les deux cités maritimes pouvaient, de leur côté, profiter du réseau routier anatolien contrôlé par Sardes.

Cela dit, aucun don ou échange propre aux relations d'hospitalité n'est consigné dans les sources anciennes à propos des liens qui s'établirent entre Chios et Samos d'un côté, et Sardes de l'autre. Au quotidien, il est fort probable que les deux îles procédaient à des échanges de grains, de vin, d'alun ou encore d'olives contre du métal, des textiles ou bien du bois de charpente en provenance de Sardes[45]. Mais les textes sont muets et l'archéologie n'a laissé aucune trace reconnue de ces trafics. S'il est donc possible d'envisager sans peine les intérêts des parties en présence, il est plus difficile de cerner quels pouvaient être en substance les liens d'amitié qui unissaient le roi de Lydie avec les Ioniens des îles.

Carie, Éolide, Mysie et Troade : le reste de l'Anatolie occidentale

Au vu de la documentation littéraire peu abondante disponible pour les régions de Carie, Éolide, Mysie et Troade, ces quatre régions sont ici réunies dans un même ensemble.

Selon Hérodote (I, 28-29), Crésus tenait sous sa sujétion les Cariens puisqu'il dominait presque tous les peuples habitant à l'ouest du fleuve Halys : « [...] excepté les Ciliciens et les Lyciens, Crésus avait subjugué effectivement et tenait en sa sujétion tous les autres ; ce sont les Lydiens, Phrygiens, Mysiens, Mariandyniens, Chalybes, Paphlagoniens, Thraces Thyniens et Thraces Bithyniens, Cariens, Ioniens, Doriens, Éoliens, Pamphyliens [...]. »

De son côté, même si Nicolas de Damas (F 65) mentionne une campagne du père de Crésus en Carie, il est fort probable qu'il fasse en réalité référence aux actions militaires d'Alyatte à l'encontre des cités grecques comme Milet et Priène situées à la frange du pays carien[46]. Plutarque[47], quant à lui, fait remonter l'intérêt lydien pour cette région plus haut dans le temps, dès le règne de Gygès, puisque l'ancêtre de Crésus aurait reçu le concours d'un certain Arsélis de Mylasa pour accéder au pouvoir. Ce témoignage permet donc d'envisager que les contacts entre les Mermnades et les Cariens aient pu remonter au règne de Gygès. Malheureusement, on ignore quelle pouvait être la nature des relations ainsi que la teneur des accords passés sous les règnes de Gygès, Ardys et Sadyatte.

Pour le règne d'Alyatte, en revanche, on apprend par Hérodote (I, 92) que le roi lydien avait épousé une Carienne : la mère de Crésus, comme nous le savons. On peut donc envisager des relations d'amitié faites de mariages dynastiques impliquant des obligations d'aide réciproque. La Carie de l'époque archaïque était faite de villages et de centres fortifiés comme Mylasa, Caunos et Pédasa avec, à la tête de chacun, un dynaste local[48].

Cependant, on ignore de quel centre et de quelle famille provenait la mère de Crésus.

À Sardes, les fouilles ont révélé des inscriptions et des graffitis en langue carienne. Ces documents épigraphiques s'étalent entre le milieu du VIIe siècle et le milieu du VIe siècle av. J.-C.[49]. Il est donc probable que les souverains lydiens, dès le règne de Gygès, aient entretenu des relations cordiales avec les dynastes cariens. En outre, la présence de maçons de cette région à Sardes est également attestée par certaines de leurs marques gravées sur les blocs de pierre de la muraille du VIe siècle av. J.-C. Ceux-ci auraient été appelés par les souverains lydiens à venir travailler pour leur compte en tant que travailleurs spécialistes[50]. Pour appuyer cette idée, il semble que les marques de Cariens du VIe siècle av. J.-C., retrouvées dans les carrières de marbre de Belevi près d'Éphèse, aient été réalisées par des artisans engagés pour leur expérience reconnue[51]. Dans ce cas-ci, ces Cariens auraient œuvré pour la réalisation de l'Artémision financé par Crésus. Par conséquent, ceux-ci travaillaient pour le compte de ce roi lydien qui avait probablement imposé en Carie, comme ailleurs, le paiement d'un tribut.

Pour en revenir à Sardes, il est probable que la présence de Cariens dans la capitale soit liée à l'union entre Alyatte et la mère de Crésus (Hdt., I, 92). On pourrait expliquer ce mariage par le fait qu'Alyatte désirait consolider les liens d'amitié qui unissaient la maison des Mermnades à certains dynastes de Carie, et ce, dès Gygès. Par la même occasion, Alyatte pouvait ainsi bénéficier de l'envoi de troupes armées de ses vassaux à Sardes en cas de besoin – selon les usages établis par leurs accords d'amitié. De même, il est possible que le roi entendait faciliter l'engagement des maçons et tailleurs de pierre pour les travaux édilitaires entrepris dans la capitale lydienne. Étant donné les possibles relations cordiales qu'entretenaient les deux voisins avant le règne de Crésus, il est probable qu'Alyatte ne leur ait pas imposé le versement d'un tribut. Là encore, cette pratique fut sans doute initiée par Crésus.

Ce dernier, à demi carien lui-même par sa mère, semble avoir réussi à imposer sa domination sur ce peuple, comme le souligne Hérodote (I, 28-29). En outre, la pénétration dans cette région était plus aisée par le nord depuis la vallée du Méandre que depuis la côte. C'est la raison pour laquelle les Lydiens (et à leur suite les Perses) ont pu facilement s'en rendre maîtres[52].

Il faut préciser que les sources sont muettes sur le mode et le moment de l'assujettissement des peuples « barbares » (non grecs) par Crésus. Mais ce qui est certain, c'est que, au vu de l'archéologie, la présence lydienne à l'intérieur des terres de Carie est formellement attestée. Sur le site de la cité carienne d'Aphrodisias, une inscription du Ve ou IVe siècle av. J.-C. ainsi que des céramiques lydiennes datant de la première moitié du VIe siècle av. J.-C. ont été mises au jour[53]. Cette influence lydienne dans cette région continuera sous les Achéménides (de la chute de Crésus vers 547 av. J.-C. à la conquête de l'Empire perse par Alexandre le Grand). Des tumuli de cette période ont été recensés et montrent une influence lydienne sur l'aristocratie locale qui voulait imiter celle de Sardes sous les Mermnades[54].

Il semble donc bel et bien que, au VIe siècle av. J.-C., la Carie était tombée dans la sphère d'influence lydienne. Les Mermnades auraient assuré leur contrôle en s'appuyant sur l'aristocratie lydienne présente dans cette région (comme à Aphrodisias) et les dynastes à la tête de communautés fortifiées (comme à Mylasa et Pédasa). Sous Crésus, l'ensemble des Cariens se serait peut-être soumis de son plein gré directement au nouveau roi mi-lydien mi-carien sans livrer le moindre combat (les fouilles archéologiques n'ont montré aucune trace de conflit). Une fois dans le giron de Crésus, la Carie s'est vue imposer le versement d'un tribut, comme nous l'avons vu. Celui-ci devait sans doute être organisé et collecté par les dynastes locaux et les aristocrates lydiens présents dans la région. Tout comme les cités grecques, les Cariens devaient fournir, outre un impôt, des troupes militaires pour les nombreuses campagnes du dernier des Mermnades.

L'Éolide et la Mysie, toujours selon Hérodote (I, 28-29), étaient elles aussi tombées sous la coupe des Lydiens et se trouvaient sous la sujétion de Crésus. Les sources écrites mentionnant le contrôle lydien sur ces régions d'Asie Mineure sont assez pauvres. Les seuls témoignages qui nous sont parvenus sont ceux d'Hérodote, encore une fois, et le fragment 65 de Nicolas de Damas.

Ce dernier nous apprend que Crésus avait été, comme nous le savons, gouverneur (*archôn*) de la cité d'Adramytteion (fondation lydienne en vue de contrôler les sources aurifères de la région)[55] en Éolide avant de monter sur le trône de Sardes. Plus au sud, la cité de Cymé aurait été en contact avec les Lydiens dès les Héraclides (Nic. Dam., 90 F 49), dynastie ayant précédé les Mermnades. Cymé, cité côtière, était la tête de pont d'une voie de communication reliant Sardes à la mer Égée en longeant le fleuve Hermos. Étant assez isolée du reste des cités grecques de l'Ionie à cause de la chaîne de l'Ida, Cymé s'est tournée vers l'est et a noué très tôt des liens d'hospitalité avec les Lydiens[56]. Cette relation amicale aurait perduré jusqu'à l'incorporation de la cité dans l'Empire perse après la chute de Crésus.

Lors du règne de Crésus, il semble que la cité soit tombée dans l'escarcelle lydienne et qu'elle ait dû payer un tribut, elle aussi. Hérodote ne fait aucune exception parmi les Éoliens lorsqu'il mentionne les peuples soumis à Sardes. Cependant, le moment où la cité tomba dans le giron lydien nous est totalement inconnu. Au vu de l'archéologie, Cymé ne possédait pas de murs d'enceinte au VIe siècle av. J.-C.[57]. De même, Hérodote (I, 160) ne fait pas mention d'un mur de fortification protégeant la cité lorsqu'il traite des campagnes perses pour soumettre les cités grecques après la mort de Crésus, et l'archéologie n'a livré aucune trace de siège ou de conflit aux abords de la cité. Il semblerait donc que Cymé soit tombée sous la coupe lydienne sans la moindre violence. Après cela, Crésus lui imposa le paiement d'un tribut à l'instar des autres cités grecques de la côte égéenne. En agissant ainsi, les Cyméens entendaient peut-être éviter à leur cité de subir une attaque lydienne.

Les autres cités importantes d'Éolide durant l'époque archaïque (Aigai, Larisa et Pergame) ne sont pas mentionnées explicitement dans les sources littéraires comme des lieux faisant partie de l'Empire lydien. Cependant, comme évoqué plus haut, Hérodote (I, 6 et 28-29) ne cite aucune exception lorsqu'il déclare que Crésus avait soumis les Éoliens et les Mysiens. Ainsi, ces cités actives durant les règnes d'Alyatte et de Crésus devaient faire également partie de la sphère d'influence lydienne avant que Sardes ne tombe entre les mains des Perses. À Pergame, les fouilles ont livré des traces de la période archaïque (700-500 av. J.-C. environ), et notamment des inscriptions en lydien[58]. La cité aurait donc abrité une population lydienne – ou lydophone –, ce qui tendrait à prouver que la ville était bel et bien tombée dans le giron de Crésus. Cependant, tout comme à Larisa et Aigai, les fouilles archéologiques n'ont livré aucun indice d'un quelconque siège ou lutte armée entre la population de ces cités et les Lydiens. Ces derniers auraient donc imposé leur domination de manière pacifique, encore une fois.

Tout comme pour l'Éolide et la Mysie, les sources anciennes qui témoignent de contacts entre la Troade et les Lydiens sont assez ténues. En réalité, seul Strabon (XII, I, 22), au Ier siècle av. J.-C., nous précise que la région était tombée très tôt dans l'escarcelle lydienne puisque les Milésiens ont dû demander l'autorisation de Gygès afin de fonder Abydos. Toujours selon Strabon (XIII, 1, 17), on apprend que, près de Cyzique, en Troade, les rois lydiens et perses possédèrent par la suite un parc pour la chasse. Il nous transmet aussi (XIII, 1, 8) que la plaine de Thébé avait vu l'arrivée de colons lydiens, lorsque les Cimmériens et les Phrygiens s'accaparaient respectivement la région.

Pour la Troade, il est possible que cette zone ait été administrée par les Lydiens depuis deux centres : d'une part, le sud de la Troade, avec les établissements installés au sud de l'Ida et sur le golfe d'Edremit, devait être contrôlé depuis Adramytteion (en Éolide, dont Crésus sera le gouverneur) ; et, d'autre part, l'ensemble de la côte égéenne et des rives de l'Hellespont qui devait être administré depuis Ilion. Ce dernier centre devait ainsi s'assurer de la bonne extraction du minerai d'or des mines situées à proximité. La zone située entre la face nord de l'Ida et le sud de la chaîne de montagnes à l'est d'Abydos – c'est-à-dire la vallée du Granique –, devait être probablement sous le contrôle des Lydiens puisque c'est dans cet espace que l'on voit des actions de Crésus dès le début de son règne.

En ce qui concerne Ilion, il n'existe aucune preuve de la présence d'une garnison lydienne à cet endroit – ce que certains historiens ont cru comprendre en lisant les propos de Strabon (XIII, 1, 25). Seuls quelques fragments de céramiques lydiennes ont été retrouvés sur le site de l'antique Troie[59].

En réalité, à en croire l'archéologie, Ilion semble avoir été le seul site prospère de Troade dès le VIIIe siècle av. J.-C. Malgré une période de déclin (dû à la destruction partielle du site lors d'un tremblement de terre) entre 650 et 625 av. J.-C. environ, Ilion s'est de nouveau développée après cette date. Elle a ainsi vu la reconstruction de ses lieux de culte et le développement de liens étroits avec la colonie athénienne de Sigée[60]. Ainsi, sur la base du témoignage de Strabon mentionnant la présence des Cimmériens en Troade, il se pourrait que cette région, à la suite du déferlement de cette peuplade nomade aux VIIe et VIe siècles et la chute du royaume de Phrygie, ait vu des Lydiens s'installer progressivement dans cette zone. Par conséquent, ceux-ci auraient profité du vide laissé par les Cimmériens et auraient occupé la Troade sans livrer le moindre conflit (Str., XIII, 1, 8). Cependant, force est de constater que les fouilles archéologiques n'ont livré aucun matériel dans cette partie de l'Anatolie. Il est vrai que, pour la plupart des sites, les vestiges de l'époque archaïque sont assez pauvres. Dès lors, il est difficile de s'appuyer essentiellement sur l'archéologie pour confirmer ou compléter les informations issues des sources anciennes.

Si l'on revient aux propos d'Hérodote (I, 28-29), ceux-ci ne mentionnent pas explicitement la Troade comme région soumise à Crésus. Mais l'historien déclare que le fils d'Alyatte tenait en sa sujétion tous les peuples à l'ouest du fleuve Halys, notamment les Éoliens et Ioniens. Or il semble que des Éoliens en provenance de Lesbos et des Ioniens de Milet (Str., XII, 1, 58) – ainsi que des colons lydiens – s'étaient installés en Troade[61]. Dès lors, sans nommer formellement la région, Hérodote laisse entendre que celle-ci était également passée sous domination lydienne. C'est sans doute pour cette raison que Strabon qualifie l'ensemble de la zone comme un espace étant sous la domination de Gygès. Pour le reste, la Troade est restée assez isolée, notamment en raison de la barrière naturelle de l'Ida qui la sépare de la Mysie et de l'Éolide[62]. Par conséquent, tout comme la Carie, le type de liens que Crésus pouvait bien avoir avec les différents établissements de Troade sont assez difficiles à entrevoir[63].

Il semble en tout cas que, malgré l'isolement de la Troade, les rois de Lydie ont pu intervenir de manière sporadique dans la région : par exemple, Crésus a détruit la ville de Sidène, sur le Granique, où s'était réfugié le tyran Glaucias – à proximité même de Cyzique, où les rois lydiens auraient eu un parc pour la chasse (Str., XIII, 1, 17 et 42).

Cependant, seule Ilion semble avoir acquis une certaine importance dès le VIIIe siècle av. J.-C. Il est donc possible que les Mermnades aient tissé des liens avec cette cité afin, notamment, de pouvoir tirer profit des mines d'Astyra.

La relation entre Lampsaque – en Troade également – et Crésus est un peu mieux connue. À lire Hérodote (V, 37-38), lors d'un conflit opposant Miltiade l'Ancien et la cité de Lampsaque (colonie phocéenne et milésienne), Crésus aurait sommé les Lampsaquéens de libérer Miltiade qu'ils avaient capturée en les menaçant de raser la ville[64]. Ce passage qui serait un récit de propagande philaïde contiendrait néanmoins des éléments historiques : il serait ainsi possible que Crésus ait tissé des liens d'hospitalité avec Miltiade, tyran en Chersonèse, afin d'avoir accès aux mines aurifères de Thrace. On le voit, globalement, les rois lydiens n'intervinrent que sporadiquement dans les affaires de Troade[65].

Sous Crésus, si l'on suit les propos d'Hérodote (I, 6), les Ioniens et Éoliens d'Asie durent fournir un tribut. Il faut toutefois noter que la méthode de soumission de ces cités à l'autorité de Sardes nous est totalement inconnue. Il est probable que les différents établissements de Troade qui voyaient la présence de Lydiens déjà depuis le VIIe siècle av. J.-C. aient livré de leur plein gré des dons gracieux à Crésus. Ce qui a pu passer par la suite, aux yeux des Grecs et d'Hérodote, pour le versement d'un tribut. Les dons envoyés à Sardes devaient sans doute être, entre autres, des dons en or – en raison de la présence des mines aurifères dans la région.

On le voit, les liens entre cette région d'Anatolie et le royaume mermnade sont très difficiles à cerner. Les zones côtières, avec les établissements ioniens et éoliens, devaient probablement être administrées depuis Ilion et Adramytteion ; la vallée du Granique, beaucoup moins peuplée, devait être sous la coupe des Lydiens qui y intervinrent de manière ponctuelle.

Après cet examen de l'ensemble des peuples à l'ouest de Sardes, on peut résumer la situation comme suit : les campagnes militaires lydiennes contre les établissements de la côte égéenne d'Asie Mineure montrent combien ceux-ci doivent être étudiés au cas par cas. De même, on constate que chaque cité noua, ou non, des liens singuliers avec les rois mermnades à l'issue de conflits.

Bien que chacune des relations nouées entre ces différents établissements et les autorités de Sardes soit unique, un constat général peut néanmoins être établi. De toute évidence, l'ensemble des lieux importants de la côte égéenne d'Asie Mineure entretenait des relations cordiales avec les rois lydiens jusqu'aux règnes d'Alyatte et de Crésus. Malgré les campagnes militaires du père de Crésus contre Smyrne et la guerre contre Milet (sans oublier l'éradication de l'aristocratie de Colophon), ces cités continuèrent à nouer des liens cordiaux avec Alyatte. Ces relations devaient probablement consister en un échange de métal et de grains et présenter un bénéfice pour les voies commerciales des deux parties.

Sous Crésus, ces relations amicales se muèrent toutefois en une soumission de l'ensemble des établissements. Celle-ci se fit de manière pacifique par endroits, et violente en d'autres – comme ce fut le cas pour la cité d'Éphèse, par exemple. Ainsi, les dons gracieux de grains et de contingents armés en application sous Alyatte devinrent exigés par Crésus.

La Phrygie sous contrôle lydien

La Phrygie est une vaste région couvrant l'Anatolie centrale et qui se trouvait en contact immédiat avec la Lydie. Hérodote (VII, 30) raconte ainsi que Crésus avait installé une borne frontière à Kydrara (probablement la moderne Saräykoy) pour marquer la séparation entre son royaume et la Phrygie.

La Phrygie s'était constituée sous forme de royaume après la chute de l'Empire hittite et de sa capitale Hattuša vers 1200 av. J.-C. Ce royaume était administré depuis sa capitale fixée à Gordion. Pour les Grecs – et encore à l'heure actuelle –, le roi le plus célèbre était Midas[66] (fin du VIIIe siècle – début du VIIe siècle av. J.-C. environ) qui, selon la légende, se suicida en buvant du sang de taureau[67]. Ce royaume disparut sous les coups des Cimmériens au cours du VIIe siècle av. J.-C. Ainsi, il semble que, profitant de la disparition de toute administration phrygienne centralisée, les Lydiens aient pu mettre la main sur le territoire sans rencontrer de réelle opposition.

Les sources littéraires évoquant le contrôle lydien sur la Phrygie sont encore une fois très pauvres. En effet, seul Hérodote (I, 28-29) mentionne la présence des Phrygiens dans la liste des peuples soumis à Crésus. De même, plus loin dans son *logos* lydien (I, 35-36), lorsqu'il relate la mort tragique d'Atys, fils de Crésus, l'historien d'Halicarnasse rapporte que le roi de Lydie avait accueilli en ami un prince phrygien à la cour de Sardes. C'est donc en s'appuyant sur ces témoignages et sur l'archéologie que l'on peut confirmer la présence lydienne en Phrygie. Les rapports que les rois mermnades entretenaient avec les rois phrygiens avant la chute de Gordion, et avec les élites locales ensuite, sont assez malaisés à définir. Il semble cependant qu'avant que Gordion ne tombe sous le coup des raids cimmériens, les rois des deux royaumes aient entretenu des relations cordiales. En tout cas, la littérature antique et l'archéologie n'ont livré aucun indice invitant à envisager des relations conflictuelles entre eux.

À la suite de la mort de Gygès en 644 av. J.-C.[68] lors de l'agression des Cimmériens, les rois lydiens Ardys et Sadyatte luttèrent durant leur règne pour les chasser de leur territoire. C'est seulement Alyatte qui parvint à expulser les cavaliers nomades de la péninsule anatolienne (Hdt., I, 16). Ce n'est donc qu'une fois le vide laissé par les Cimmériens en Anatolie que les Mermnades purent y pénétrer plus à l'est. On peut supposer qu'Alyatte mit la main sur la région vers 585 av. J.-C. lorsqu'il entreprit sa campagne en Anatolie où il se heurta aux Mèdes de Kyaxare.

Dans tous les cas, les résultats des fouilles archéologiques semblent appuyer les témoignages des sources littéraires attestant un contrôle lydien sur la région. Sur base de l'archéologie, on peut donc émettre l'hypothèse qu'à Gordion même les Lydiens avaient entrepris la construction d'une citadelle (édifiée entre le VIIe et le VIe siècle av. J.-C.) sur le Küçük Höyük, où de nombreuses poteries lydiennes ont été mises au jour. Cette même citadelle aurait été le siège d'une garnison du royaume de Sardes avant d'être détruite vers le milieu du VIe siècle av. J.-C. lors de la conquête perse de l'Anatolie[69]. Dès lors, on peut penser que, depuis l'avancée d'Alyatte vers l'Halys, cette région était administrée et contrôlée par les Lydiens.

En Phrygie nord-occidentale, à la frontière avec la Mysie et l'Éolide, le site de Daskyleion a livré du matériel lydien daté de la fin du VIIe et du VIe siècle av. J.-C. Cet établissement semble avoir subi un incendie attribué aux Cimmériens au VIIe siècle av. J.-C. Mais, par la suite, et tout au long des VIIe et VIe siècles av. J.-C., Daskyleion aurait connu une période florissante. Cet indice pourrait confirmer l'hypothèse voulant que les Lydiens aient profité des raids cimmériens qui avaient affaibli l'ensemble du monde anatolien pour affirmer leur autorité sur les différentes régions touchées par les agressions du peuple nomade[70].

Un des sites les plus connus après Gordion est celui de la Cité de Midas. Celui-ci a lui aussi fourni de la céramique de type lydien. De plus, le « monument de Midas » – complexe cultuel taillé dans la roche – aurait été réalisé sous le patronage des Lydiens. Pour preuve, on distingue sur l'inscription au-dessus de la façade le nom d'Ates, qui renverrait à Atys, le fils de Crésus tué par Adraste, et dont l'histoire est rapportée par Hérodote (I, 28-29)[71]. Revenons donc quelques instants sur cette inscription M-01a, selon le *Corpus des inscriptions paléo-phrygiennes*, établi par Claude Brixhe et Michel Lejeune[72] : « ates : arkiaewais : akenanogawos : midai : lawagtaei : wanaktei : edaes ».

Celle-ci pourrait se comprendre ainsi : « Ates, fils d'Arkias, prêtre du feu sacré, a offert [ceci] à Midas, roi et chef des armées[73]. »

Selon les différents chercheurs qui se sont penchés sur le texte, le mot *arkiaewais* serait l'adjectif patronymique d'Atès[74]. Ainsi, Atès serait le fils d'Arkias et non de Crésus. Il semble également que, dans cette dédicace, le mot *lawagtaei* ait été écrit à la place de *lawagetai*[75] – l'*e* ayant été ajouté fautivement en fin de mot. Si l'on suit cette idée, on pourrait avancer l'hypothèse que ce même type d'erreur aurait été commis sur le mot *arkiaewais*. Ainsi, cet adjectif patronymique aurait été écrit à la place d'*akriaewais*. Ce terme peut par ailleurs être rapproché de la reconstruction en lydien du nom de Crésus, Krowiśaś. On aurait dès lors un indice supplémentaire d'une participation de Crésus à la réalisation du complexe cultuel de la Cité de Midas. *Akriaewais* serait dans ce cas la transcription en phrygien du nom lydien de Crésus. Cette dédicace commandée par Atès, le fils du riche roi mermnade, pourrait expliquer les erreurs d'inscription puisqu'il fallait passer de l'alphabet lydien au phrygien, transcrivant dès lors deux langues différentes.

Il se pourrait aussi que ce soit la présence d'Atès/Atys à la cour de ce Midas qui soit à l'origine de l'histoire rapportée par Hérodote (I, 28-29) – à savoir celle du meurtre accidentel du fils de Crésus par Adraste, prince phrygien et fils de Midas.

L'inscription M-01a fournit également des informations sur l'organisation interne de l'ancien royaume de Phrygie sous contrôle lydien. On y apprend que la région était gouvernée par un certain Midas (même patronyme que le célèbre roi qui changeait en or tout ce qu'il touchait), qualifié de « roi » et de « chef des armées ». Il apparaît donc que les élites locales avaient été conservées, mais Crésus aurait tout de même placé son fils dans les affaires de la cité en l'instaurant Akenanogawos, soit prêtre du feu sacré de la déesse mère Aryastin associée aux oracles[76]. Par conséquent, on découvre sans être autrement surpris par la démarche que le pouvoir lydien s'appuyait sur les élites locales qui avaient été maintenues et avaient conservé leurs titulatures « royales ». Ces rois subordonnés au pouvoir de Sardes voyaient tout de même une présence lydienne à leur cour. À la Cité de Midas, établissement le plus important en Phrygie au VIe siècle av. J.-C., le cas du prêtre Atys/Atès (fils de Crésus, donc) témoignerait de cette politique d'assujettissement particulier établi par les rois lydiens dans cette région.

Tout comme avec les sanctuaires grecs de la côte ionienne, Crésus (par l'intermédiaire de son fils) aurait patronné la réalisation du complexe cultuel du « monument de Midas[77] ». Cette dédicace serait alors le témoignage d'un cadeau diplomatique offert par Crésus au roi Midas qui lui était désormais soumis. Cette largesse devait favoriser en retour, à Sardes, la livraison des présents, offerts par l'administration locale phrygienne, que les Grecs considéraient comme autant de tributs.

On peut comparer ce mode de fonctionnement avec ce que nous apprennent les traités conclus par les Hittites et les Assyriens avec leurs différents vassaux. En effet, les rois hittites maintenaient les pouvoirs locaux mais leur imposaient la conclusion d'un « traité de vasselage » imposé par le roi et accepté sous forme de serment par le futur vassal. Ce dernier se devait alors de fournir assistance militaire en cas de besoin et parfois verser un tribut au souverain[78]. Dans notre cas, les rois lydiens Alyatte et Crésus auraient imposé de pareils traités aux souverains locaux phrygiens, autant de contrats qui obligeaient ces derniers à fournir à Sardes des présents et, si nécessaire, des contingents armés.

Concernant les villes de Gordion et Daskyleion, on ignore si elles avaient à leurs têtes un « roi » phrygien soumis à l'autorité de Sardes ou directement un gouverneur lydien. L'absence d'inscriptions tant phrygiennes que lydiennes et d'informations exploitables dans les sources grecques ne permet pas d'avancer une quelconque hypothèse. Néanmoins, puisqu'il semble que ces établissements étaient bien passés sous contrôle lydien, et afin d'administrer ces centres qui avaient chacun autorité sur toute une région, des gouverneurs acquis aux rois lydiens ont dû être désignés. Cependant, leur origine ethnique et sociale est inconnue. Au mieux, peut-on suggérer qu'ils étaient issus de l'aristocratie lydienne, voire des autorités locales comme c'était le cas pour la Cité de Midas. Ceux-ci étaient liés, eux aussi, au pouvoir mermnade par des accords de « vasselage ».

Concernant les autres peuples orientaux d'Anatolie situés à l'est du fleuve Halys (moderne Kızılırmak) sur lesquels Crésus avait établi sa domination, Hérodote précise :

> [...] Par la suite, comme presque tous les peuples habitant en deçà du fleuve Halys avaient été subjugués ; – excepté les Ciliciens et les Lyciens, Crésus avait subjugué effectivement et tenait en sa sujétion tous les autres ; ce sont les Lydiens, Phrygiens, Mysiens, Mariandyniens, Chalybes, Paphlagoniens, Thraces Thyniens et Thraces Bithyniens, Cariens, Ioniens, Doriens, Éoliens, Pamphyliens [...].

Des Phrygiens, Mysiens, Mariandyniens, Chalybes, Paphlagoniens, Thraces Thyniens, Thraces Bithyniens et Pamphyliens ainsi nommés, seuls les Phrygiens que l'on vient d'évoquer sont ceux pour lesquels l'archéologie et les sources anciennes nous ont livré des indices des relations entretenues avec les rois lydiens. Pour les autres peuples listés par Hérodote, s'il est impossible de savoir quels types de liens ces derniers avaient tissés avec Sardes, c'est en raison de la difficulté à les situer géographiquement avec précision, et surtout parce que ceux-ci faisaient partie intégrante de l'ancien royaume phrygien.

En outre, si les Lyciens n'ont pas été subjugués par Crésus, il est probable que ce soit en raison de leur établissement dans une région montagneuse où ils vivaient selon un mode de vie pastoral et d'où ils pratiquaient la piraterie. Il était donc très difficile pour les Lydiens de leur imposer le versement d'un tribut. Cependant, il est possible que Crésus ait tout de même réussi à faire tomber cette région dans son escarcelle car la côte très accidentée de la Lycie – repaire de pirates dès le IIe millénaire av. J.-C. – bordait une voie maritime essentielle mettant en contact par cabotage Chypre, le Levant et l'Égée. Quoi qu'il en soit, la Lycie ne trouvera une relative unité que sous la domination perse. Pour ce qui est de la Cilicie, Crésus n'a pas pu contrôler cette région lointaine, tout simplement parce que celle-ci se trouvait sous contrôle babylonien[79].

On constate donc que Crésus a réussi à faire main basse sur presque la totalité de la péninsule anatolienne, tantôt par force, tantôt par diplomatie. C'est à la suite de ces conquêtes, parfois entamées par son père Alyatte, que Crésus imposa le paiement d'un tribut en grains, métaux précieux ou encore en troupes armées probablement prélevé par des gouverneurs fidèles à Sardes. C'est par cette pratique de soumission, ainsi que grâce à sa puissante armée, que le dernier Mermnade devient, aux yeux de ses contemporains grecs, le souverain le plus redoutable (et redouté) du moment.

3

Le roi diplomate

Crésus ne s'est pas contenté d'asservir une grande partie de l'Anatolie au cours de son règne. Il a aussi entretenu, voire créé des liens avec la Grèce continentale ainsi qu'avec les autres peuples et royaumes orientaux. Toutefois, le royaume de Lydie n'a pas réellement attendu le règne du dernier Mermnade pour cela. En effet, les sources assyriennes témoignent dès le règne de Gygès (et au début de celui de son fils Ardys) de contacts noués entre le premier des Mermnades et le célèbre roi d'Assyrie Assurbanipal, ainsi qu'avec le pharaon d'Égypte Psammétique[1].

Il faut toutefois attendre les règnes des deux derniers hommes de la dynastie pour que les rois lydiens renouent contact avec leurs homologues orientaux (selon les sources anciennes, aucun lien entre Sardes et l'Égypte n'est à mettre à l'actif d'Ardys ou de Sadyatte). Si Alyatte conclut un pacte de paix avec les Mèdes après avoir mené une guerre contre le roi Kyaxare (Hdt., I, 73-74), c'est Crésus qui s'avère être le plus énergique dans la recherche d'alliances puisqu'il en aurait aussi noué avec les Spartiates, avec Amasis d'Égypte ainsi qu'avec le roi de Babylone Nabonide.

Les Mèdes, les anciens ennemis

Commençons par les relations entre les rois mermnades et le territoire mède. Selon Hérodote (I, 71-73), peu avant sa chute, Crésus décida de marcher en Cappadoce en vue de sa campagne contre les Perses. Les raisons qui entraînèrent Crésus à franchir l'Halys (moderne Kızılırmak), fleuve qui marquait, en son temps, la ligne de partage entre les royaumes de Lydie et de Médie (région d'Asie Mineure au nord de l'Iran actuel), étaient doubles : confiant dans l'oracle rendu par Apollon qui avait prédit que, s'il attaquait les Perses, il détruirait un grand empire (Hdt., I, 53), le roi de Lydie désirait annexer un nouveau territoire à ses possessions personnelles mais, surtout, il entendait venger son beau-frère Astyage – que Cyrus venait de détrôner du royaume de Médie.

L'occasion d'expliquer les origines de ce lien associant Crésus à Astyage (et donc la Lydie à la Médie) est ainsi fournie à Hérodote. Il ouvre pour ce faire une incise dans son récit de l'histoire de Crésus et en vient à traiter de la guerre qui opposa la Lydie d'Alyatte à la Médie de Kyaxare (le père d'Astyage, qui régna de 625 à 585 av. J.-C.).

Kyaxare avait accueilli à sa cour d'Ecbatane des Scythes qui, à la suite d'une sédition, étaient venus s'y réfugier. Le roi mède leur avait confié des enfants à qui ils devaient apprendre la langue scythe ainsi que l'art de tirer à l'arc. Par ailleurs, un jour que ces nomades ne ramenèrent aucun produit de leur chasse, Kyaxare les traita rudement et pour être revenus bredouilles. Par vengeance, les Scythes décidèrent de préparer comme repas un des enfants dont ils avaient la garde et de servir ses chairs au roi mède. Leur crime accompli, ils prirent la fuite vers Sardes afin de se réfugier à la cour d'Alyatte. Comme le roi de Lydie refusa de livrer les Scythes à Kyaxare, la guerre éclata entre les deux royaumes. Ce conflit se serait prolongé cinq années (sans qu'aucune des deux parties puisse prendre le dessus) et se serait terminé avec l'épisode célèbre de l'éclipse solaire prédite par le philosophe Thalès de Milet, et que la recherche astronomique moderne propose de fixer au 28 mai 585 av. J.-C.[2]. En effet, à la suite de cette inquiétante occultation solaire totale, Lydiens et Mèdes se seraient empressés de conclure la paix. Les accords auraient été fixés grâce à la médiation de deux personnages difficiles à identifier formellement : Syennésis de Cilicie et Labynète de Babylone. Enfin, pour sceller l'entente, Alyatte aurait offert en mariage sa fille Aryènis à Astyage (le fils de Kyaxare), ce qui explique le lien entre les deux souverains.

En réalité, la cause profonde de ces hostilités déclarées paraît bien résulter d'abord du comportement expansionniste dont témoignaient ces deux grandes puissances du moment. Après ses campagnes menées à l'ouest contre les cités grecques d'Asie Mineure, le père de Crésus a dû vouloir étendre son territoire vers l'est où il se heurta vite à Kyaxare qui, de son côté, entendait accroître ses possessions vers l'ouest et la Méditerranée[3].

Pour revenir à cette éclipse, dont on ne saura vraiment jamais si Thalès était bel et bien en mesure de la prédire[4], il apparaît en réalité qu'Hérodote, qui écrit plusieurs dizaines d'années après les faits et sur foi de témoignages invérifiables, aurait combiné ce phénomène astral avec un événement qui fut un choc aux yeux des Grecs (mais aussi chez ces peuples anatoliens)[5]. Pour les Grecs, les éclipses servaient à dater grossièrement certains événements puisque ces phénomènes célestes rares et marquants étaient vus comme des manifestations divines. Ainsi, les sources grecques ont pu regrouper la conclusion d'un traité entre les Lydiens et les Mèdes et l'éclipse totale du soleil (deux événements séparés dans le temps, mais néanmoins proches) en un seul et même épisode dont la tradition a assuré la diffusion sous cette version des faits[6]. Il est donc fortement probable que les accords de paix entre les deux peuples n'aient été passés qu'un certain temps après cette éclipse. C'est lors de ces mêmes accords qu'une frontière aurait été fixée entre les deux territoires (le fleuve Halys) et qu'un mariage royal aurait été conclu afin de sceller cet accord.

Insistons sur le mariage entre Aryènis, la fille d'Alyatte (et sœur de Crésus), et Astyage, roi des Mèdes lors de la conclusion du traité (Kyaxare étant probablement mort durant le conflit), qui a une forte valeur historique. En effet, c'était pratique courante chez les Orientaux de cette époque de procéder en diplomatie à des mariages interdynastiques. Il se peut également qu'intervint un second mariage lors de la conclusion du pacte (car il y a une lacune dans le texte d'Hérodote). Ainsi le roi mède Astyage aurait offert une princesse mède à Alyatte voire à Crésus lui-même[7]. Bien que ce mariage entre une princesse mède et un prince lydien soit très probable, nous ne savons pas qui furent les personnages concernés. Sans doute est-ce Alyatte qui s'unit à cette princesse, car nous savons qu'il avait déjà épousé une Ionienne et une Carienne. Il aurait donc tout à fait pu prendre une troisième femme.

Revenons sur le traité en tant que tel. Force est de constater qu'il n'y eut plus de conflit entre les Lydiens et les Mèdes suite à sa signature. Par conséquent, tout invite à penser que cet accord scellé par ce double mariage se résumait à une convention de non-agression réciproque (telle que celle conclue entre Kyaxare et le roi de Babylone Nabopolassar avant la prise de Ninive, capitale de l'Assyrie, en 612 av. J.-C.). Il est d'ailleurs fort probable que ce traité ait été héréditaire, à l'instar d'autres alliances diplomatiques conclues entre les souverains orientaux[8]. Dès lors, Crésus et Astyage auraient donc naturellement reconduit ces liens amicaux conclus entre leurs pères respectifs, Alyatte et Kyaxare.

Le royaume d'Égypte : l'alliance entre Crésus et Amasis

Les seuls auteurs qui déclarent que Crésus et le pharaon Amasis (vers 570-526 av. J.-C.) seraient entrés en contact et auraient conclu une alliance sont Hérodote et Xénophon. Chez le père de l'Histoire (I, 77), cette mention ne se trouve qu'une seule fois – et sous forme d'incise – dans son *Enquête*. Dans la *Cyropédie* de Xénophon, sans parler explicitement d'alliance (ce qui aurait encouragé à n'y voir qu'un simple emprunt à Hérodote), est décrite avec force détails la participation de troupes égyptiennes à la bataille de Thymbrara, qui opposa les Lydiens aux Perses aux alentours de Sardes, juste avant la chute de la capitale lydienne qui tomba aux mains de Cyrus à l'automne 547 av. J.-C.

Xénophon (*Cyropédie*, VI, 2, 9-10)* déclare que, lors de cette bataille, 120 000 Égyptiens se tenaient aux côtés de Crésus, et qu'une fois le combat engagé et la défaite du roi lydien imminente, les troupes égyptiennes firent preuve d'une résistance héroïque face aux troupes de Cyrus le Grand (Xén., *Cyropédie*, VII, 1, 40-41). Il est plus que vraisemblable que la mention des douze myriades (120 000 hommes) d'Égyptiens présentes au sein de l'armée lydienne ne soit qu'un développement ultérieur de la part de Xénophon[9].

Les précisions fournies sur les Égyptiens par l'auteur athénien pourraient surtout avoir été suscitées par le fruit de son expérience géographique et militaire. Xénophon aurait recueilli des informations sur les Égyptiens lors de la dernière campagne du roi de Sparte Agésilas en 362-360 av. J.-C. (sous lequel il avait servi lors de sa campagne d'Asie au début du IVe siècle) et les aurait insérées dans sa *Cyropédie*[10]. Si Xénophon donne une place de choix aux Égyptiens à Thymbrara, c'est parce qu'il admire non pas l'Égypte du temps de Cyrus le Grand, mais celle qui s'est rebellée récemment contre

---

* Il s'agit ici des passages 9 et 10 du chapitre 2 du livre II de la *Cyropédie* de Xénophon (parfois abrégé Xén.).

les Perses, et pour laquelle Agésilas était parti se battre. La présence des troupes égyptiennes à la bataille de Thymbrara ne serait donc qu'un ajout de la part de Xénophon au récit d'Hérodote qu'il connaissait bien[11].

Revenons au récit du père de l'Histoire. Il déclare qu'après avoir appris la chute de son beau-frère Astyage, Crésus aurait envoyé des ambassadeurs afin de tester la véracité de différents oracles et notamment celui du sanctuaire de Siwa en Libye (I, 46), région du royaume égyptien. Cependant, Crésus n'aurait jamais pu envoyer des ambassadeurs à Siwa pour la simple raison qu'il ne pouvait connaître l'existence de ce sanctuaire car la liste fournie par Hérodote n'aurait de sens qu'au Vᵉ siècle et non au VIᵉ siècle av. J.-C. – c'est-à-dire au moment où ces sanctuaires se seraient présentés comme des rivaux de Delphes[12]. En outre, on sait maintenant que celui de Siwa fut fondé seulement sous le règne d'Amasis (entre 570 et 526 av. J.-C. environ)[13]. Il est donc impossible que Crésus ait pu avoir connaissance de l'existence d'un sanctuaire si lointain moins de vingt ans après sa création. Dès lors, comment comprendre que ce lieu de culte libyen ait déjà acquis une renommée au point d'être si célèbre en Lydie ?

Du côté des sources égyptiennes, il ne reste malheureusement pratiquement aucun vestige des stèles et monuments érigés par Amasis, et dont les représentations sont rares. L'explication avancée tiendrait au fait qu'à son arrivée en Égypte, Cambyse décida de faire marteler son nom et de persécuter la mémoire du pharaon[14]. La nature de la relation entre les deux souverains est donc plus que jamais obscure.

À lire Hérodote, on comprend que Crésus aurait conclu une alliance à la fois de type offensif et défensif (*symmachia*) et aurait probablement au minimum entretenu des relations d'hospitalité (*xénia*) avec le pharaon Amasis[15]. Pour nous aider à mieux définir quels liens avaient pu unir le roi de Lydie à Amasis, il convient d'examiner les relations qu'entretenait le pharaon avec les Cyrénéens (Cyrène était une colonie grecque de Libye) et le tyran Polycrate de Samos.

En effet, Crésus ne serait pas le seul avec qui Amasis aurait lié son sort. Le pharaon avait aussi scellé un accord d'amitié et d'alliance avec les Cyrénéens et il aurait par ailleurs entretenu une relation d'hospitalité avec Polycrate de Samos (Hdt., II, 181-182).

Ces rapports privilégiés qu'il aurait entretenus avec Cyrène font penser davantage à une relation de type *xénia* qu'à une alliance militaire car Amasis aurait envoyé à Cyrène une statue dorée d'Athéna et aurait reçu en retour comme épouse une nommée Ladiké – probablement une fille du roi de Cyrène, Battos (Hdt., II, 181). Cette relation d'hospitalité permettait à Amasis de regagner les faveurs des Grecs (en particulier ceux de Cyrène mais aussi les mercenaires grecs de l'armée égyptienne) qui avaient servi sous son prédécesseur et rival Apriès – qu'il avait vaincu (Hdt., II, 161-172) – en leur offrant des présents, en se liant d'amitié avec certains d'entre eux et en leur fournissant des privilèges à Naucratis (Hdt., II, 178-179)[16]. Il est fort probable, néanmoins, que cette relation – perçue par les Grecs comme des liens d'hospitalité – était plutôt considérée par le pharaon comme une alliance conclue entre partenaires inégaux : un souverain (Amasis) et un vassal (les Cyrénéens)[17]. Cependant, vu l'absence de tablettes ou de textes officiels retrouvés en Égypte (et même en Lydie), et contemporains de la période qui nous préoccupe, il est difficile de cerner avec exactitude les détails de telles relations.

Ces liens diplomatiques se révélaient bénéfiques pour le pharaon : l'établissement grec était situé sur la branche canopique du Nil, juste à une dizaine de kilomètres de Saïs. Comme sa capitale lui servait de port, ce comptoir était source de revenus pour le pharaon car une taxe était prélevée sur toutes les importations qui arrivaient à Naucratis et sur les biens produits à cet endroit. L'autre intérêt de ce rapprochement avec les Grecs fréquentant la Méditerranée orientale est qu'il aurait permis à Amasis d'endiguer la « colonisation intérieure » du territoire égyptien – une pénétration opérée jusque-là de façon anarchique par ces Grecs[18].

La relation d'hospitalité probablement tissée par Amasis avec Polycrate de Samos aurait également résulté, entre autres, de motifs économiques liés à Naucratis. En effet, Hérodote (II, 178) mentionne aussi la présence des Samiens à cet endroit, où ils avaient fondé et administraient un sanctuaire d'Héra. Selon l'historien d'Halicarnasse (III, 39), Polycrate « avait conclu un traité d'amitié avec Amasis, roi d'Égypte, à qui il envoyait des présents et de qui il en recevait en retour ». Ici aussi, ces liens auraient été perçus de manière différente par Amasis et par Polycrate. En effet, le tyran samien aurait vu cette relation comme un traité d'hospitalité entre partenaires égaux, tandis que le pharaon aurait considéré cette alliance davantage comme un traité dissymétrique entre un « vassal » et son seigneur. Mais ce traité aurait été dénoncé plus tard par Amasis, probablement en raison d'un manque de réciprocité de la part du tyran samien[19]. Ce pharaon – décidément en quête de l'amitié des Grecs – aurait aussi été à l'origine du financement d'une bonne part de la reconstruction du temple d'Apollon de Delphes, rendue nécessaire après un incendie fortuit (daté de 548 av. J.-C. par Pausanias[20]).

Pour ce qui est de la Lydie, si des liens ont uni Crésus au pharaon Amasis, ceux-ci ont dû se conformer aux usages en vigueur dans le monde oriental. Les Grecs les auraient assimilés à des liens de *xénia* (d'hospitalité, donc).

Néanmoins, Crésus, lui, devait être considéré par le pharaon égyptien comme son alter ego, voire son « frère ». En effet, après la soumission de l'ensemble des cités grecques de la frange égéenne de l'Asie Mineure, Crésus devait être considéré par celles-ci comme le souverain le plus puissant du moment. Dès lors, par l'intermédiaire des Grecs fréquentant notamment Naucratis, comptoir commercial de première importance en Méditerranée, Amasis a pu s'informer de la puissance et du statut de ce souverain contrôlant presque l'ensemble de l'Anatolie.

Les deux rois auraient ainsi noué une alliance avant la chute du royaume mède vers 550 av. J.-C. et la prise d'Ecbatane par les Perses. En effet, avant cette date, Amasis ne devait pas considérer Cyrus comme une menace sérieuse pour ses possessions. Cette alliance lydo-égyptienne, probablement conclue à distance, devait sans doute comporter des clauses politiques (ne pas être hostile envers l'autre partie), militaires (probablement de nature exclusivement défensive, à en croire Hérodote[21]) ainsi que des clauses commerciales[22]. Ce rapprochement ne pouvait qu'influer favorablement sur le commerce de l'Égypte en Méditerranée orientale que le pharaon entendait favoriser par l'intermédiaire, entre autres, des Grecs (sous tutelle lydienne) et représentés à Naucratis, qui était une porte d'accès des mercenaires en Égypte[23].

Mais pour quelles autres raisons ces deux rois auraient-ils conclu une alliance défensive avant 550 av. J.-C. ? Peut-être faut-il se tourner du côté du royaume de Babylone pour le comprendre.

À la fin du VIIe et au début du VIe siècle av. J.-C., les pharaons égyptiens durent faire face régulièrement aux armées babyloniennes en Syrie-Palestine – territoire sous contrôle égyptien depuis la victoire du pharaon Nékao II à Megiddo en 609 av. J.-C. Mais la prise de Jérusalem en 587 par le roi babylonien Nabuchodonosor II (605-562 av. J.-C. environ) marqua la fin de la présence égyptienne dans cette région[24]. Même si Amasis n'a pas dû craindre une attaque babylonienne entre 562 et 556 av. J.-C. (car les rois babyloniens Amêl-Marduk et Neriglissar ont mené des campagnes plutôt axées vers le nord et la Cilicie), l'arrivée au pouvoir de Nabonide à Babylone en 556 av. J.-C. changea complètement la donne car le roi entreprit des expéditions militaires à l'ouest, à proximité de Gaza et à la frontière de l'Égypte[25]. Dès lors, le pharaon Amasis a probablement craint, à nouveau, une attaque des armées babyloniennes sur ses possessions septentrionales. Ces activités militaires à proximité des territoires égyptiens pourraient expliquer une recherche de la part du pharaon d'un allié afin de contrer la puissance de Nabonide si elle venait à attaquer l'Égypte.

Amasis aurait alors conclu une alliance défensive avec un autre souverain puissant du moment : Crésus. De son côté, le roi lydien aurait pu, lui aussi, chercher à se lier avec le pharaon afin de pouvoir compter sur des troupes supplémentaires en cas d'attaque de l'armée babylonienne présente en Cilicie depuis le règne de Nabuchodonosor II et de ses successeurs[26]. La présence de Babylone dans cette région frontalière avec les domaines sous contrôle lydien (Hdt., I, 28), pouvait constituer, aux yeux du Mermnade, une menace pour ses propres possessions en cas d'attaque des Babyloniens.

Crésus et Amasis auraient ainsi pu conclure une alliance comportant des clauses politiques : avoir les mêmes amis et ennemis (l'ennemi commun étant le royaume de Babylone) ; des clauses militaires (se prêter assistance en cas d'attaque d'un tiers) ; des clauses commerciales (favoriser le commerce des Grecs à Naucratis)[27].

Dans ce cas-ci, l'absence d'aide envoyée par Amasis à Crésus lors du siège de Sardes par Cyrus pourrait s'expliquer par le fait que l'alliance devait comporter une clause de fidélité politique : s'engager à ne pas conclure de paix séparée ni même des relations diplomatiques avec l'ennemi[28]. Or, comme on le verra plus bas, Crésus ayant conclu (ultérieurement à l'alliance avec Amasis) un accord avec Nabonide de Babylone, le pharaon n'était plus tenu de respecter ses engagements puisqu'une des clauses de l'alliance avec Crésus n'avait pas été respectée.

Reste que, dans l'état actuel de la documentation, si une quelconque relation (qu'Hérodote qualifie de *xénia* ou *symmachia*) a uni Amasis à Crésus, il n'en subsiste aucune trace. Sa mise en place éventuelle – avec l'envoi de plusieurs ambassades à Saïs et sa mise par écrit sur tablettes – a pu s'accompagner d'échanges de présents, voire d'un mariage interdynastique, à la mode proche-orientale pluriséculaire[29]. Mais ni l'historien grec ni aucune autre source grecque ou orientale n'y font allusion[30].

Sur ces constatations, une dernière hypothèse reste à envisager : Crésus et Amasis ne conclurent jamais une quelconque alliance, comme nous le transmet le seul Hérodote. Peut-être ce lien fort entre Crésus et le pharaon a-t-il été imaginé dès le début du ve siècle av. J.-C., à Delphes, où ces deux souverains – personnages exceptionnels aux yeux des Grecs, alors à peine sortis des guerres médiques – s'étaient montrés très généreux. En effet, la donation d'Amasis de 1 000 talents d'alun pour la coûteuse reconstruction du « quatrième » temple d'Apollon après l'incendie de 548 av. J.-C. et les nombreuses offrandes antérieures de Crésus en témoignent. Ces deux monarques s'étaient imposés dans l'imaginaire grec comme ceux qui avaient été naguère à la tête des deux royaumes les plus puissants de cette époque, et qu'avaient balayés les Perses, eux-mêmes bientôt bousculés par les Grecs dans les guerres médiques.

Babylone : la menace de Nabonide

Toujours grâce à Hérodote (I, 77), on apprend que Crésus aurait conclu une alliance avec le roi de Babylone qu'il nomme Labynète : « [...] avec eux [les Babyloniens] de même il [Crésus] avait fait une alliance ; le roi de Babylone était en ce temps Labynète ».

Ici aussi, de tels accords posent question. En effet, les deux seules sources mentionnant cette alliance sont encore Hérodote et Xénophon, repris plus tard par Justin (I, 7, 3)* dans son abrégé des *Histoires philippiques de Trogue Pompée*. Mais il s'avère que le récit de la *Cyropédie* (et *a fortiori* celui de Justin) qui fait état d'une campagne de Crésus pour secourir Babylone, victime d'une attaque de Cyrus, est totalement imaginaire. Car excepté Xénophon, aucune source antique (y compris la *Chronique de Nabonide*) ne mentionne une première campagne de Cyrus contre Babylone avant sa capture[31]. Étant donné que seul le récit d'Hérodote peut être vraiment pris en compte car il serait le seul à ne pas avoir été inventé, regardons de plus près les différentes relations diplomatiques entretenues par Nabonide de Babylone au cours de son règne afin de cerner quelle aurait pu être celle établie avec Crésus.

Pour ce faire, tournons-nous vers les sources babyloniennes. Les principales informations disponibles pour les années comprises entre le début du règne de Nabonide en 556 av. J.-C. et la prise de Babylone par Cyrus en 539 av. J.-C. sont à trouver dans la *Chronique de Nabonide*, les *Stèles de Harrān*[32], le *Cylindre de Sippar* ainsi que le *Cylindre d'Ur*. Pour la période qui nous intéresse ici – c'est-à-dire les années précédant la chute de Sardes (fixée en 547 av. J.-C.) – et pour les années dont les lignes ne sont pas endommagées, il s'avère que la *Chronique de Nabonide*** ne mentionne aucune alliance

* Entre parenthèses, les lettres et chiffres se rapportant à Justin renvoient à ses *Histoires philippiques de Trogue Pompée*. Ici, il s'agit du passage 3 du chapitre 7 du livre I.

** Du fait du mauvais état de conservation de la stèle, les années 552 à 550 av. J.-C. ainsi que les années 544 à 539 av. J.-C. sont perdues.

avec un souverain étranger même si parfois les scribes babyloniens consignaient les différents accords contractés par leurs souverains avec leurs homologues étrangers[33].

En regard, un extrait des *Stèles de Harrān* datant du règne de Nabonide s'avère des plus instructifs :

> Selon la parole de Sîn et d'Ishtar, la Maîtresse du combat, sans laquelle la paix et la guerre n'existent pas sur la terre, et sans laquelle aucune arme n'est forgée, elle étendit sa main sur eux, de telle sorte que les rois du pays d'Égypte, du pays des Mèdes, du pays des Arabes, et tous les rois qui étaient hostiles, pour la paix et l'amitié [*sulummû u ṭūbāti*], ont envoyé [des messagers] devant moi[34].

Ce texte lève donc un voile sur les relations diplomatiques au cours du règne de Nabonide durant le long séjour du roi babylonien dans l'oasis de Tayma en Arabie (553-543 av. J.-C. environ)[35]. Au cours de cette période, le roi d'Égypte n'est autre qu'Amasis (570-526 av. J.-C. environ), le seul pharaon contemporain de Nabonide. Cette inscription provenant de Harrān rapporte donc un envoi d'ambassadeurs de la part du pharaon Amasis au roi de Babylone se trouvant à Tayma afin de conclure des traités « d'amitié et de paix ». Quant au roi de Médie mentionné dans l'inscription, il devrait s'agir en fait d'un des nombreux potentats qui se trouvaient auparavant sous la domination d'Astyage. On aurait ainsi un indice supplémentaire de l'organisation de cette confédération mède composée de roitelets devant prêter allégeance au roi des Mèdes[36].

La raison du traité « d'amitié et de paix » entre Nabonide et le souverain mède, daté des années 546-543 av. J.-C. (on est donc juste après la chute de Sardes et de Crésus datée de 547 av. J.-C.), aurait eu pour objet l'occupation par les Babyloniens de Harrān (où se trouvait le temple du dieu Sîn), territoire sous contrôle mède, afin que Nabonide puisse avoir le champ libre pour toute entreprise de restauration du temple ainsi que l'opportunité de contrôler la région[37].

L'accord avec l'Égypte est, quant à lui, à replacer dans le contexte des campagnes de Nabonide à l'ouest, jusqu'aux frontières égyptiennes[38]. Ces expéditions en Syrie, en Cilicie et en Edom devaient probablement inquiéter les Égyptiens qui contrôlaient encore une partie de la région jusque Gaza (Hdt., III, 5). Ils pouvaient donc encore craindre une attaque des armées babyloniennes sur leur territoire comme ce fut le cas sous le prédécesseur d'Amasis, Apriès. Par conséquent, Nabonide n'aurait pas pu rentrer à Babylone sans s'être assuré que l'Égypte ainsi que les peuplades arabes ne tenteraient aucune action belliqueuse de ce côté[39].

L'alliance conclue entre Amasis et Nabonide, probablement des accords d'amitié et de non-agression, devait en réalité ne comporter que des clauses politiques (et commerciales, comme l'immunité conférée aux marchands)[40] que chacune des parties contractantes s'engageait à respecter[41]. Les deux souverains se juraient ainsi de ne pas devenir hostiles l'un envers l'autre, mais ne s'obligeaient pas à se porter au secours de l'autre partie en cas de conflit. Le fait qu'Amasis n'ait apporté aucune aide à Nabonide alors que Cyrus s'apprêtait à attaquer Babylone, en 539 av. J.-C., après la chute de Crésus, appuierait cette hypothèse. Amasis n'était pas précisément obligé de fournir une assistance militaire à un royaume envers lequel il s'était « simplement » engagé à reconnaître le roi (comme un « frère », un alter ego) et à ne pas intenter d'action militaire contre lui*. Cet accord devait ainsi permettre aux deux royaumes, qui voyaient la menace perse de plus en plus prégnante, de ne pas avoir à combattre sur plusieurs fronts à la fois s'ils étaient attaqués par les troupes de Cyrus.

Pour en revenir une nouvelle fois à Crésus, il existe deux hypothèses pour expliquer un éventuel accord conclu avec Nabonide.

Si l'alliance a été nouée entre l'accession au trône de Nabonide en 556 et la prise de la capitale mède Ecbatane vers 550 av. J.-C., sans doute était-ce un moyen pour Crésus d'établir une paix durable avec le souverain de Babylone dont les armées, peu avant le règne de Nabonide[42], avaient mené des expéditions en Cilicie qui partageait une frontière avec les domaines sous contrôle lydien (Hdt., I, 28). Crésus aurait donc bien pu chercher à conclure une alliance afin d'éviter toute hostilité avec Babylone. Par la même occasion, le roi de Lydie s'assurait la libre circulation des produits échangés tant par voie maritime (grâce au commerce des cités grecques sous domination mermnade) que par voie terrestre. Cette alliance rappelle celle conclue entre la Lydie et la Médie en 585 av. J.-C.[43], car en se liant avec Nabonide au moyen de ce type d'entente de « non-agression », Crésus se serait assuré des ouvertures commerciales en Médie et en Babylonie. L'absence d'aide envoyée par Nabonide

* Il faut noter l'emploi des mêmes termes *ṭūbtu* et (*ṭūbāti*) *sulummû* pour désigner l'alliance conclue en 613 av. J.-C. par Nabopolassar et Kyaxare et celle mentionnée sur les *Stèles de Harrān*. Ce qui nous conforte dans l'idée qu'il s'agit du même type d'alliance, à savoir de « non-agression » mutuelle.

à Crésus, ainsi que l'absence d'action des armées babyloniennes lorsque Cyrus traverse le territoire babylonien pour se rendre en Lydie en 547 av. J.-C.[44], appuierait l'idée que cet accord ne comportait aucune clause militaire voulant que les deux contractants se portent assistance en cas de conflit. Cependant, une fois de plus, rien ne permet de prouver la réalité historique d'un tel accord.

D'autre part, si l'éventuelle alliance a été conclue après la chute d'Astyage sous les coups des armées perses de Cyrus vers 550 av. J.-C., peut-être était-ce également un accord de « non-agression réciproque ». Crésus se serait ainsi assuré de ne pas subir d'attaque de la part des armées babyloniennes pendant sa campagne en Ptérie et en Cappadoce. Ici aussi, l'accord n'aurait comporté que des clauses politiques (non-agression mutuelle) et commerciales. Mais encore une fois, Hérodote étant le seul à mentionner cette alliance, rien ne prouve qu'elle ait vraiment existé. On le voit, les seuls liens attestés entre Crésus, Amasis et Nabonide sont donc ceux qui ont lié le pharaon au roi de Babylone.

Même si on ne connaît rien de la teneur de tels accords, il se pourrait que ceux-ci n'aient été que des conventions très générales d'amitié et de non-agression réciproques où les rois se reconnaissaient comme « frères » dans le but vraisemblablement d'assurer la sécurité de leurs possessions ainsi que le bon accueil de leurs commerçants. On peut même aller jusqu'à mettre l'existence de ce type de traités d'alliance militaire en doute, dans la mesure où aucun des « alliés » ne vint prêter main-forte à Crésus lorsqu'il fut assiégé dans sa citadelle de Sardes.

En revanche, il est permis d'envisager que le roi lydien ait bien pu conclure une alliance défensive avec Amasis. Nous l'avons vu, celle-ci devait permettre aux deux parties de se prémunir en cas d'attaque d'un ennemi commun : le royaume de Babylone. Mais les accords de non-agression réciproque noués ultérieurement par Crésus avec Nabonide de Babylone auraient ainsi rendu caduque l'alliance avec Amasis. Raison pour laquelle le pharaon n'aurait envoyé aucune aide lors de la campagne du roi lydien en Ptérie et lors du siège de Sardes par les troupes perses.

Précisons qu'Hérodote avait rédigé des *logoi* sur la Lydie, l'Égypte et la Babylonie pour exalter la grandeur et la puissance de ces vieux royaumes. La nouvelle de la chute de Crésus en Lydie (qui passait pour le plus riche) et celle d'Amasis en Égypte, personnages qui avaient l'un et l'autre fait des cadeaux mémorables aux Grecs, a rudement frappé l'imagination de ces derniers pour qui il était difficile d'envisager une puissance supérieure aux Lydiens et aux Égyptiens. C'est justement parce que les Grecs ont vite pris pleine conscience de ce que signifiaient les chutes de Sardes, de Babylone et de l'Égypte que leurs victoires ultérieures sur les Perses ressortent comme autant d'événements sans pareil depuis la guerre de Troie[45].

Dès lors, il se pourrait qu'Hérodote ait forcé le trait et transformé de simples convenances diplomatiques entre Crésus, Babylone et l'Égypte en des alliances militaires afin de renforcer les liens entre les trois plus grandes puissances de l'époque. D'après l'historien, le fait que les Grecs aient réussi à s'opposer à Cyrus et aux Perses est d'autant plus admirable que les trois puissances déjà évoquées, elles, avaient échoué. Tous ces propos conféraient donc encore plus d'éclat aux victoires de Marathon, de Salamine et de Platées (qu'Hérodote exposait dans la seconde partie de son *Enquête*). Mais par dessus tout, le tableau ainsi dressé par l'historien immortalisait la suprématie des Grecs sur les plus puissants des Barbares.

Crésus et la Grèce continentale

À proximité directe de l'ensemble du monde grec de la côte égéenne d'Asie Mineure, le royaume de Lydie a pu, par l'intermédiaire de ces Grecs de l'Est, entrer en contact avec la Grèce continentale, plus lointaine, et surtout plus difficile d'accès pour un royaume essentiellement « continental » lui aussi.

Selon Hérodote (I, 13) et plus tard Nicolas de Damas (90 F 47), Gygès, le premier des Mermnades, avait déjà entretenu des liens avec le sanctuaire panhellénique de Delphes qui avait en quelque sorte confirmé par un oracle le roi lydien sur le trône au lendemain de son coup d'État. À la suite de cette prise de position en sa faveur, Gygès consacra au célèbre sanctuaire de nombreuses offrandes en or et en argent (Hdt., I, 14). Pour les règnes d'Ardys et de Sadyatte, aucune information n'est disponible concernant de quelconques liens entre ces souverains lydiens et les Grecs du continent. À l'instar de Gygès, les deux derniers Mermnades – Alyatte et Crésus – sont entrés, eux aussi, en relation avec des communautés de la Grèce continentale. Ainsi, selon Hérodote, Alyatte aurait envoyé des offrandes au sanctuaire de Delphes (I, 25) et, par ailleurs, il aurait entretenu des contacts avec la cité de Corinthe dans le Péloponnèse (Hdt., III, 48). De même, Crésus aurait envoyé de nombreuses offrandes à Delphes (sanctuaire de Phocide) (I, 50-51) – dont une partie se situait dans le trésor des Corinthiens – et aurait conclu une alliance avec les Spartiates (I, 53-70).

Concernant Alyatte, il est fort probable qu'en réalité il n'ait jamais tissé de liens avec les tyrans de Corinthe. Le *logos* samien (Hdt., III, 46-48) et la mention de l'envoi par Périandre (fils de Cypsélos, tyran de Corinthe de 625 à 585 av. J.-C. environ) de 300 jeunes Corcyréens à Alyatte afin d'en faire des eunuques, souvent brandi comme argument irréfutable de l'existence de liens personnels entre le roi lydien et le tyran de Corinthe, ne seraient en réalité que des inventions *a posteriori*[46]. Le thème des eunuques pourrait ne renvoyer à rien d'autre qu'à une déformation poussée à l'extrême de l'efféminisation des Lydiens, thème apparu en milieu grec à la suite de la chute de Sardes. En effet, il fallait, pour les Grecs, trouver une raison qui expliquerait la chute brutale du royaume de Lydie face aux Perses. Une de ces raisons aurait donc été l'efféminisation (et la débauche) des Lydiens[47].

La présence d'un cratère offert par Alyatte à Delphes – dont la situation à l'intérieur du trésor des Corinthiens au temps d'Hérodote est souvent avancée comme argument de l'existence de liens interpersonnels entre Alyatte et Périandre – peut tout simplement s'expliquer par son déplacement (avec les autres offrandes lydiennes) à cet endroit (le trésor des Corinthiens était le bâtiment clos le plus proche du temple d'Apollon), à la suite du grand incendie de 548 av. J.-C.[48].

Il semblerait en effet plus conforme aux rares données disponibles que le père de Crésus ait utilisé ce cratère en argent comme cadeau et outil diplomatique en l'offrant aux Delphiens afin que ceux-ci influencent la Pythie, la prêtresse d'Apollon, pour qu'elle enjoigne Périandre à conseiller son ami Thrasybule de conclure la paix avec Alyatte de Lydie lors de son conflit avec la cité de Milet.

On le voit donc, seuls les liens entre Alyatte et les Delphiens auraient une consistance historique, tandis que ceux tissés entre le père de Crésus et Périandre de Corinthe ne seraient qu'une simple invention tardive.

L'alliance avec Sparte : réelle ou illusoire ?

Toujours selon Hérodote (I, 69), Crésus aurait conclu une alliance avec les Spartiates lorsqu'il apprit la chute d'Astyage, le roi des Mèdes, ce qui le poussa à sortir de sa période de deuil suite à la mort de son fils Atys lors d'une partie de chasse (Hdt., I, 34-45).

Informé et inquiet de la chute du roi mède Astyage face à Cyrus, Crésus, indécis quant à la marche à suivre, aurait décidé d'éprouver la véracité des oracles de Grèce et de Libye. Son intention aurait été, après avoir testé leur fiabilité au moyen d'une première ambassade, de leur demander par une seconde ambassade s'il devait faire la guerre aux Perses (Hdt., I, 46-53). À la suite du premier examen, Crésus aurait convenu que les oracles de Delphes et d'Amphiaraos étaient les seuls véridiques.

Pour le premier test, Crésus avait donné comme consignes aux ambassades de questionner les oracles le centième jour après leur départ de Sardes. Les émissaires lydiens devaient leur demander ce que Crésus était en train de faire à ce moment précis, et les oracles devinèrent tous deux que le roi des Lydiens était en train de cuire une tortue et un agneau dans un chaudron de bronze. Hérodote (I, 50-52) relate ensuite toutes les offrandes que le roi avait fait parvenir aux deux sanctuaires qui étaient toujours visibles du temps de l'historien. Lors de la deuxième ambassade (Hdt., I, 53), les Lydiens interrogèrent donc ces deux oracles sincères, et cherchèrent à savoir s'il était opportun de faire la guerre aux Perses et s'il était prudent de s'adjoindre des troupes alliées. Les réponses données par les deux oracles concordèrent et ils lui conseillèrent de prendre pour alliés ceux que Crésus aurait reconnus comme les plus puissants parmi les Grecs, non sans lui avoir préalablement prédit que « s'il faisait la guerre aux Perses, il détruirait un grand empire ».

À la suite de nouvelles recherches, Crésus aurait appris que le premier rang grec était occupé par les Spartiates et les Athéniens, les uns appartenant à la famille dorienne et hellénique, les autres à la famille ionienne et pélasgique (Hdt., I, 56). C'est à partir de ces propos qu'Hérodote (I, 56-71) entame deux longues digressions, l'une sur les habitants de Sparte, l'autre sur ceux d'Athènes. Ces développements exposent leurs origines lointaines (les premiers auraient migré, les seconds seraient installés là depuis toujours). Pour l'essentiel, ces digressions informent le lecteur sur ce qui se déroulait sur le continent grec à cette époque où le Proche-Orient tournait une importante page de son histoire.

Pour ce qui est du berceau originel des Spartiates et des Athéniens, le récit d'Hérodote reflète des préoccupations de son temps dominées et entretenues par la lutte idéologique entre Athènes et Sparte. L'ensemble des récits mythiques relatifs à l'autochtonie revendiquée par les Athéniens leur procurait une légitimité dont ils pouvaient ainsi user pour clamer leur hégémonie. Cette légitimité aux origines insondables donne également à l'Athènes démocratique un fondement primordial à sa conception de la citoyenneté. En effet, ils sont issus du *génos* originel (celui d'Érichthonios, roi légendaire d'Athènes), contrairement aux Spartiates qui, du reste, ne connaissent pas la démocratie[49]. On constate donc que ces développements d'Hérodote semblent bien peu en rapport avec la question posée par Crésus, à savoir lesquels des Grecs étaient les plus puissants à cette époque.

Une fois informé de la supériorité du moment des Spartiates sur les Athéniens, Crésus se serait tourné du côté des premiers afin de se lier à eux. En effet, Athènes était alors sous la tyrannie des Pisistratides, et Sparte venait de vaincre la cité de Tégée (Hdt., I, 56-69). Le roi de Lydie leur aurait donc envoyé des messagers porteurs de cadeaux et d'une annonce : Crésus les avait choisis car ils étaient les premiers des Grecs. De ce fait, il sollicitait leur amitié de même que leur alliance (*philos kai symmachos*). Les hommes de Lacédémone* se réjouirent

---

* Lacédémon est le fondateur mythologique de la cité de Sparte à laquelle il a donné son nom. Lacédémone est donc un synonyme de Sparte.

et conclurent sous la foi de serments un traité d'hospitalité et d'alliance (Hdt., I, 69).

Les Spartiates y auraient d'autant plus consenti qu'un contact ancien avait déjà été établi avec Crésus : plus tôt, le Lydien leur avait fourni gracieusement l'or qu'ils avaient utilisé pour ériger une statue en l'honneur d'Apollon – œuvre toujours visible du temps d'Hérodote sur le mont Thornax qui domine Sparte. De plus, ils se disaient flattés d'avoir été préférés aux autres Grecs.

Un tel échange de cadeaux opéré entre Crésus et les Spartiates invite à envisager qu'il s'agit de toute évidence d'une relation fondée sur la réciprocité dont la fonction fondamentale vise à établir et entretenir des relations amicales. En effet, les échanges de cadeaux constituent un outil de cohésion sociale[50]. Dans le cas qui nous occupe, si Hérodote déclare que Crésus avait déjà envoyé de l'or à Sparte, rien ne permet de penser que le Lydien avait déjà reçu quoi que ce soit en retour. Cependant, les Lacédémoniens se seraient sentis redevables et rappelés à l'ordre, après avoir reçu et accepté auparavant l'or commandé à Crésus sans contrepartie immédiate. Dès lors, ils lui auraient accordé leur amitié et leur alliance, et auraient scellé le tout par l'envoi d'un cratère de bronze. Mais celui-ci ne parvint jamais à Sardes pour des motifs contradictoires qu'Hérodote (I, 69-70) se plaît à rapporter en détail.

Si l'on s'attarde un moment sur les oracles rendus par la Pythie, la réalité historique de cette première alliance conclue par Crésus a provoqué incrédulité et scepticisme chez plusieurs historiens. En effet, certains érudits ont jugé apocryphes les réponses livrées par la Pythie qui exhortait Crésus à s'adjoindre les plus puissants des Grecs car cette suprématie lacédémonienne dont Crésus aurait été informé n'était pas d'actualité du temps du roi mermnade, mais daterait seulement de la fin du VIe siècle av. J.-C. – soit plusieurs décennies plus tard[51]. Quoiqu'en réalité, Sparte surpassait bel et bien la puissance athénienne déjà vers 550 av. J.-C., surtout après avoir pris le dessus sur Argos à l'issue de la bataille mémorable gagnée pour le contrôle de Thyréa, une joute que la tradition place seulement vers 547 av. J.-C. (Hdt., I, 82)[52]. Le deuxième élément qui invite au doute est que c'est seulement lorsque le roi de Sparte Cléomène (vers 520-490 av. J.-C.) fut en mesure d'intriguer à Delphes que la cité fut apte à se faire patronner par Apollon. Elle aurait ainsi été reconnue comme abritant les Grecs les plus puissants de cette époque[53]. Dès lors, on doit conclure au caractère imaginaire de l'alliance entre Crésus et Sparte et y voir une légende créée à l'instigation de Cléomène afin de rehausser le prestige de sa cité – et, par la même occasion, le sien.

En regard, d'autres historiens rejettent les doutes semés par la recherche sur cette alliance[54], car lorsque les Ioniens (et les Éoliens) firent face au général mède Harpage après la chute de Crésus en 547 av. J.-C., ce sont bien les Spartiates que sollicitèrent les Ioniens. Cependant, poursuit Hérodote (I, 152-153) après un long développement sur les Ioniens d'Asie, les Spartiates refusèrent catégoriquement d'accéder à la demande des délégués ioniens et éoliens formulée au nom de tous par Pythermos de Phocée. Ici encore, il s'agit d'une mention très claire de la toute-puissance spartiate, puisque les

Ioniens implorent sans hésitation l'aide de cette seule cité grecque (du continent).

En fait, il apparaît qu'Hérodote aurait reçu ces informations d'une source favorable à Lacédémone lors de sa visite au sanctuaire de Delphes[55]. Il est vrai qu'Hérodote doit avoir séjourné en Grèce continentale aux alentours des années 447 à 444/443 av. J.-C. (date de son départ pour Thourioi) et que Sparte a pu influencer le sanctuaire phocidien tout au long du Ve siècle – en particulier après la bataille de Coronée de 447 av. J.-C.[56]. Par conséquent, on ne peut exclure que le père de l'Histoire ait visité un sanctuaire d'Apollon alors sous forte influence spartiate, où les Lacédémoniens étaient libres de faire circuler des récits et des oracles fictifs destinés à rehausser leur prestige.

Malgré l'évidente suprématie spartiate au milieu du VIe siècle av. J.-C., il est vrai que l'ensemble des oracles rendus par la Pythie à Crésus peuvent être considérés comme des prophéties produites *a posteriori*, voire de véritables faux historiques. Précisons toutefois qu'elles sont sans doute nourries de souvenirs plus ou moins précis créés lorsque Cléomène intriguait à Delphes à la fin du VIe siècle av. J.-C., et qu'elles ont été rapportées à Hérodote lors de sa visite du sanctuaire[57]. Aussi, pour tenter d'y voir plus clair, est-il opportun de s'interroger sur la raison de l'envoi – indéniable – d'offrandes par Crésus en Grèce, et notamment au sanctuaire de Delphes.

Si le roi lydien a fait ces dons, c'était peut-être afin de trouver un éventuel soutien face à une menace perse toujours plus inquiétante. Ce faisant, il poursuivait ainsi la politique de son père Alyatte avec l'idée plus précise de flatter les Grecs. Il désirait aussi ranger l'oracle de son côté et, ce faisant, améliorer son image auprès des Grecs du continent et des îles. De la sorte, il espérait que la Pythie jouerait en sa faveur et le soutiendrait. En d'autres termes, comme le firent les Alcméonides par la suite (Hdt., V, 63), Crésus aurait pu intriguer auprès de la Pythie afin que Delphes invite les Lacédémoniens à accepter son alliance[58].

Un fragment de Théopompe de Chios (*FGrH* 115 F 193 J)* conservé chez Athénée de Naucratis témoigne de cette politique d'ouverture pratiquée par Sardes en direction de Sparte :

> Les Lacédémoniens, voulant dorer la statue d'Apollon d'Amyclées, ne trouvèrent pas d'or en Grèce. Ils envoyèrent consulter l'oracle [de Delphes], pour savoir où ils pourraient en acheter. Il leur répondit : chez Crésus, roi de Lydie. Ils envoyèrent les députés chez lui, et ceux-ci en achetèrent.

Hérodote (I, 69) connaissait déjà cet épisode mais, pour sa part, il signalait que Crésus avait offert l'or pour la réalisation de cette statue d'Apollon qui se trouvait au Thornax. Pausanias (III, 10, 8)**, quant à lui, déclare – mais beaucoup plus tard – que les statues d'Apollon du Thornax (qu'il qualifie de « Pythéen ») et d'Amyclées étaient presque identiques, mais que les Spartiates vénéraient davantage cette dernière. Car, pour Pausanias, celle-ci avait été réalisée avec l'or de Crésus qui devait, au départ, servir à décorer la statue du Thornax. On le voit, ces versions sont assez contradictoires. Cepen-

* Il s'agit ici du fragment 115 de Théopompe de Chios.

** Entre parenthèses, les lettres et chiffres se rapportant à Pausanias renvoient à sa *Description de la Grèce*. Ici, il s'agit du passage 8 du chapitre 10 du livre III.

dant, il est possible que ce soit seulement à la suite de la « bataille des champions » et de la victoire spartiate sur Argos (et l'annexion de la Thyréatide) que le culte d'Apollon Pythéen ait été installé sur l'agora et, *a fortiori*, sur le Thornax, où la statue d'Apollon réalisée avec l'or de Crésus fut déplacée à Amyclées afin de laisser la place à une deuxième statue d'Apollon *pythæus*. Située sur la route reliant Argos à Lacédémone, la statue de l'Apollon du Thornax signifiait aux Argiens (tout comme la statue d'Apollon Pythéen sur l'agora) la conquête spartiate de la Thyréatide[59].

Une autre hypothèse voudrait que ce serait à la suite de leur victoire sur les Argiens que les Spartiates (qui passaient pour les plus puissants des Grecs à la suite de leur exploit guerrier sur les héritiers de l'Argos des temps héroïques) se seraient fournis en or auprès de Crésus afin de dorer l'Apollon du Thornax qui célébrait la prise de la Thyréatide. Cependant, pour une raison inconnue, cet or aurait été réaffecté au profit de la statue d'Amyclées. Cette dernière proposition impliquerait toutefois d'avancer la victoire conduisant à la prise de contrôle de Thyréa de quelques années avant 547 av. J.-C., date traditionnellement retenue*.

Si les oracles sont apocryphes, on peut aussi s'interroger, même si cela ne concerne pas Sparte directement, sur la raison de la présence des offrandes de Crésus à Thèbes. Hérodote (I, 52) déclare que le bouclier et la

* Sur la seule base des propos d'Hérodote (I, 82) qui établit un synchronisme entre la « bataille des champions » et la chute de Sardes. Hérodote, I, 83 : « Telles étaient les affaires qui occupaient les Spartiates, quand vint le héraut de Sardes demandant que l'on portât secours à Crésus assiégé. »

lance qu'il avait vus, tous deux en or et consacrés à Amphiaraos (dont il avait appris le mérite et le malheur), se trouvaient de son temps dans le temple d'Apollon Isménios à Thèbes. L'historien d'Halicarnasse ne précise pas que ces offrandes étaient au départ entreposées dans l'Amphiareion de Thèbes[60], ce qui n'invite guère à poser l'hypothèse d'un déplacement ou d'un transfert de ces offrandes, même si certains chercheurs l'ont néanmoins proposé[61]. Ici aussi, il est probable que l'offrande du roi lydien ait été un moyen diplomatique de nouer des liens avec la cité. Sans doute considérait-il les Thébains comme des partenaires potentiels. En effet, Thèbes était une autre cité très florissante du VIe siècle av. J.-C., au cœur du pays béotien, puisqu'elle s'était hissée à la tête de la première Confédération. Elle avait également remporté quelques beaux succès militaires durant ce siècle. Enfin, elle se revendiquait à travers le cycle thébain d'un passé mythique aussi prestigieux que celui d'Argos qui venait pourtant de s'incliner devant les Spartiates[62]. Crésus aurait donc flatté la vieille « cité aux Sept portes » afin que celle-ci accepte de se lier à lui.

Cependant, une publication en 2014 de deux épigrammes retrouvées sur un fragment de colonne découvert en 2005 à Thèbes a permis d'apporter des éclaircissements[63]. Ces deux inscriptions transmettent en réalité les mêmes vers. La première (A), en alphabet béotien, aurait été gravée à la fin du VIe siècle av. J.-C. ; la seconde (B), en alphabet ionien, durant le IVe siècle av. J.-C. Ainsi, le texte aurait été recopié sur l'autre face de la colonne au IVe siècle av. J.-C. Une fois reconstituée, l'inscription peut se lire comme suit :

> Comme offrande [pour toi], Apoll[on], le [pro]phète du sanctuaire a déposé [ce superbe ornement] ici pour la ré[alisation d'un v]œu, ayant trouvé par consultation oraculaire [du dieu] le brillant bouclier que Crésus [a dédié comme superbe] offrande à [...] Amphiaraos, en mémoire de son méri[te et de son malheur]... a été volé [...] une merveille pour les Thébains [...] [le bouc]lier, merveilleusement...

Ces deux inscriptions mentionnent donc un certain Crésus qui aurait offert un bouclier « brillant » à Amphiaraos. Celui-ci aurait été (re)découvert par un prêtre d'Apollon Isménios à qui il l'aurait consacré à nouveau, mais dans le temple de ce dernier. On le voit, cette inscription fait clairement allusion à un déplacement du bouclier de l'Amphiareion vers le sanctuaire d'Apollon Isménios, semble-t-il, après qu'il eut été un temps « égaré ». Il semble donc qu'Hérodote aurait vu cette inscription de ses propres yeux – en témoignerait la formule « son mérite et de son malheur » (I, 52) qu'il utilise lorsqu'il justifie l'offrande de Crésus de Lydie à Amphiaraos. Ainsi, le père de l'Histoire aurait simplement découvert et recopié le texte de cette épigramme et il aurait établi un lien entre ce bouclier et la consultation des oracles de Crésus en Grèce et ailleurs. Cependant, il semble que l'interprétation que donne Hérodote de la présence du bouclier de Crésus ne soit pas la bonne. En effet, à l'époque archaïque, les dédicaces des offrandes font référence à la vie du dédicant et non au dédicataire. Ainsi, le « mérite et le malheur (*tèn té arétèn kai tèn pathèn*) » doit plutôt faire référence à la vie de Crésus et non au destin d'Amphiaraos[64].

Dans les offrandes archaïques le terme *areté* (mérite) renvoie souvent aux vertus guerrières, donc, dans notre cas, aux vertus guerrières de Crésus. Le terme *pathos* (malheur) ferait quant a lui référence à la mort au combat[65]. Par conséquent, la formule « mérite et le malheur » est en lien direct avec les armes de combat offertes par Crésus (Hdt., I, 52) : le bouclier en or (plus probablement en bronze recouvert de feuilles d'or) et la lance (qui n'est pas mentionnée dans l'épigramme). Il semble donc que ces armes grecques n'aient pas été offertes par Crésus de Lydie, mais on peut songer à un Grec prénommé Crésus dont la famille aurait réalisé cette offrande *post-mortem*. Dès lors, il est à envisager que le Crésus mentionné dans l'épigramme n'était pas le roi de Lydie, mais plutôt un Grec athénien, et pourquoi pas celui dont on a retrouvé le *kouros* funéraire à Anavyssos et mort vers 530-520 av. J.-C. Ce Crésus devait provenir d'une riche famille athénienne, peut-être en lien d'affaires avec la Grèce de l'Est qui aurait effectué cette offrande après sa mort[66]. On sait par Hérodote (VIII, 134) que le sanctuaire d'Amphiaraos à Thèbes était fréquenté par des non-Thébains, notamment des Athéniens. Dès lors, il est fort vraisemblable que les prêtres d'Apollon Isménios aient interprété l'offrande de Crésus l'Athénien comme celle de Crésus roi de Lydie. Mais il est impossible de savoir quand cette identification erronée a été réalisée. Ce qui est certain, c'est qu'à l'époque d'Hérodote, vers 440 av. J.-C., l'identification de ce Crésus au roi lydien était acceptée. Quoi qu'il en soit, cette interprétation inexacte du bouclier et de la lance de la part des prêtres du sanctuaire, et retranscrite par Hérodote, a eu pour effet de rehausser le prestige du sanctuaire[67].

Revenons à la nature de l'alliance entre Crésus et les Spartiates. Il faut désormais s'attarder un temps sur la phrase clé d'Hérodote (I, 69) : « Les Lacédémoniens, qui avaient aussi entendu parler de l'oracle rendu à Crésus [sur les plus puissants des Grecs], se réjouirent de la venue des Lydiens et conclurent des serments d'hospitalité et d'alliance. »

Deux termes méritent toute notre attention : hospitalité (*xénia*) et alliance (*symmachia*). Le mot *xénia*, qui renvoie directement à la notion d'hospitalité, qui suppose une relation contraignante inscrite dans la durée et implique que les voyageurs, messagers, ambassadeurs, et autres personnalités de passage doivent être reçus comme il se doit selon certaines règles essentielles. Une fois accueilli, le visiteur acquiert une dimension sacrée : il devient « intouchable », c'est-à-dire placé tout entier sous la protection de son hôte qui devient garant de son intégrité physique[68].

Cependant, Hérodote (I, 89) laisse entendre que les Spartiates étaient également liés à Crésus par une alliance militaire (*symmachia*). En témoignent les préparatifs réalisés par Lacédémone afin de venir en aide au roi lydien lorsque celui-ci fut assiégé par les Perses, même si cette mobilisation s'est avérée intervenir trop tard, puisqu'elle ne permit pas d'empêcher la prise de Sardes.

En réalité, ce passage pourrait se révéler n'être qu'un ajout d'Hérodote destiné à établir le lien entre sa digression sur Sparte (avec sa guerre pour Thyréa) et son récit principal centré sur la chute de Sardes. Hérodote laisse entendre (I, 83) que la guerre entre Sparte et Argos était terminée lorsque le héraut lydien vint demander de l'aide à Lacédémone.

Par conséquent, l'hypothèse la plus probable serait que Sparte n'ait, en réalité, jamais conclu d'alliance militaire de type offensif ou défensif avec Crésus. En effet, les Lacédémoniens, en acceptant de conclure un tel pacte, s'engageaient à combattre au loin – ce qu'ils ont souvent hésité à faire car ils craignaient un soulèvement des Hilotes et des Messéniens, voire une attaque d'Argos. Par contre, une relation de type *xénia* n'est pas à exclure. Crésus aurait décidé de nouer des liens d'hospitalité avec Lacédémone à la suite de sa victoire sur Argos qui passait jusque-là pour la plus puissance cité grecque du continent. Ainsi, dans une relation d'hospitalité, Crésus et Sparte auraient procédé à un échange de cadeaux (de l'or pour la statue d'Apollon du Thornax de la part du roi lydien ; un cratère de bronze de la part de Lacédémone). Par conséquent, ces derniers se seraient retrouvés d'une certaine façon alliés au roi lydien, mais sans véritable connotation militaire – ces deux États distants géographiquement nouaient tout simplement des liens d'hospitalité entre eux, et se reconnaissaient mutuellement. Et c'est pour entériner cette « alliance » que les deux parties auraient envoyé leurs présents respectifs[69].

On doit convenir qu'il vaut mieux placer la « bataille des champions » avant la chute de Sardes. Le souvenir de ces deux événements, antérieurs à Hérodote mais sans doute proches l'un de l'autre dans le temps, conduisit à les rapprocher au point de quasiment les synchroniser comme dans d'autres cas bien connus[70].

La relation avec les Delphiens

À l'époque de Crésus, le sanctuaire de Delphes était administré depuis sans doute le début du VIe siècle av. J.-C. (à la suite de la première guerre sacrée) par l'amphictionie pyléo-delphique dont le conseil se réunissait deux fois par an. Son rôle était d'organiser les panégyries et les marchés, de gérer les finances, de protéger le sanctuaire et ceux qui le fréquentaient, de surveiller le carrefour des voies commerciales et, enfin, de superviser l'organisation des Jeux pythiques[71].

À l'instar de la présence d'offrandes du roi lydien au sanctuaire, les rapports privilégiés noués entre la communauté des Delphiens (et non les Amphyctions) et le Mermnade ne sont pas à mettre en doute. En effet, Hérodote (I, 54) déclare qu'en échange des offrandes et des cadeaux faits aux Delphiens, ces derniers accordèrent à Crésus et aux Lydiens rien de moins que la promantie, l'atélie, la proédrie et le droit pour chaque Lydien de devenir Delphien selon son désir[72]. Par ailleurs, on doit noter que ces échanges fondèrent une relation d'hospitalité forte entre Crésus (représentant des Lydiens) et la communauté des Delphiens. En effet, cette dernière entraînait l'obligation d'accueillir, de protéger ainsi que de faire acte de bienveillance envers les ambassadeurs lydiens[73]. Ces honneurs accordés aux Lydiens semblent longtemps restés d'actualité car ils seront encore rappelés au IIe siècle av. J.-C. par les décrets delphiques pour Matrophanès de Sardes[74]. Ce dernier y invoque les « bons rapports » que les Delphiens ont avec les gens de Sardes depuis les temps anciens. Matrophanès en appelle également à « la priorité pour consulter l'oracle qui leur avait été concédée jadis par la cité de Delphes, ainsi que l'immunité financière, la préséance, et tous les privilèges dont jouissent tous les proxènes et les bienfaiteurs ». Ce témoignage tardif autorise à authentifier les honneurs qu'avait reçus le roi lydien en échange de ses nombreuses offrandes et cadeaux envoyés aux Delphiens.

Finalement, si l'historicité des oracles « anciens » invitant Crésus à s'allier avec les plus puissants des Grecs peut être mise en doute (puisqu'ils semblent avoir été produits *a posteriori*), les relations diplomatiques que Crésus aurait entretenues avec la Grèce continentale sont moins incertaines. En effet, ses cadeaux et ses offrandes aux sanctuaires de Delphes et à Sparte lui ont permis d'impressionner les Grecs et d'asseoir son image de grand potentat oriental. À côté des pressions qu'il exerçait sur les puissantes communautés grecques d'Asie Mineure, il avait la volonté de nouer avec la Grèce une entente cordiale.

Quant à la nature de l'alliance qui aurait uni Crésus à Lacédémone, précisons que Sparte n'aurait tissé que des liens d'hospitalité (*xénia*) avec le Mermnade à la suite de sa victoire sur Argos pour le contrôle de la Thyréatide (forte de son statut de plus puissante parmi les Grecs). Dans ce cas, cette relation impliquait qu'elle était tout de même alliée sans obligation strictement militaire (les préparatifs spartiates n'étant qu'un élément permettant de lier sa digression sur la guerre entre Sparte et Argos avec son récit principal sur la chute de Sardes). Alors, leurs liens de *xénia* auraient été entérinés par l'échange de cadeaux.

Selon Hérodote (I, 46), si Crésus chercha à nouer des alliances avec les Grecs du continent, c'était pour s'opposer à la montée en puissance des Perses de Cyrus, qui venait de détrôner Astyage. Mais comment et pourquoi le dernier roi lydien en est-il venu à combattre sur le champ de bataille le fondateur de l'Empire perse ?

4

Le choc avec la Perse et la chute de Crésus

Les sources anciennes retraçant l'histoire de la Perse avant la chute d'Ecbatane provoquée par Cyrus II sont assez délicates à interpréter car les auteurs grecs soulignent seulement que l'Empire perse n'est en réalité que la continuation de l'Empire mède conquis par Cyrus en 550 av. J.-C. C'est pourquoi il vaut mieux se pencher directement sur les sources orientales qui fournissent des indications sur les ancêtres de Cyrus.

L'émergence de la puissance perse

Le *Cylindre de Cyrus* est le document le plus ancien qui donne la généalogie du fondateur de l'Empire perse. Dans ce texte, Cyrus est qualifié de « roi d'Anshan » et le reste de sa généalogie est également détaillé : « Fils de Cambyse, Grand Roi, roi d'Anshan, descendant de

Teispès, Grand Roi, roi d'Anshan, d'une famille qui a toujours exercé la royauté[1]. » Un sceau (PFS 93*) complète la lignée : « Kurash d'Anshan, fils de Teispès. » Ainsi la généalogie peut être fixée comme suit : Teispès – Cyrus Ier – Cambyse Ier – Cyrus II[2].

Ce pays d'Anshan peut être localisé avec certitude dans la région du Fārs (qui donnera plus tard son nom à la Perse) dans la plaine du Marv Dasht. Le site de Tell-i Malyan a par ailleurs été identifié comme le site de la ville d'Anshan[3].

Le royaume néo-élamite de Suse et d'Anshan était tombé sous la domination des Assyriens vers 646 av. J.-C. avec la capture de Suse par Assurbanipal. Il semble que les rois élamites aient dû payer un tribut au roi assyrien, comme le mentionne le *Cylindre de Rassam*[4] où il est fait mention d'un certain Kurash, roi de Parsumash, qui a dû livrer tribut à Ninive et qui y a également envoyé son fils aîné Arukku comme otage[5].

Mais après la chute de l'Empire assyrien sous les coups des Babyloniens et des Mèdes vers 610 av. J.-C. (Ninive tombe en 612 av. J.-C.), il semble que l'Élam ait recouvré sa liberté de mouvement et que les ancêtres de Cyrus II se soient réapproprié le titre de « roi d'Anshan ». Au début du VIe siècle av. J.-C., à la suite des campagnes d'expansion territoriale menées par les Mèdes dans le Zagros, le royaume d'Anshan serait tombé dans l'escarcelle de ces derniers. Cependant, la forme de sujétion des Perses vis-à-vis des Mèdes nous échappe totalement[6].

L'organisation du royaume mède est assez difficile à définir. Selon les recherches récentes, il faut s'écarter de la vision d'Hérodote qui voyait un empire organisé de manière similaire à l'Empire assyrien ou achéménide.

Il semble au contraire que ce royaume mède réunissait une mosaïque de tribus, chacune gouvernée par des « seigneurs de villes » (les *bel alani* des sources assyriennes). Ces différents roitelets devaient tous prêter allégeance au roi des Mèdes. Il s'agissait donc d'une sorte de confédération de petits États. La mention dans le *Cylindre de Sippar* de « [Astyage] et les rois qui marchent à ses côtés[7] » serait une preuve de cette organisation[8].

Pour en savoir davantage sur la chute d'Ecbatane et du royaume mède aux mains de Cyrus, il faut nous tourner vers les sources babyloniennes puisque les récits d'Hérodote, de Ctésias de Cnide ainsi que quelques passages de Justin et Diodore de Sicile, sont des contes issus de thèmes folkloriques qui forment une sorte de « légende du fondateur[9] ». Ainsi, ce sont le *Cylindre de Sippar*, de même que la *Chronique de Nabonide*, qui nous permettent d'y voir plus clair. Le *Cylindre de Sippar* – qui aurait été réalisé entre 543 et 540 av. J.-C. – fait état d'un songe qu'aurait eu le roi de Babylone, Nabonide, dans lequel il déclare avoir reçu du dieu Marduk la promesse que les Mèdes allaient être mis hors d'état de nuire :

> [Et en vérité], quand arriva la troisième année [553], Marduk fit se lever Cyrus, roi d'Anshan, son jeune serviteur [*ardu*] ; Cyrus dispersa les grandes armées des Umman-Manda avec sa petite armée et il s'empara d'Astyage, roi des Mèdes, et il l'emmena captif dans son pays[10].

La *Chronique de Nabonide*, document dont la rédaction doit remonter au règne de Darius vers 500 av. J.-C.[11], fait directement mention de la campagne de Cyrus contre Astyage :

II.

> [Astyage] mobilisa [son armée] et il marcha contre Cyrus, roi d'Anshan, en vue de la conquête...
>
> L'armée se rebella contre Astyage et il fut fait prisonnier. [Ils le livrèrent à] Cyrus.
>
> Cyrus marcha vers Ecbatane, la cité royale. L'argent, l'or, les biens, les choses [...] qu'il emporta comme butin [d'] Ecbatane, il les convoya jusqu'à Anshan. Les biens [et] les choses de l'armée de [...][12].

Ces deux documents babyloniens fournissent des indications supplémentaires aux sources classiques grecques : on y apprend qu'Astyage fut l'instigateur du conflit contre Cyrus, et que celui-ci débuta vers 553 pour prendre fin avec la chute de la capitale des Mèdes, Ecbatane, en 550 av. J.-C.

On ignore les raisons qui ont poussé Astyage à entreprendre une campagne contre Cyrus, mais sans doute le roi des Mèdes a-t-il voulu mettre fin à une révolte d'un des roitelets soumis à son autorité, ou encore a-t-il voulu soumettre cette région qui échappait à son contrôle[13]. Quoi qu'il en soit, la *Chronique de Nabonide* semble accorder du crédit aux dires d'Hérodote (I, 127-128), selon lesquels l'armée mède se serait révoltée contre Astyage et se serait rangée du côté de Cyrus. Une fois maître de la cité d'Ecbatane, celui-ci pouvait bénéficier de ressources suffisantes pour ses campagnes à venir[14]. Cyrus se posa ensuite en continuateur d'Astyage : il lui accorda la vie sauve, épousa sa fille Amytis[15], donna des commandements à des Mèdes et Ecbatane devint une des capitales du futur Empire perse (Hdt., I, 157-161).

C'est donc dans ces circonstances que Cyrus se retrouva aussi à la tête de l'ancien royaume mède et qu'il devint dès lors le voisin immédiat de Crésus avec lequel il allait bientôt entrer en conflit.

La campagne en Cappadoce : la bataille de (la) Ptérie

Après avoir appris la chute de son beau-frère Astyage (Hdt., I, 46 et 73), Crésus entreprit une campagne en Anatolie afin de contrer la montée de la puissance perse. Cette entreprise mena le dernier roi de Lydie en Ptérie, à l'est du fleuve Halys, où il se mesura une première fois aux troupes levées par Cyrus. Seuls trois auteurs anciens ont transmis cet épisode : Hérodote, Polyen et Diodore de Sicile.

Selon le premier (I, 76-77), Crésus arriva à Ptérie en Cappadoce après avoir franchi le fleuve Halys probablement au printemps 547 av. J.-C. C'est là que le roi lydien établit son camp et ravagea les alentours peuplés de « Syriens ». Crésus prit la ville de Ptérie et réduisit ses habitants en esclavage. De son côté, Cyrus leva des troupes sur sa route vers Ptérie et se présenta devant Crésus, sans omettre d'envoyer des émissaires en Ionie afin de demander aux Grecs d'abandonner le roi mermnade, mais ils l'éconduisirent. Les armées lydienne et perse se livrèrent une violente bataille sans qu'aucun parti ne puisse se déclarer vainqueur. Mais mécontent de l'insuffisance de ses troupes, le roi lydien s'en retourna à Sardes.

Pour Polyen (VII, 8, 1-2), Crésus recourut à un stratagème : il fournit aux plus forts et aux plus grands des Lydiens des armes grecques. Cyrus fut totalement surpris par cette panoplie qui lui était étrangère, d'autant plus que le bruit des lances heurtant les boucliers ainsi que le reflet du soleil sur les boucliers de bronze éblouissait et troublait les Perses et leurs chevaux. Ils firent alors volte-face. Vainqueur dans cette bataille, Cyrus conclut une trêve de trois mois avec Crésus. Vaincu par les Perses, Crésus, dans sa retraite vers Sardes, ordonna à ses soldats de mettre le feu à une grande quantité de bois encombrant le chemin afin de ralentir la poursuite des Perses.

Diodore de Sicile (IX, Fr. 45-46)* calque la trame de son récit sur celui d'Hérodote mais ajoute deux anecdotes probablement issues d'Éphore de Cumes[16], qui voulait rejeter la responsabilité de la chute de Sardes sur un traître plutôt que sur l'absence d'aide envoyée par Sparte[17]. Selon la première, une fois arrivé en Cappadoce, Cyrus envoya des messagers à Crésus lui signalant qu'il se montrerait clément et le nommerait satrape** de Lydie s'il acceptait de devenir l'esclave des Perses. Crésus rétorqua qu'il préférerait l'inverse. La deuxième anecdote met en scène un certain Eurybate d'Éphèse qui avait été envoyé par Crésus dans le Péloponnèse afin de recruter des mercenaires. Mais Eurybate fit défection et se réfugia chez Cyrus, avec tout l'or que lui avait confié

* Entre parenthèses, les lettres et chiffres se rapportant à Diodore de Sicile renvoient à sa *Bibliothèque universelle*. Ici, il s'agit des fragments 45 à 46 du livre IX.

** Nom donné aux gouverneurs des provinces de l'Empire perse.

Crésus, et lui divulgua les plans du roi lydien. Depuis cet épisode, Eurybate devint tellement célèbre dans le monde grec que son nom est devenu synonyme de « scélérat ». En réalité, il semblerait que cet épisode soit un récit forgé *a posteriori*, permettant du même coup de laver Sparte de toute accusation de non-assistance à Crésus[18].

Quant aux raisons qui ont poussé Crésus à se rendre en Cappadoce pour s'opposer à Cyrus, laissons la parole à Hérodote (I, 73), car :

> [...] il ambitionnait un territoire qu'il voulait annexer à ses possessions personnelles ; surtout il avait confiance dans l'oracle, et il désirait venger Astyage de Cyrus. Astyage, fils de Kyaxare, beau-frère de Crésus et roi des Mèdes, avait été renversé par Cyrus qui le tenait en son pouvoir.

Ainsi, il existe trois raisons principales : Crésus voulait venger la destitution de son beau-frère Astyage par Cyrus ; il avait confiance en l'oracle de Delphes qui lui avait prédit qu'il « détruirait un grand empire » (Hdt., I, 53) s'il faisait la guerre aux Perses ; il voulait annexer un nouveau territoire à son royaume.

Comme nous l'avons vu plus haut, la réponse de l'oracle a de fortes chances d'être apocryphe. Cependant, le premier et le dernier points sont tout à fait envisageables.

Insistons sur la première raison. Comme on le sait, à la suite de la guerre qui opposa les troupes lydiennes d'Alyatte aux troupes de la confédération mède de Kyaxare, un accord d'amitié avait été conclu entre les deux parties, et la sœur de Crésus, Aryènis, avait été donnée comme épouse au fils de Kyaxare, Astyage (Hdt., I, 74). Cet accord d'amitié avait sans doute été reconduit sous les successeurs immédiats des rois lydien et mède impliqués dans la « bataille de l'éclipse », à savoir Crésus et Astyage. De ce fait, on peut envisager qu'à l'annonce de la chute de son homologue mède, Crésus ait décidé de partir en campagne contre celui qu'il devait voir comme un usurpateur : Cyrus. La démarche serait donc conforme à l'accord d'amitié réalisé sous Alyatte et Kyaxare (scellé par les mariages interdynastiques) puis reconduit par Crésus et Astyage, et ainsi expliquerait le fait que le dernier roi de Lydie ait décidé d'entreprendre une campagne militaire contre le fondateur de l'Empire perse.

La troisième raison avancée par Hérodote est aussi à considérer. En effet, à la suite de la chute d'Ecbatane en 550 av. J.-C., l'équilibre né du pacte d'amitié conclu dans le prolongement de la « bataille de l'éclipse » – et qui devait probablement fixer la frontière entre les territoires lydien et mède – ne tenait plus. L'opportunité (ou l'obligation, s'il ressentait une crainte) était ainsi fournie à Crésus de reprendre les campagnes militaires de son père vers l'est et d'agrandir sa sphère d'influence ou de mieux assurer les marges de son royaume face à une menace montante[19]. Cependant, on peut se demander pourquoi il s'arrêta à Ptérie et ne poursuivit pas derechef sa « conquête de l'Est » une fois la ville soumise. En fait, il est possible que la capture de Ptérie par Crésus soit la cause directe du conflit avec les Perses qui lui fut fatal.

Le site de Kerkenes Dağ, en Anatolie, a été identifié comme l'emplacement de l'ancienne Ptérie. Cet établissement de culture phrygienne à l'est de l'Halys se situait à proximité d'un carrefour routier stratégique à qui il devait sans doute son existence : s'y croisaient une des sections de la future « voie royale » perse et un autre axe reliant le nord et le sud de l'Anatolie. Selon les résultats des fouilles archéologiques, le site de Kerkenes Dağ relève de la culture phrygienne. Son imposant mur de fortification, avec son circuit de 7 kilomètres de long et ses portes monumentales, ainsi que la présence d'un ensemble palatial et d'écuries, ont permis d'émettre l'idée que Kerkenes Dağ était le siège d'une capitale gérant un domaine phrygien situé juste à l'est du fleuve Halys[20].

Or, comme on sait que les Lydiens, depuis Alyatte, contrôlaient le domaine phrygien (Hdt., I, 28) et qu'ils s'étaient avancés jusqu'à Gordion[21], il est donc possible qu'Alyatte se soit aventuré plus à l'est et ait mis la main sur Ptérie qui aurait dès lors abrité un gouverneur phrygien, installé par les rois de Sardes[22]. En d'autres termes, il s'agirait d'une place forte destinée à protéger la capitale lydienne et le cœur du domaine de toute menace provenant de l'est. Une autre hypothèse serait que la place forte phrygienne aurait pu faire partie de la « confédération » mède (jusqu'à l'intervention de Crésus) dont le potentat devait avoir prêté allégeance à Astyage. Mais une question se pose dès lors : dans ce cas, pourquoi Crésus a-t-il délibérément pris la ville de Ptérie et a-t-il installé son camp dans la région avant d'affronter Cyrus ?

Aux dires d'Hérodote (I, 76), on apprend que Crésus franchit l'Halys et établit son camp dans la région de Ptérie avant de ravager les campagnes des Syriens. Il prit ensuite la cité et réduisit sa population en esclavage. Puis il s'empara des localités situées aux alentours de la ville et ruina les Syriens à qui, contrairement aux Ptériens, le roi lydien n'avait rien à reprocher. La distinction entre les « Ptériens » d'une part et les « Syriens » de l'autre peut s'expliquer par le fait que Ptérie était peuplée de Phrygiens – population provenant probablement des Hauts Plateaux phrygiens – contrairement aux populations autochtones qui n'étaient pas d'origine phrygienne[23].

D'un point de vue archéologique, il n'existe aucun indice démontrant que la cité a été prise par la force (il faut toutefois préciser que l'ensemble du site de 2,5 kilomètres carrés est loin d'avoir été fouillé dans sa totalité). Cependant, les fouilles permettent de confirmer que la ville a été mise à sac avant d'être incendiée vers 550 av. J.-C., probablement par Crésus, après sa capture de la ville. Après quoi, le site fut totalement abandonné[24]. Le roi de Lydie pourrait alors avoir établi son camp dans la ville même de Ptérie après l'avoir investie. Dès lors, cette destruction volontaire constatée par l'archéologie ne peut avoir eu lieu qu'après la bataille, afin que Cyrus ne puisse ni occuper, ni profiter des installations de cet établissement stratégique[25]. Concernant les raisons qui ont poussé Crésus à s'attaquer d'abord à la Ptérie, il est possible que la loyauté du potentat phrygien à la tête de l'établissement ne devait pas être assurée.

En tout cas, on sait par Nicolas de Damas (90 F 66, 45) qu'à la suite de la prise d'Ecbatane par Cyrus, divers roitelets d'Asie centrale se soumirent volontairement au nouveau maître des Mèdes[26]. Il est donc possible que le potentat phrygien à la tête de la Ptérie, à l'origine fidèle à Sardes, ait profité de la débâcle des Mèdes pour décider de rompre ses liens de loyauté avec Crésus et de se ranger du côté du nouveau conquérant perse en lui prêtant hommage.

Crésus, voyant un de ses gouverneurs avec lequel il était lié auparavant par des serments de loyauté (similaires à ceux conclus avec les potentats phrygiens à l'ouest de l'Halys) passer dans le camp de Cyrus, aurait alors pris l'initiative de monter une expédition militaire contre ce félon, mais aussi contre l'établissement de Ptérie – également dans le but d'éviter la perte de contrôle de toute une région disposant d'un important nœud de communications – avant de s'attaquer à Cyrus lui-même.

La volonté d'affronter un « traître » serait donc la raison pour laquelle Crésus et son armée se seraient d'abord dirigés vers la Ptérie, pour finalement se rendre à l'est du Tigre et du Zagros, afin de rencontrer Cyrus et de stopper l'avancée des Perses (Hdt., I, 46). Sinon, le roi lydien aurait pu emprunter une autre voie de communication, un circuit qui ne l'obligeait pas à passer au nord de la Cappadoce et à traverser le fleuve Halys à deux reprises : une première fois pour rejoindre Ptérie ; et une seconde fois au sud-ouest de celle-ci, près de l'actuelle Kayseri. Crésus aurait alors pu emprunter la voie du sud passant par le Taurus et les portes de Cilicie avant de gagner Zeugma.

Cyrus, apprenant que la place de Ptérie venait d'être reprise par le Lydien et que sa population avait été réduite en esclavage, décida de se mettre en marche vers la Cappadoce septentrionale afin de franchir le Tigre pour se porter au-devant du roi Mermnade, après avoir lui aussi franchi l'Halys une première fois au sud-est de Ptérie. Le roi perse devait probablement se sentir dans l'obligation – et a sans doute saisi l'occasion – de venir à la rescousse des Ptériens qui étaient devenus peu auparavant ses nouveaux sujets.

Venons-en maintenant à la tournure prise par le conflit sur le terrain. À lire Hérodote (I, 76), avant même d'entamer sa marche sur Ptérie, Cyrus avait dépêché des herauts en Ionie afin de leur demander de se détacher de Crésus, mais sa démarche demeura sans succès. Ensuite, au fil de son avancée vers la cité, Cyrus leva des contingents armés dans les pays qu'il traversait. Pour Diodore de Sicile (IX, Fr. 45), contrairement à Hérodote, ce fut Crésus en personne qui fut contacté – et non les Ioniens – lorsque le roi perse envoya des messagers, signalant au roi lydien qu'il se montrerait clément et le nommerait satrape si Crésus acceptait de se rendre, une fois arrivé en Cappadoce. Il semble que ce passage de Diodore soit suspect dans la mesure où rien ne confirme la mise en place de dynastes déchus à la tête de satrapies par Cyrus. Il est donc douteux que le roi perse ait proposé à Crésus de lui laisser gérer la future satrapie de Lydie[27].

Le déroulement même de la bataille qui opposa les troupes lydiennes et perses est rapporté par Hérodote et Polyen*. Selon le père de l'Histoire (I, 76-77), nous l'avons vu, il n'y eut qu'une seule bataille qui fut indécise : le choc causa de nombreuses victimes dans chaque camp, sans que personne puisse revendiquer la victoire. À la suite de cette bataille, Crésus prit la décision de rentrer à Sardes, mécontent de l'insuffisance de ses troupes. Polyen (VII, 8, 1-2), de son côté, relate le conflit en

* Polyen doit tirer ses informations d'une source inconnue ou ignorée par l'historien d'Halicarnasse, peut-être postérieure, une version dont nous ne sommes pas en mesure de déterminer ni la provenance, ni la nature, ni la date de rédaction.

deux temps : un premier engagement aurait tourné à l'avantage des Lydiens, à la suite d'un stratagème réussi, et une trêve de trois mois aurait suivi. Enfin, une deuxième confrontation aurait vu la défaite de l'armée de Crésus qui aurait alors pris la fuite vers sa capitale, en prenant soin de retarder Cyrus par la réalisation d'un bûcher qui barrait la route de sa retraite.

On le voit, on dispose donc de deux récits assez différents. Néanmoins, il semble que le récit de Polyen soit le plus vraisemblable. En effet, il apparaît plus cohérent que Crésus ait quitté Ptérie dans la foulée d'une franche défaite. Sinon, pourquoi laisser le territoire de ce royaume phrygien à l'est de l'Halys, place stratégique sur le tracé de la future voie royale, aux mains des Perses qui ne l'avaient pas vraiment vaincu ? La trêve de trois mois évoquée chez Polyen aurait été conclue à la suite de la première bataille au cours de laquelle Cyrus avait eu le dessous, probablement afin que chaque partie puisse prendre soin de ses morts et blessés – qui, aux dires d'Hérodote, étaient nombreux dans les deux camps – et de rassembler des alliés supplémentaires.

Ainsi, il semble que Crésus rencontra plutôt un cruel échec face à Cyrus en Cappadoce. Mais avant de reprendre la route de Sardes, le roi lydien aurait néanmoins été en mesure de détruire Ptérie par le feu afin que le roi perse ne puisse pas tirer profit de cet établissement bien équipé (grâce à la présence d'écuries, notamment) et solidement défendu par un puissant appareil défensif. Cet incendie attesté par les fouilles archéologiques du site de Kerkenes Dağ et daté du milieu du VIe siècle av. J.-C. pourrait avoir été à l'origine de l'anecdote, rapportée par Polyen, du bûcher mis en travers de la route de Cyrus lancé à la poursuite du lydien. Quoi qu'il en soit, les péripéties de Ptérie constituèrent un moment majeur dans la succession des événements qui aboutirent à la chute du royaume des Mermnades. Cette déconfiture lydienne est donc un prélude à la dernière grande bataille livrée par Crésus face à Cyrus.

La bataille de Thymbrara, l'ultime défaite de Crésus

La bataille de Thymbrara, qui précéda la capture de la cité royale de Crésus, est le dernier affrontement qui a vu les armées lydiennes et perses s'affronter.

Nous l'avons vu, à la suite de la bataille de Ptérie, Crésus se replia sur Sardes et licencia son armée – d'après Hérodote. Après avoir appris les intentions du roi Mermnade et sa retraite vers sa capitale, Cyrus aurait pris l'initiative de le poursuivre sans délai.

Une fois arrivées près de la ville royale, les deux armées se seraient alors opposées « dans une plaine qui est en avant de la ville de Sardes, plaine vaste et découverte » (Hdt., I, 80). Cyrus, craignant la cavalerie lydienne, aurait installé les chameaux en première ligne de son armée. C'est grâce à ce conseil du général mède Harpage que la cavalerie lydienne aurait été réduite à néant – le cheval ne supportant ni la vue ni l'odeur des chameaux. Ensuite, les cavaliers lydiens auraient mis pied à terre afin de continuer le combat qui aurait tourné à l'avantage des Perses. Après la perte de nombreuses vies humaines de part et d'autre, les Lydiens se seraient repliés à l'abri de l'enceinte fortifiée de la capitale. Ce récit d'Hérodote fut sûrement la source du témoignage de Polyen (VII, 6, 6), qui reprend les propos concernant l'anecdote de la déroute des cavaliers lydiens face aux soldats perses montés sur des chameaux, mais ne nous apprend donc rien de plus.

Xénophon (*Cyropédie*, VII, 1, 23 – 2, 2), quant à lui, après avoir énoncé les préparatifs de la bataille, décrit son déroulement avec une richesse de détails absents du récit d'Hérodote ou divergents de celui-ci. Il mentionne l'organisation de l'armée ainsi que les mouvements de troupes lors des combats. L'auteur rapporte, lui aussi, l'épisode des chameaux montés par des soldats perses. Xénophon relate ensuite le combat acharné que se seraient livrés les Perses et les Égyptiens présents dans l'armée de Crésus, ainsi que leur reddition et leur pacte avec le roi perse. Enfin, après sa victoire, Cyrus serait retourné camper à Thymbrara avant d'entreprendre le siège de Sardes.

Le lieu de Thymbrara – rapporté par le seul Xénophon – devait probablement avoir été identifié sans peine grâce aux souvenirs locaux de l'auteur puisqu'il le traversa ou passa à proximité immédiate lors de ses campagnes en Asie[28]. Il n'y a donc pas de raison de douter ni de son identification par Xénophon ni de la dénomination qu'il lui donne[29].

En revanche, comme nous l'avons déjà exposé plus haut, il est probable que la présence, en nombre, des troupes égyptiennes au sein de l'armée de Crésus, ne soit qu'une invention de l'auteur athénien[30]. Xénophon, qui connaissait Hérodote, avait décidé de rebondir sur la mention faite de l'alliance entre Crésus et le pharaon afin d'insérer un long passage en l'honneur de la résistance héroïque des troupes égyptiennes – ainsi que le nombre de 120 000 soldats égyptiens à Thymbrara. De même, les tactiques mises en œuvre par les troupes perses et egyptiennes ne seraient qu'un décalque de celles en usage à l'époque de l'auteur, à savoir celles pratiquées par les Spartiates et les Thébains. Bref, le récit tout entier de la bataille de Thymbrara que rapporte Xénophon se présente bien davantage comme une fiction dont l'objectif principal n'était pas la véracité historique. Néanmoins, la trame générale du récit de l'auteur s'inscrit sans fausse note dans le témoignage d'Hérodote – que l'auteur athénien, de toute évidence, connaissait[31].

Reste que l'anecdote de l'aversion des chevaux envers les chameaux rapportée par Hérodote, Xénophon et Polyen pourrait être véridique[32] car il est possible que les équidés aient été pris de panique à la vue d'un animal qu'ils ne connaissaient pas encore et dont l'odeur dérangeait. Du reste, cette peur du chameau est attestée par l'archéologue David Hogarth à la fin du XIXe siècle, et par T. R. Glover au début du XXe siècle[33].

Il semblerait donc qu'à la suite de ce stratagème efficace, l'armée perse de Cyrus ait pu réduire à néant la cavalerie lydienne à l'occasion d'une rencontre postérieure à la bataille de Ptérie. Ce nouvel engagement, dont le déroulement précis nous échappe, tourna plus clairement à l'avantage des Perses qui contraignirent les Lydiens à se retrancher dans l'enceinte fortifiée de Sardes.

La prise de Sardes

Il faut avant tout souligner que les sources littéraires divergent sur bien des détails, mais s'accordent toutes sur un point : la prise réussie de l'acropole impressionnante de Sardes par les troupes de Cyrus. Pour cet événement si spectaculaire aux yeux des Grecs, les résultats issus des fouilles archéologiques entreprises par les Américains à Sardes permettent d'éclairer ces témoignages littéraires. La prise de la capitale lydienne par les troupes perses est rapportée par plusieurs auteurs écrivant à des époques différentes : par ordre chronologique, citons Hérodote (Ve siècle av. J.-C.), Ctésias de Cnide (Ve-IVe siècles av. J.-C.), Xénophon (Ve-IVe siècles av. J.-C.), Parthénios de Nicée (Ier siècle av. J.-C.) et Polyen (IIe siècle ap. J.-C.). Mais tous nous livrent des versions bien différentes sur la façon dont la capitale lydienne a été capturée par les troupes de Cyrus.

Selon Hérodote (I, 84), une fois retranché à l'intérieur de l'enceinte fortifiée, Crésus envoya des messagers à ses différents alliés afin qu'ils se réunissent pour le cinquième mois en vue d'attaquer les Perses au printemps. Suit une digression sur les affaires de Sparte qui devait faire face à la même époque à un conflit avec Argos pour le contrôle de la Thyréatide. Après cet excursus, l'historien explique qu'un soldat marde (tribu nomade montagnarde du Zagros[34]) prénommé Hyroiadès parvint à gravir le côté le plus escarpé de l'acropole. Ce flanc était le seul, aux dires d'Hérodote, à n'être pas gardé car les Lydiens ne craignaient aucune attaque sur cette partie la plus abrupte*. À l'aide d'autres soldats perses, Hyroiadès parvint à s'introduire dans la citadelle et Sardes tout entière fut prise.

Xénophon (*Cyropédie*, VII, 2, 2 - 2, 4) tient un discours assez similaire à celui d'Hérodote. Il relate que c'est après la nuit passée à Thymbrara, que Cyrus entreprit le siège de la capitale lydienne. Pendant qu'il installait les machines de siège, il fit monter à la tombée de la nuit des soldats par les côtés de l'acropole qui passaient pour les plus escarpés et dépourvus de défenses. Ces soldats étaient conduits par un Perse, ancien esclave des Lydiens à Sardes, qui connaissait un passage reliant l'acropole au Pactole qui arrosait la ville. Le lendemain, Cyrus pouvait donc faire son entrée dans la ville.

Ainsi, pour Xénophon tout comme pour Hérodote, la ville de Sardes fut investie par les Perses qui réussirent à gravir la partie de l'acropole la plus abrupte.

En revanche, la version de la prise de Sardes de Ctésias de Cnide (F 9, 4 ; F 9a ; F 9b ; F 9c)** diffère considérablement de celles d'Hérodote et de Xénophon. En effet, pour Ctésias, Cyrus ordonna, à la suite des conseils de son lieutenant Oibaras, que l'on fixe des mannequins habillés et armés à la manière perse sur de longues piques en bois. Ceux-ci furent alors placés pendant la nuit au-dessus des remparts, semant ainsi, à la levée du jour, la panique parmi les habitants de la ville. Les Lydiens

---

* C'était aussi le seul point où l'ancien roi mythique Mélès n'avait pas porté son fils (lion) né de sa concubine car les devins de Telmessos l'avaient enjoint à le porter tout autour des murailles afin de rendre la citadelle inexpugnable. Voir Hérodote, I, 84.

** Il s'agit dans ce cas du passage 4 du fragment 9, ainsi que des fragments 9a, 9b et 9c des *Persika* de Ctésias de Cnide.

auraient alors pris la fuite car ils pensaient que la cité était déjà tombée aux mains des Perses.

Polyen, quant à lui, transmet deux versions de la prise de la ville. La première (VII, 6, 10) est considérée comme un fragment de Ctésias de Cnide, du fait que l'auteur relate l'anecdote des mannequins fixés sur des piques en bois qui déroutèrent les Lydiens. La seconde (VII, 6, 2-3) n'est à rapprocher d'aucun autre auteur. Dans cette version, Cyrus profita d'une trêve avec Crésus pour attaquer de nuit et par surprise la ville de Sardes en plaçant des échelles sur les remparts qui n'étaient pas surveillés. Une fois maître de la ville basse, alors que Crésus tenait toujours l'acropole, Cyrus menaça de faire périr les proches de ceux qui se trouvaient avec le roi lydien dans la citadelle. Ceux-ci, afin de préserver leurs vies, auraient alors livré l'acropole à Cyrus alors que Crésus attendait toujours l'aide de ses alliés grecs. Le seul point commun entre cette version de Polyen et celles de Ctésias, Xénophon et Hérodote est l'effet de surprise permettant la capture de Sardes.

Enfin, pour le poète Parthénios de Nicée (*Passions d'amour*, 22)*, Cyrus serait parvenu à prendre Sardes grâce à la trahison de Nanis, la fille de Crésus. En effet, elle aurait indiqué aux troupes perses par quel côté de l'acropole ceux-ci pouvaient pénétrer dans la citadelle, en échange de la promesse de Cyrus de la prendre pour femme – mais le roi perse ne tint jamais sa parole après la chute de la ville. Il semble ici que Parthénios de Nicée,

---

* Entre parenthèses, les chiffres se rapportant à Parthénios de Nicée renvoient à ses *Passions d'amour*. Ici, il s'agit ici du poème 22.

ou ses sources*, se soit inspiré des récits d'Hérodote et de Xénophon puisque la citadelle de Sardes fut investie par l'escalade du côté le plus escarpé. Cependant, nous ne trouvons aucune trace d'une fille de Crésus prénommée Nanis dans le reste des autres témoignages évoquant la vie du dernier Mermnade[35]. En réalité, le thème de la fille de l'assiégé tombant amoureuse de l'assiégeant est un *topos* récurrent de la mythologie et de l'historiographie antique, puisqu'on le retrouve dans les *Choéphores* d'Eschyle (v. 612) et dans d'autres poèmes de Parthénios avec Peïsidiké (*Passions d'amour,* 21) et Leucophryé (*Passions d'amour,* 5). Parthénios aurait donc repris ce thème très approprié pour la composition de son histoire. Le passage précédant immédiatement le cas de Nanis fait d'ailleurs état de la trahison de Peïsidiké, fille du roi de Méthymne, qui aurait accepté de livrer sa cité à Achille à condition que ce dernier la prenne pour femme – mais une fois la ville prise, le héros la lapida pour l'acte qu'elle avait commis (*Passions d'amour,* 21). L'histoire de Nanis était donc le pendant historique de l'histoire précédente mettant en scène des personnages mythologiques, l'auteur cherchant simplement à assimiler Cyrus à Achille[36]. Cette histoire d'amour entre Nanis et Cyrus n'a donc aucun fondement historique.

Les fouilles de la capitale mermnade ont permis d'identifier l'enceinte fortifiée de Sardes dont certaines sections ont été mises au jour. Les remparts longs de 3,5 kilomètres délimitaient une surface de 108 hectares, qui constituait la « ville basse » dominée au sud par une hau-

* Licymnios de Chios et Hermésianax, mentionnés au début du poème comme les sources de cette histoire.

teur naturelle : l'acropole[37]. Les fouilles ont également livré des traces du siège entrepris par les Perses : dans l'ensemble, les murs d'enceinte, ainsi que les habitations situées aux pieds des murs et plus à l'intérieur de la ville, avaient été incendiés et la superstructure des remparts fut jetée en contrebas. Des habitations calcinées, des armes ainsi que des restes de soldats retrouvés sous les gravats indiquent que des combats furent menés à l'intérieur même de la ville. De plus, deux squelettes de combattants ont été découverts et l'étude de leurs ossements a permis d'avancer le fait qu'ils étaient tous deux âgés d'une vingtaine d'années, et qu'ils sont morts de façon violente. L'un des deux soldats s'était d'ailleurs brisé une côte, probablement trois à quatre semaines avant sa mort, peut-être lors de la bataille de Ptérie[38]. La bataille a donc dû faire rage dans les rues de Sardes, d'autant que des pointes de flèches, sabres et faucilles de combat y ont été retrouvés.

Dans tous les cas, la totalité de la ville fut incendiée, le feu se propageant rapidement en raison des toits en chaume – comme cela sera à nouveau le cas lors du sac de la ville par les Ioniens en 499 av. J.-C. (Hdt., V, 101). L'incendie fut si violent que seuls quelques débris calcinés des structures en bois des maisons et remparts furent retrouvés – le reste fut réduit en cendre. Le feu a dû détruire l'ensemble de la ville et un panache de fumée devait pouvoir s'observer à des kilomètres à la ronde[39].

Quant à l'acropole de Sardes, la construction de la citadelle à l'époque byzantine a complètement détruit les niveaux datant des périodes mermnade, perse, hellénistique et romaine. Pour la période lydienne, seuls des murs de soutènement ont été mis au jour. Ceux-ci devaient délimiter une terrasse supportant des bâtiments administratifs. Deux autres murs situés au sud de l'acropole pourraient être également interprétés comme la base de murs de fortification[40]. On le voit, les résultats trop limités issus de l'archéologie ne permettent pas de savoir si l'acropole de Sardes a subi des attaques de la part des Perses, contrairement à la ville basse pour laquelle on a retrouvé des preuves d'une destruction complète.

Revenons aux sources littéraires. Il y a de fortes chances que l'anecdote des mannequins en bois utilisés par les Perses mentionnée par Ctésias (et reprise par Polyen), là aussi, relève de l'imaginaire. En effet, les fragments de Ctésias rapportent que les mannequins habillés en soldats perses furent dressés au-dessus des murs de la citadelle. Comme l'acropole s'élevait à plus de 400 mètres d'altitude – soit environ 200 mètres plus haut que la ville basse –, il est pratiquement impossible que les Perses aient pu confectionner des perches aussi longues[41].

Quant aux témoignages de Polyen, Xénophon et Hérodote, ceux-ci n'entrent pas totalement en contradiction. En effet, selon Polyen, Cyrus et Crésus avaient conclu une trêve avant que le roi perse n'entreprenne le siège de la capitale lydienne. Profitant de ce répit (qui n'en fut donc pas un), Cyrus aurait enfreint, à la grande surprise du roi mermnade, l'accord à peine conclu pour mettre immédiatement le siège devant la ville de Sardes. La seule distinction notable entre ces récits, c'est que Polyen mentionne, dans un premier temps, la prise de la ville basse de Sardes par Cyrus (après l'avoir investie par des remparts sans suveillance) avant, dans un second temps, d'assiéger la citadelle. De leurs côtés, ni Hérodote, ni Xénophon ne font état d'une capture de la ville en deux étapes, et donc d'une distinction entre la ville basse de Sardes et son acropole. Pour ces deux auteurs, la totalité de la ville fut prise une fois l'acropole tombée. Par ailleurs, Hérodote (I, 84) déclare qu'après la capture de la citadelle, « la ville tout entière fut livrée au pillage ». Selon Xénophon, c'est pendant les préparatifs du siège réalisés de nuit que les Perses gravirent le côté abrupt de l'acropole. Et c'est après que les Perses eurent pris l'acropole que les Lydiens s'enfuirent en débandade. On le voit, aucune des versions ne s'accorde sur la partie de la ville (ville basse ou acropole) qui fut prise en premier lieu par l'escalade du côté le plus escarpé. La vérité pourrait alors se trouver chez Polybe.

Ce dernier (*Histoires*, VII, 15-18)* relate le siège par l'armée d'Antiochos III en 214 av. J.-C. de la ville de Sardes tenue par un certain Achaios II. Il s'avère qu'à cette occasion, la ville fut également investie par le côté le plus escarpé et le moins défendu, tout comme dans les versions de Polyen, Hérodote et Xénophon. Selon l'historien de Mégalopolis, trois hommes, prénommés Lagoras, Théodotos et Dionysios, gravirent ce côté abrupt qui reliait l'acropole à la ville pendant qu'Antiochos menait un assaut contre la porte située à l'opposé afin de faire diversion. Une fois dans la ville basse, les hommes ouvrirent la porte la plus proche, ce qui permit à l'armée d'Antiochos d'envahir la ville basse et d'occuper le secteur du théâtre – lieu intermédiaire entre la ville basse et l'acropole – ainsi que de se livrer au pillage pendant qu'Achaios s'enfuyait vers l'acropole

---

* Entre parenthèses, les lettres et chiffres se rapportant à Polybe renvoient à ses *Histoires*. Ici, il s'agit des chapitres 15 à 18 du livre VII.

afin d'y trouver refuge. Mais la citadelle ne tomba entre les mains d'Antiochos que plus d'un an plus tard (*Histoires*, VIII, 5).

Dans ce témoignage, le côté le moins renforcé de l'ancienne capitale lydienne donnait accès à la ville basse et non à l'acropole. Cette zone clé est probablement le secteur situé au sud-ouest des défenses de Sardes, en face du Pactole, où les fortifications s'arrêtent pour laisser place à une forte déclivité naturelle. Il est fort probable que ce soit par ce même endroit – point faible à l'articulation entre deux formes de défenses qui reliait l'acropole à la ville – que les soldats perses de Cyrus entrèrent à l'intérieur de Sardes en leur temps. Dès lors, les Perses auraient aussi mis la main sur la ville basse avant d'assiéger l'acropole (qui a pu résister un moment comme du temps d'Achaios secouru par Sôsibios). Cette hypothèse rend donc davantage vraisemblable le récit de Polyen (VII, 6, 2-3) qui déclare que Cyrus se rendit maître de Sardes en prenant d'abord la ville basse après avoir attaqué les remparts non défendus, tandis que Crésus s'était réfugié dans l'acropole.

Ainsi, on peut envisager que Cyrus, tout comme le relatent Xénophon (*Cyropédie*, VII, 2,2 – 2,4) et Ctésias (F 9c), ait effectué une attaque de diversion sur les remparts en installant notamment ses machines de siège afin que certains Perses plus agiles puissent gravir le côté non surveillé de Sardes sans être vus. Si l'on suit cette hypothèse, la prise de la citadelle par les Perses après la capture de la ville basse n'est transmise que par Polyen, selon lequel les gardes abandonnèrent la forteresse sous la pression du chantage que Cyrus leur imposait.

En réalité, il est impossible de savoir avec précision comment (et en combien de temps) la totalité de la ville de Sardes finit par tomber entre les mains des Perses. Si l'on se base sur l'analyse des sources littéraires et archéologiques à disposition, on peut émettre l'idée que certains soldats perses entreprirent l'ascension de l'acropole par le côté qui était naturellement fortifié et qui n'était pas surveillé pendant que le reste des troupes perses effectuaient une manœuvre de diversion en attaquant les remparts de la ville basse. Une fois la ville occupée de l'intérieur par la totalité de l'armée, elle fut pillée et détruite par le feu alors que l'acropole était toujours aux mains des Lydiens et de Crésus.

Il est tout aussi envisageable – contrairement à ce qui se passa lors du siège d'Antiochos III – que l'acropole ait été investie dans la foulée de la prise de la ville basse. En effet, tout comme le racontent Xénophon (*Cyropédie*, VII, 2, 2 – 2, 4) et Ctésias (F 9, 4 ; F 9a ; F 9b ; F 9c), la capture par surprise de la ville basse ainsi que sa mise à sac et sa destruction par le feu auraient pu semer une telle panique chez les Lydiens que ces derniers se seraient tous enfuis, livrant alors la citadelle à Cyrus[42].

La chute de la capitale lydienne est un événement majeur dans l'histoire politique du Proche-Orient ancien et de la Méditerranée orientale. Ce cataclysme a frappé les esprits dans le monde grec où Crésus, à la richesse vite proverbiale, passait pour un roi invincible tant son armée et sa cavalerie étaient réputées. Cependant, la date exacte de la prise de Sardes par les Perses n'est pas pour autant fixée avec certitude et fait toujours l'objet de nombreuses polémiques.

D'abord proposée en 546 av. J.-C. par Georges Albert Radet en 1893[43], d'autres historiens ont avancé la date de 547 av. J.-C. en conciliant les dates fournies par les différents manuscrits d'Eusèbe, le *Marmor Parium* et la *Chronique de Nabonide*[44]. Selon cette dernière chronique – qui est de loin la plus ancienne source à notre disposition actant la chute de la capitale lydienne –, la neuvième année du règne de Nabonide, Cyrus mena une campagne à l'ouest du Tigre contre un pays dont le nom est presque illisible :

II.

> [...] Au mois de Nisan, Cyrus, le roi de Perse, rassembla son armée et traversa le Tigre en aval d'Arbèles, et au mois d'Iyyar, il [march]a sur la Ly[die]. Il mit à mort son roi, prit ce qu'il possédait [et] installa sa propre garnison [là-bas]. Après quoi le roi et sa garnison y résidèrent.

L'opinion commune, à l'heure actuelle, est que le mot illisible serait la Lydie – ce qui invite à admettre que ce passage mentionne bel et bien la prise de Sardes par Cyrus. Selon les ultimes lectures et éditions réalisées à ce jour de la *Chronique de Nabonide,* les différents chercheurs s'accordent tous sur un point : seule la lecture de *Lu* est convenable[45]. Force est donc d'admettre que, dans l'état actuel de l'épigraphie cunéiforme, cette ligne renverrait bien à la campagne de Cyrus contre la Lydie. Dans ces conditions, la *Chronique de Nabonide* reste la source la plus ancienne consignant précisément la campagne du Perse Cyrus contre Crésus de Lydie[46].

Ainsi, on y lit que Cyrus traversa le Tigre en dessous d'Arbèles au mois de Nisan (avril) et qu'au mois d'Iyyar (mai), il marcha contre la Lydie et tua son roi[47]. Cyrus aurait ainsi parcouru quelque 1 200 kilomètres durant les mois d'avril et mai entre Arbèles et Ptérie. Or, si l'on considère qu'en moyenne une armée antique peut parcourir entre 20 et 30 kilomètres par jour[48], l'armée perse de Cyrus aurait effectué le trajet Arbèles – Ptérie (Kerkenes Dağ) entre quarante et soixante jours.

À lire la *Chronique de Nabonide,* on comprend que la bataille de Ptérie aurait eu lieu en mai 547 av. J.-C. Et si l'on suit l'hypothèse de Polyen stipulant qu'une trêve de trois mois suivit la première bataille avant qu'une deuxième offensive ne confirme la défaite de Crésus avant sa retraite sur Sardes, celle-ci dut avoir lieu en août 547 av. J.-C. Sachant que Ptérie se situe à quelque 750 kilomètres de Sardes, il aurait donc fallu environ vingt-cinq jours à l'armée lydienne pour rejoindre sa capitale. On pourrait donc envisager une bataille de Thymbrara intervenant fin septembre voire début octobre, soit à l'automne 547 av. J.-C.

Le récit d'Hérodote (I, 77) conforte cette hypothèse puisque celui-ci nous rapporte qu'une fois à Sardes, Crésus envoya des hérauts pour demander à ses alliés de le rejoindre pour le cinquième mois, afin de recommencer la guerre une fois l'hiver passé. Ce schéma ferait donc remonter l'envoi de ces ambassadeurs à l'automne. Ainsi, la *Chronique de Nabonide* (si l'on accepte que le toponyme incomplet nomme bien la Lydie) n'est pas inconciliable avec nos auteurs « classiques ». Mieux : une telle succession dans le temps rend même la restitution « Lydie » très acceptable[49].

Voilà comment, même s'il demeure encore de nombreuses incertitudes, la capitale de ce puissant royaume tomba finalement dans les mains de Cyrus II. Cette chute brutale de Crésus, que les Grecs pensaient impossible tant le roi passait pour être le plus riche et le plus puissant de son temps, constitue donc une date charnière dans l'histoire du monde méditerranéen. Il reste néanmoins un dernier point à aborder : qu'advint-il de Crésus une fois Sardes capturée par les Perses ?

5

La fin de Crésus et sa postérité

Le sort de Crésus suite à la chute de Sardes demeure un épisode nébuleux, même si nombre de sources anciennes s'accordent sur un point : Crésus finit sur un bûcher.

Quoi qu'il en soit, la disparition de son royaume et l'incorporation de son domaine dans l'Empire perse ne provoqua en aucun cas l'oubli définitif de ce puissant souverain. Pour preuve, le souvenir de son nom et sa simple évocation nous ramènent immédiatement à sa légendaire richesse.

Un roi mort sur le bûcher ?

Le mystère entourant la mort de Crésus est largement dû au fait que les témoignages antiques rapportant l'épisode du bûcher ne s'accordent pas sur la destinée réservée au roi lydien : pour certains, Crésus perdit la vie à Sardes et mourut brûlé, pour d'autres, il échappa à la mort. Il n'en demeure pas moins qu'il est plus que vraisemblable, comme cela sera exposé ici, que Crésus ne survécut pas à la prise de sa capitale par Cyrus.

Pour l'épisode du bûcher, les sources offrant des informations sur le sort qu'aurait connu le dernier roi mermnade sont de nature littéraire et iconographique. Nous avons à notre disposition les récits de Bacchylide (Ve siècle av. J.-C.), Hérodote (Ve siècle av. J.-C.), Xénophon (V^e^-IVe siècles av. J.-C.), Ctésias (V^e^-IVe siècles av. J.-C.), Nicolas de Damas (Ier siècle av. J.-C.), sans oublier la *Chronique de Nabonide* (VIe siècle av. J.-C.) et enfin un vase attique attribué à Myson conservé aujourd'hui au musée du Louvre (début du Ve siècle av. J.-C.)[1]. Les différents témoignages livrent tous une version singulière du destin de Crésus une fois la capitale lydienne capturée par les Perses. Trois auteurs mentionnent la mort du roi mermnade sur un bûcher, mais chacun livre ensuite une issue différente.

Pour Hérodote (I, 85-88), Crésus aurait été capturé vivant par les Perses grâce à l'intervention de son fils muet qui retrouva la parole afin de sauver son père au moment où il allait être occis par un soldat perse (le fils aurait crié à l'encontre du soldat qu'il s'apprêtait à mettre à mort le roi). Ensuite, Crésus aurait été placé sur un bûcher – en compagnie de quatorze jeunes Lydiens – sur les ordres de Cyrus. Mais après avoir réalisé qu'il mettait à mort un être humain comme lui, et après avoir entendu le témoignage de Crésus (toujours sur le bûcher) relatant la visite de Solon à sa cour et son enseignement sur le bonheur, le roi perse aurait ordonné à son armée d'éteindre le feu, sans succès. C'est alors qu'à la suite des prières de Crésus à Apollon, un violent orage aurait éclaté et éteint les flammes. Cyrus aurait alors gardé Crésus à ses côtés comme conseiller.

Contrairement à ce qu'avance Hérodote, le Crésus du poème de Bacchylide (*Épinicie III*, II, v. 24 – V, v. 70)*, écrit en 468 av. J.-C., se suicide en montant de son plein gré sur un bûcher avec sa famille afin d'éviter d'être réduit en esclavage. Une fois sur celui-ci, et après avoir imploré Apollon, Zeus (absent chez Hérodote) provoque un orage qui éteint les flammes et le dieu de Delphes vient enlever Crésus pour l'établir au pays des Hyperboréens (peuple mythique habitant les confins septentrionaux du monde connu) afin de le récompenser de sa piété. Dans cette version, le dernier Mermnade ne vit donc pas aux côtés du roi perse, au contraire de ce qu'avance le père de l'Histoire.

Tout comme chez Hérodote, chez Nicolas de Damas (90 F 68), Crésus fut emmené sur un bûcher en compagnie de quatorze jeunes Lydiens, non sur ordre de Cyrus mais sur l'initiative de l'armée perse. Lors de sa montée sur le bûcher, le fils muet du roi lydien parla pour la première fois et implora Apollon de venir en aide à son père. Une sibylle qui assistait à la scène descendit alors dans la foule et condamna l'acte des troupes perses. Cyrus, prenant Crésus en pitié, ordonna qu'on le fasse descendre du bûcher, mais les flammes étaient déjà trop fortes. Après avoir supplié Apollon de lui venir en aide, Crésus fut sauvé grâce à un orage qui éteignit

* Il s'agit ici du passage allant du vers 24, section II, au vers 70, section V, de la troisième *Épinicie* de Bacchylide.

les flammes. Convaincu de sa piété, Cyrus garda l'ancien roi lydien à ses côtés.

On constate donc que, ici, l'épisode du sauvetage de Crésus est librement inspiré du témoignage d'Hérodote. Ainsi, pour le père de l'Histoire (qui devait connaître l'*Épinicie III* de Bacchylide) et Nicolas de Damas[2], Crésus aurait survécu à la prise de Sardes par les Perses et serait même devenu le conseiller de Cyrus, tandis que, chez Bacchylide, le dernier roi mermnade aurait été emmené au pays des Hyperboréens pour ne plus jamais être revu par la suite.

Xénophon et Ctésias, quant à eux, ne mentionnent pas de bûcher lorsqu'ils évoquent la fin de Crésus. Le premier (*Cyropédie*, VII, 2, 5 – VII, 4, 12) déclare que Crésus se réfugia dans son palais et appela Cyrus. Celui-ci, après avoir pris certaines mesures disciplinaires dans son armée (renvoi des Babyloniens suite à l'abandon de leur poste afin de piller Sardes) se fit amener Crésus. Après les conseils du roi lydien donnés au roi des Perses, Cyrus emmena le Mermnade partout avec lui.

Rappelons que le récit de la prise de Sardes réalisé par Xénophon était fort proche de celui d'Hérodote, donc celui de la capture de Crésus est également à rapprocher de celui de l'historien d'Halicarnasse – l'auteur athénien ôtant en revanche le dernier l'épisode du fils muet.

Si Xénophon ne relate pas l'épisode du bûcher, c'est sans doute parce qu'il ne souhaitait pas que, dans son exposé, son héros (à savoir Cyrus, l'auteur voulant faire de celui-ci un modèle d'éducation et un exemple à suivre), prenne des mesures jugées impies aux yeux des Perses. En effet, à son époque, ils considéraient le feu comme un élément sacré ne devant pas être souillé.

Xénophon ôte également le récit du bûcher car il avait écarté le « merveilleux » qui se trouvait encore chez Hérodote[3].

Pour ce qui est de Ctésias (F 9, 5), il rapporte que Crésus se serait réfugié dans le temple urbain d'Apollon une fois Sardes tombée aux mains des Perses. Enchaîné à trois reprises par Cyrus, Crésus réussit à se défaire des liens à chaque fois sans que personne parvienne à comprendre comment, malgré les scellés apposés sur le temple et la garde confiée à un certain Oibaras. Attaché une nouvelle fois plus solidement, sous un assaut de foudre et de tonnerre, il réussit encore à se détacher. Cette fois, Cyrus lui laissa alors la vie sauve et lui confia la ville de Barènè proche d'Ecbatane. Il faut cependant remarquer qu'à ce jour, les fouilles de Sardes n'ont livré aucune trace de l'existence d'un temple d'Apollon[4].

On peut aussi rapprocher ce passage de celui dans lequel Hérodote raconte lui aussi que Crésus est sauvé par la faveur divine d'Apollon. Il faut toutefois savoir que Ctésias, dès qu'il le pouvait, s'éloignait d'Hérodote afin d'offrir une version différente[5]. Reste que, dans cette version, tout comme chez Hérodote, Crésus survit à la prise de la ville et se voit confier le gouvernorat de Barènè en Médie. Néanmoins, Ctésias demeure le seul auteur à transmettre le fait que Crésus aurait reçu la ville de Barènè, proche d'Ecbatane, dans laquelle se trouvaient des lanceurs de javelots, des archers, des cavaliers et des peltastes. Justin (I, 7, 7) reprendra les propos de Ctésias en ajoutant qu'il vécut « dans une condition voisine de la majesté royale ».

Enfin, il est plus que probable que la campagne menée en 547 av. J.-C. par Cyrus et consignée dans la

Chronique de Nabonide était celle qu'il dirigea contre la Lydie. Pour cette même source – qui est la plus contemporaine des faits –, le roi de Lydie (*Lu-ud-du*) ne survécut pas à la prise de la ville de Sardes – ce qui, à la réflexion, ne surprend guère. En effet, il semblerait que la traduction la plus acceptable pour *idūk* (forme conjuguée du verbe *GAZ* = *dâku*) soit « tuer », et non « vaincre », comme certains linguistes, qui avaient sans doute à l'esprit les sources grecques et cherchaient à ne pas les heurter frontalement, l'avaient traduit. Ainsi, les différents assyriologues préféraient utiliser un terme moins violent que « tuer » et se baser sur le récit d'Hérodote qui laissait la vie sauve à Crésus après la chute de Sardes[6]. En réalité, dans un contexte où un seul individu (dans ce cas, le roi de Lydie) est mentionné, le sens « tuer » paraît à privilégier[7]. Dès lors, on est tenté de convenir que Crésus n'a pas survécu à la capture de la capitale lydienne par les troupes perses en 547 av. J.-C. À la lecture de la *Chronique de Nabonide*, on peut même conclure que le dernier Mermnade fut mis à mort à cette occasion.

Si on compare maintenant l'ensemble de ces différentes versions de cet événement, on constate que le récit de Nicolas de Damas (90 F 68) est librement inspiré d'Hérodote ou de la même source que ce dernier (peut-être Xanthos). Cet auteur dote aussi Crésus d'un fils muet qui retrouve l'usage de la parole (avant que Crésus ne soit capturé, selon Hérodote, ou ne monte sur le bûcher pour Nicolas). Chez lui, Crésus implore également Solon avant qu'un orage ne vienne éteindre les flammes du bûcher que les Perses, à la suite de l'ordre de Cyrus, tentaient de maîtriser – en vain – afin de faire descendre le roi lydien. Enfin, chez les deux auteurs, Crésus demeure aux côtés de Cyrus en tant que conseiller du roi perse. Les seuls ajouts notoires de la part de Nicolas sont donc d'une part, le fait que la construction du bûcher ne soit pas faite sur ordre de Cyrus, mais à l'initiative de son armée ; d'autre part, la présence d'une sibylle qui observe la scène avant de descendre dans la foule. En réalité, il y a peu de chance que Crésus ait connu une sibylle car il n'existe aucune mention de son existence au VIe siècle av. J.-C.[8].

La source écrite grecque la plus ancienne ayant transmis l'épisode du bûcher est l'*Épinicie III* de Bacchylide, composée en l'honneur de Hiéron de Syracuse, vainqueur de la course du quadrige aux Jeux olympiques de 468 av. J.-C. Bacchylide, par son poème, voulait rassurer Hiéron, malade (puisqu'il souffrait de calculs rénaux[9]), en évoquant la gratitude des dieux envers un Crésus dont les offrandes au sanctuaire de Delphes rappelaient celles que Hiéron avaient réalisées au même lieu sacré. Dans le poème de Bacchylide, le tyran de Syracuse ne serait pas conduit chez les Hyperboréens comme Crésus, mais son immortalité serait assurée par une gloire *post-mortem* puisque, grâce au poète, son nom ne tomberait pas dans l'oubli – ce qui constitue la seule « immortalité » envisageable.

Pour l'épinicie* en elle-même, nous pouvons y voir une forte connotation delphique car Apollon (le dieu de Delphes) tient le rôle majeur dans le poème puisque c'est lui qui, cité à maintes reprises, sauve Crésus en l'emme-

---

* Poème lyrique composé en l'honneur d'une victoire lors des Jeux panhelléniques (à Olympie, à Némée, à Delphes ou à l'Isthme).

nant chez les Hyperborréens, le dieu d'Olympie devant se contenter d'un rôle mineur (il provoque l'orage qui éteint les flammes). Sans oublier que c'est en remerciement de ses nombreuses offrandes à Delphes que Crésus fut emmené par Apollon au pays des Hyperboréens. En réalité, la scène de Crésus sur son bûcher (chez Bacchylide et chez Hérodote) était devenue l'un des thèmes de la propagande delphique : cet épisode accordait l'assurance d'une récompense divine à tous ceux qui avaient été généreux envers Apollon – à l'exemple de Crésus. Bacchylide aurait donc composé son poème sur la base de récits en faveur du sanctuaire apollinien qui faisaient également état des offrandes de Crésus à Delphes[10].

On peut aussi effectuer plusieurs rapprochements entre le poème de Bacchylide et l'amphore de Myson. En effet, chez Bacchylide tout comme chez Myson, Crésus monte de son plein gré sur le bûcher. Chez le poète, le roi de Lydie est représenté comme un fier souverain refusant de supporter la domination perse ; sur l'amphore, Crésus est représenté serein, vêtu « à la grecque ». Dans l'épinicie, le bûcher est allumé par un « Lydien au marcher délicat » (*Épinicie III*, IV, v. 48-49) ; Myson a peint un personnage nommé Euthymos (nom grec) mettant le feu au bûcher.

Cependant, Bacchylide place la scène du bûcher au centre du palais de Sardes, tandis que Myson ne la situe pas dans un décor identifiable. Le peintre représente Crésus seul sur le bûcher, alors que le poète nous déclare qu'il est accompagné de sa femme et de ses filles (dont on ignore le nombre). Bacchylide a certainement rajouté la présence des filles et de l'épouse de Crésus à son poème pour fournir un contraste entre les femmes hystériques et le roi courageux et fier[11].

Ainsi, Bacchylide aurait puisé aux mêmes sources que Myson pour composer son poème mais il les aurait adaptées, changées ou aurait omis certains éléments pour atteindre son but (dans un mode d'expression différent) : rassurer Hiéron souffrant de calculs rénaux et également promouvoir le sanctuaire de Delphes[12].

On sait qu'Hérodote a passé une partie de sa vie à Athènes. Lors de ce séjour, il aurait pu rencontrer et également entendre les grands auteurs tragiques comme Eschyle ou Sophocle. C'est pourquoi certains historiens pensent qu'Hérodote aurait subi leurs influences jusqu'à faire de la vie de Crésus une tragédie[13]. En effet, dans le récit que le père de l'Histoire consacre à Crésus, il y aurait, en réalité, deux tragédies : l'une privée, aboutissant à la perte de son fils ; et l'autre politique, qui lui fait perdre son royaume[14]. L'une serait issue de la mauvaise compréhension d'un rêve, et l'autre d'un oracle mal interprété – le tout étant lié par une trop grande confiance en soi. L'épisode de l'entretien entre le Mermnade et Solon (Hdt., I, 29-33) fait le lien entre les deux, car c'est de l'enseignement du philosophe que Crésus réalise que nul être vivant n'est heureux (il perd d'abord son fils, puis son royaume)[15].

Crésus fournissait donc à Hérodote l'exemple accompli du héros tragique, car il était amené à expier la faute d'un ancêtre (l'usurpation du trône par Gygès). À travers ses malheurs, Crésus avait acquis la sagesse telle que la concevait Solon. La fin de la tragédie se plaçait donc au moment où le roi de Lydie conseillait – mais le conseil sera fatal – à Cyrus d'attaquer les Massagètes (Hdt., I, 207-214). Le sujet tragique (le destin) illustrait donc bien la destinée de Crésus, démontrant combien l'avenir reste incertain. Si Hérodote ne fait pas mention du palais du Mermnade, contrairement à Bacchylide, c'est pour accentuer la solitude de Crésus. Comme souvent dans le théâtre de Sophocle, Hérodote se serait dès lors attardé sur l'homme en lui-même ainsi que sur son humanité (et non sur les aspects matériels).

Il faut aussi noter qu'un rapprochement a été établi par certains historiens entre la publication d'un papyrus relatant l'histoire de Gygès – dont la mise en forme ferait penser à une tragédie – et des fragments d'une hydrie attique retrouvée à Corinthe datée de la première moitié du VIe siècle av. J.-C.[16]. Cette dernière pourrait avoir représenté un souverain oriental sur un bûcher avec un joueur d'*aulos* (flûte) à ses côtés. Or la présence de ce musicien pourrait bien constituer une représentation d'une scène tirée d'une tragédie. Ces déductions ont ainsi permis d'avancer l'hypothèse qu'il existait une production tragique traitant de la maison des Mermnades et que cette dernière se serait déclinée sous la forme d'une trilogie dont l'auteur aurait été soit Phrynichos, soit Ion de Chios, soit un disciple non identifié d'Eschyle. Ainsi, on peut constater que le récit d'Hérodote a dû être fortement influencé par certaines tragédies attiques du milieu du Ve siècle av. J.-C., en particulier le théâtre de Sophocle qui était au sommet de son art au cours des années où Hérodote a dû séjourner à Athènes. L'historien aurait donc emprunté les éléments tragiques lorsqu'ils convenaient à son récit dramatique, mais ces emprunts n'étaient que des dispositifs littéraires destinés à capter l'attention de ses auditeurs, et en aucun cas des vérités historiques[17].

Le récit de Bacchylide peut être encore rapproché de celui d'Hérodote puisqu'il est son aîné de près d'une génération. Pour ces deux auteurs, Crésus est soustrait du bûcher et emporté par un nuage. Mais chez Bacchylide, le roi lydien est sauvé par l'action combinée de Zeus et d'Apollon alors que, pour Hérodote, le mérite du sauvetage de Crésus revient à Apollon seul. Pourtant, déclencher les orages ne fait pas partie de ses attributions mais de celles de Zeus qui, fait exceptionnel à une si haute époque, accepte de modifier le sort de Crésus dont il était le garant. Hérodote prend donc quelques libertés avec la mythologie pour mettre en œuvre son récit à la gloire du sanctuaire delphique[18]. Hérodote ajoute (I, 87) que les éléments de son récit consacré au bûcher proviennent de ses informateurs lydiens, mais on doit convenir qu'il doit les avoir modifiés afin que ces derniers puissent entrer dans son canevas.

Par ailleurs, contrairement à Bacchylide, le Crésus de l'historien d'Halicarnasse survit et prend encore la parole. Cependant, son intervention consiste à interroger le sanctuaire de Delphes, ce qui permet au dieu de se justifier (Apollon n'est en aucun cas responsable de la mauvaise compréhension de l'oracle de la part de Crésus voulant que, s'il attaquait les Perses, il détruirait un grand empire) et de prouver que le roi lydien doit assurer la pleine et entière responsabilité de sa chute[19]. La survie de Crésus et la mise en cause d'Apollon se présentent donc principalement comme un procédé narratif permettant au dieu de s'expliquer[20].

À l'inverse de celui de Bacchylide, le Crésus d'Hérodote monte sur le bûcher sur les ordres de Cyrus, ce qui fait de lui un personnage encore plus tragique, d'autant qu'il accepte son destin. Hérodote le place au sommet du bûcher afin que le roi puisse à la fois prendre conscience de sa condition humaine (Hdt., I, 86) et aller jusqu'au bout de l'enseignement de Solon voulant que « nul vivant est un homme heureux ».

Ainsi, les rapprochements qu'il est permis d'opérer entre le récit d'Hérodote et la troisième *Épinicie* de Bacchylide conduisent à penser que l'historien avait bien pu prendre connaissance de l'œuvre du poète (ou du moins a pu disposer des mêmes sources que lui, et l'on songe à des traditions delphiques[21]). Néanmoins, les influences de Bacchylide qui se retrouvent dans le récit d'Hérodote ont été imbriquées dans un récit général beaucoup plus complexe, puisque l'historien d'Halicarnasse aurait été fortement influencé par les auteurs tragiques lors de l'écriture de ses *Histoires*.

La mention de quatorze (deux fois sept) jeunes Lydiens montant aux côtés de Crésus sur le bûcher pourrait aussi posséder une forte connotation apollinienne[22]. En effet, sept était le chiffre favori du dieu Apollon. Et certaines fêtes en son honneur étaient célébrées le septième jour de certains mois. Selon Plutarque (*Étiologies grecques*, 9)*, c'était à l'origine le septième jour du mois de Bysios (février-mars) qu'Apollon rendait ses oracles à Delphes.

Dans notre contexte, la présence des deux septaines de Lydiens aux côtés de Crésus pourrait aussi être d'origine delphique. Il faut préciser que l'autre mention de deux

---

* Il s'agit du chapitre 9 des *Étiologies grecques* de Plutarque.

septaines de jeunes gens, avant Hérodote, se trouve chez Bacchylide (*Dithyrambe III*, 1-5)*, lorsqu'il chante les aventures de Thésée accompagné de quatorze Athéniens et Athéniennes, envoyés comme tribut en Crète à la cour du roi Minos. Ce poème possède également une forte connotation apollinienne puisque ce dithyrambe fut composé vers 478 av. J.-C. pour l'Apollon de Délos[23]. Sur ces constatations, il est donc fort probable que la mention des sept Lydiens et sept Lydiennes montant aux côtés de Crésus sur le bûcher dans le récit d'Hérodote (et Nicolas de Damas) proviennent de sources delphiques en faveur du sanctuaire d'Apollon.

Ceci étant, dans plusieurs sources – à commencer par Hérodote –, Crésus, une fois sauvé du bûcher, aurait vécu aux côtés de Cyrus en tant que conseiller – nous l'avons vu. Il lui aurait d'abord avisé d'ordonner à ses hommes de payer une taxe à Zeus sur le butin du pillage de Sardes (I, 88-90). Crésus aurait aussi suggéré à Cyrus d'obliger les Lydiens à s'efféminer suite à la révolte de Pactyès afin d'éviter qu'ils puissent s'insurger à nouveau (I, 155-156). Enfin, le roi lydien lui aurait également proposé d'attaquer les Massagètes (I, 207-211). Toujours selon Hérodote (III, 14, 34-36), à la mort du roi perse, il aurait suivi le fils de ce dernier, Cambyse, dans sa campagne égyptienne (ce qui le fait vivre jusqu'en 525 av. J.-C.).

En réalité, comme cela a déjà été dit, la vie de Crésus à la cour de Cyrus, d'après Hérodote, serait issue de l'influence de la tragédie attique sur l'œuvre de l'historien. De plus, le sauvetage de Crésus du bûcher semble

* Passages 1 à 5 du troisième *dithyrambe* de Bacchylide.

plutôt perçu comme un procédé littéraire offrant au dieu de Delphes l'occasion de se sortir du mauvais pas qu'avait été la compréhension erronée de l'oracle de la part du roi de Lydie – une sentence qui l'avait conduit à sa perte[24].

On peut ajouter que le récit de Crésus à la cour de Cambyse chez l'historien d'Halicarnasse (III, 34-46) n'est sans doute, en réalité, qu'une adaptation calquée sur un conte judéen du VIe siècle av. J.-C. préexistant : l'*Histoire d'Ahiqar*. Ahiqar avait été mis à mort par le roi Sennachérib mais il avait été caché et était revenu auprès du roi lorsque celui-ci avait eu besoin de ses conseils. Chez Hérodote, Crésus est lui aussi mis à mort par Cambyse, mais, arrivant à se cacher, il était réapparu à la cour perse quand Cambyse exprima des remords. Il est en tout cas peu probable que les similarités observées entre cette *Histoire d'Ahiqar* et le récit d'Hérodote soient de simples coïncidences.

Ainsi, il est bien plus vraisemblable que Crésus ne survécut pas à la prise de Sardes et que les épisodes de sa vie après la chute de la capitale ne soient que des inventions de la part de l'Halicarnassien ou plutôt d'une de ses sources[25].

On a souvent cru que Cyrus n'avait pas pu ordonner à Crésus de monter sur un bûcher en invoquant la sacralité accordée au feu par les Perses, comme nous l'avons vu plus haut. En réalité, il faut constater que ce n'est qu'à partir de la période achéménide (sous l'Empire perse) que l'on passe de l'incinération à l'inhumation. Par ailleurs, au VIe siècle av. J.-C., le zoroastrisme n'était pas encore répandu comme il le sera aux Ve et IVe siècles av. J.-C. Ainsi, il paraît fort hasardeux de vouloir reconstituer d'une façon même générale la religion de Cyrus II. Quoi qu'il en soit, il faut remarquer que même le roi perse a dérogé aux règles de l'*Avesta* (l'ensemble des textes sacrés de la religion perse, le mazdéisme) en se faisant inhumer dans un cercueil déposé dans un tombeau et non enterré[26].

De même, on a aussi refusé d'envisager la montée de Crésus sur le bûcher comme la volonté de Cyrus car, pensait-on, le fondateur de l'Empire achéménide se montrait toujours tolérant et bienveillant envers les rois démis et les peuples vaincus[27]. En réalité, la démarche de Cyrus s'inscrivait dans les pas de ses prédécesseurs – les rois assyriens – et de ceux des autres royaumes orientaux de l'époque, à savoir dans une logique de répression après conquête. C'est ainsi que Cyrus accomplit des massacres de Babyloniens après la bataille d'Opis, et qu'il pilla la capitale des Mèdes, Ecbatane (*Chronique de Nabonide*, II, 3-4 et III, 12-14). De plus, il semble que des Lydiens, des Phrygiens et des Urartéens furent déportés à Nippur[28]. La description d'un Cyrus tolérant provient donc des récits de propagande qui circuleront après la prise de Babylone[29].

Dès lors, on doit se résoudre à envisager que Cyrus a bien pu ordonner la mise à mort de Crésus sur un bûcher – ce que ne contredisent pas, du reste, les informations contenues dans la *Chronique de Nabonide* (II, 15-18).

En ce qui concerne l'origine du récit du bûcher de Crésus, il semble qu'il ait, lui aussi, des liens avec Delphes. En effet, on ne peut manquer d'observer qu'un grand incendie ravagea le sanctuaire et détruisit le temple d'Apollon en 548/547 (selon Pausanias, X, 5, 13) ou 547/546 (selon Eusèbe)[30], soit à la même époque que la prise de Sardes par les troupes de Cyrus datée de l'automne 547 av. J.-C. Par ailleurs, il semble, à lire Hérodote (I, 51), que les offrandes octroyées par Crésus au sanctuaire apollinien aient survécu à l'incendie du temple archaïque, puisque l'historien énumère les offrandes qu'il voit encore entreposées dans les Trésors des Corinthiens, des Clazoméniens et dans le « cinquième » temple reconstruit d'Apollon.

Dès lors, on pourrait se demander si le récit du bûcher de Crésus ainsi que l'« immortalité » du roi – en raison de la survie de ses offrandes à l'incendie – n'a pas pu être imaginé par les Delphiens dans la foulée de la catastrophe qui avait ravagé le lieu sacré. Les prêtres de Delphes auraient donc imaginé que le dieu Apollon était à l'origine du sauvetage des offrandes de l'incendie, et que leur survie accordait à Crésus une certaine « immortalité », son nom ne tombant pas dans l'oubli.

Cette appréhension du sauvetage « miraculeux » des offrandes de Crésus par Apollon alors que parvenait la nouvelle de sa mort lors de la capture de Sardes aurait, par la suite, donné lieu à un amalgame ingénieux réunissant en un seul et même épisode le suicide du roi lydien sur un bûcher et son sauvetage des flammes par le dieu de Delphes, Apollon Pythien. Ainsi, telle serait la version de la mort du Mermnade qui se répandit le plus, dès le début du Ve siècle av. J.-C. dans le monde grec.

Myson, Bacchylide et Hérodote se seraient tous inspirés de cette version apollinienne de la mort de Crésus d'une manière ou d'une autre, chacun l'adaptant à son mode d'expression particulier : la décoration d'un vase pour Myson, la création d'une ode en l'honneur de Hiéron pour Bacchylide et la rédaction des *Histoires* pour

Hérodote. Si l'on s'en tient à cette hypothèse, cette version de la fin du dernier roi lydien était donc bien un récit propagandiste de la part du sanctuaire de Delphes qui voulait s'assurer les offrandes de riches donateurs en les gratifiant d'une chance d'accéder à l'immortalité. En effet, à entendre ce récit, grâce à leurs dons, les « évergètes » s'assuraient une gloire éternelle.

À la lecture critique de ces différentes sources, il semble plus que probable que Crésus ne survécut pas à la prise de Sardes en 547 av. J.-C. Cependant, la manière exacte dont le dernier roi de Lydie trouva la mort reste inconnue.

Toutefois, on peut avancer sans prendre trop de risques que Crésus se résolut au suicide à la vue de la prise de sa capitale par les Perses, préférant mourir que de subir le joug de Cyrus. Quoi qu'il en soit, tout comme le laisse déjà entendre la plus ancienne source sur la chute de Sardes, la *Chronique de Nabonide,* il est plus que probable que Crésus trouva bel et bien la mort en 547 av. J.-C., et que plus personne ne le revit par la suite.

Une fois le siège réussi et la citadelle de Sardes investie par les troupes perses, la *Chronique de Nabonide* (II, 17-18) transmet que Cyrus resta dans la capitale et y établit une garnison. On sait toutefois que le roi des Perses laissa la vie sauve à Nabonide et à Astyage qui conservèrent un train de vie princier[31] malgré le fait que les troupes perses mirent la capitale mède, Ecbatane, à sac et commirent des massacres de Babyloniens à Opis. Ces gestes de clémence tendent à prouver que le roi perse respectait les souverains qu'il venait de détrôner, sans que cela l'empêche pour autant de commettre des exactions sur les peuples ou les villes de ces anciens royaumes.

Il est donc possible qu'après la prise de Sardes durant laquelle Crésus serait mort, Cyrus ait procédé aux funérailles du roi lydien et déposé son corps selon les rites funéraires adéquats dans un des tumuli de Bin Tepe, au nord de la capitale lydienne. Selon les archéologues, les trois plus grands tumuli de cette nécropole peuvent être datés de la période mermnade[32]. Le plus imposant (Koca Mutaf Tepe) a été identifié comme celui d'Alyatte, tandis que les deux autres (Kır Mutaf Tepe et Karnıyarık Tepe) n'ont pas encore été attribués. Dès lors, il est envisageable que Crésus, mort durant la prise de Sardes et dont Cyrus entendait gérer les funérailles, ait été enterré dans un des deux derniers grands tumuli de Bin Tepe encore non attribués (Karnıyarık Tepe et Kır Mutaf Tepe).

Karnıyarık Tepe (composé d'un tumulus resté inachevé recouvert lui-même afin d'en former un plus imposant) pourrait donc être la tombe du dernier roi lydien car il est possible que le tumulus partiel ait été celui en cours de réalisation pour le fils de Crésus, Atys, dont Hérodote nous rapporte qu'il trouva la mort avant la bataille de Ptérie (I, 34-35). Les Perses auraient alors réquisitionné le « petit » tumulus afin de l'agrandir pour qu'il puisse accueillir la dépouille royale de Crésus. Quant au Kır Mutaf Tepe, il pourrait être la sépulture de Pantaléon, le demi-frère que Crésus mit à mort plus tôt dans son règne. Le deuxième fils d'Alyatte aurait ainsi eu droit à une sépulture royale, lui qui était probablement le successeur légitime du trône de Sardes.

La chute de Crésus et de son opulent royaume face à Cyrus II frappa grandement les esprits des Grecs d'Ionie comme de la Grèce tout entière. En effet, le roi lydien passait pour être invincible et constituait un écran masquant une menace perse grandissante depuis la chute d'Ecbatane en 550 av. J.-C.

Bientôt, les cités grecques de la côte égéenne d'Asie Mineure durent pourtant faire face aux campagnes d'Harpage, général mède de Cyrus, et se virent imposer l'instauration de tyrans à leurs têtes. Par la suite, seule Milet, jalouse de ses prérogatives et de sa liberté de mouvement sur mer, se révolta en voyant ses intérêts menacés sinon bafoués par un Empire perse en expansion, s'étendant bientôt jusqu'en Thrace et englobant presque tout le pourtour de la mer Noire, où dominaient jusque-là les colonies milésiennes. C'est cette révolte d'Ionie qui allait provoquer à son tour les guerres médiques, qui faillirent porter un coup fatal aux cités grecques. Mais ceci est une autre histoire…

Riche comme Crésus !

Dès le règne de Gygès, la richesse des rois lydiens était déjà célèbre, en témoigne le vers du poète Archiloque : « Je ne me soucie pas des biens de Gygès, riche en or[33]. » Mais c'est surtout Crésus, le plus riche souverain de son temps, qui passa à la postérité pour son opulence.

L'or, l'origine du Pactole

La richesse du royaume de Lydie et plus spécialement des souverains mermnades – et *a fortiori* de Crésus – provenait essentiellement du contrôle des sources aurifères et argentifères de la région.

En Lydie, la plus connue est le Pactole (moderne Sart Çayı), torrent passant à l'ouest de Sardes et se jetant dans l'Hermos (moderne Gediz). Il était déjà mentionné par Hérodote (I, 93 ; V, 101) pour sa capacité à charrier des paillettes d'or. Son filon se situait dans la montagne au sud de Sardes : le Tmole. Même si, dès l'époque de Strabon (XIII, I, 23), le filon était épuisé, il n'en reste pas moins à l'heure actuelle en langue française un synonyme de richesses provenant d'un gain. Le torrent sera célèbre tout au long de l'Antiquité et inspirera la légende rapportée par Ovide (*Métamorphoses*, XI, 140-144)* expliquant l'origine de l'or du Pactole : le roi Midas avait reçu de Dionysos la faculté de changer en or tout ce qu'il touchait, mais ne pouvant plus ni manger ni boire, il supplia le dieu de lui ôter cette capacité ; Dionysos lui ordonna alors de se laver les mains dans le Pactole. Les paillettes d'or du torrent lui valurent même l'épithète grec de *Chrysorrhoas*, ce qui veut dire « qui charrie de l'or » (Pline, *Histoire naturelle*, V, 30).

On a souvent cru que le Pactole charriait en fait de l'électrum, un alliage naturel d'or et d'argent (à partir duquel les rois lydiens frappèrent leurs premières pièces de monnaie), appelé parfois par les Grecs « or blanc », et

---

* Chapitres 140 à 144 du livre IX des *Métamorphoses* d'Ovide.

que la raffinerie mise au jour le long du Pactole à Sardes *extra muros* et datée du milieu du VIe siècle av. J.-C. permettait de séparer l'or de l'argent[34]. En réalité, selon les dernières analyses, le torrent de Sardes transportait des paillettes d'or pur. Celui-ci n'était donc pas utilisé pour la fabrication de monnaies, mais plus probablement pour la réalisation de lingots ou de bijoux[35]. Dans les environs immédiats de Sardes, on peut noter encore la présence de mines d'or au mont Sipyle (Pausanias, VII, 4, 7), à l'ouest, et dans le mont Tmole (Strabon, XIII, 1, 23), juste au sud de la capitale[36].

Les Mermnades – et donc Crésus – pouvaient aussi compter sur l'or issu des mines situées en Éolide et en Troade. Dans cette dernière région, sous contrôle des Lydiens dès le règne de Gygès, on trouvait des mines d'or aux environs de la ville d'Astyra, près d'Abydos (Strabon, XIII, 1, 22-23), de même qu'à proximité de Kremaste (Xén., *Helléniques*, IV, 8, 37). En Éolide, c'est entre Atarnée et Pergame que l'on atteste la présence de mines aurifères (Strabon, XIV, 5, 28). Ces dernières se situaient ainsi dans le secteur d'Adramytteion, dont Crésus était le gouverneur au début de son règne (Nic. Dam., 90 F 65), comme nous l'avons vu. Le dernier roi mermnade pouvait donc tirer une bonne part de ses richesses de l'extraction des minerais précieux de l'ensemble des mines sous contrôle lydien. L'or extrait devait probablement être conservé dans le « trésor » de la capitale, Sardes (Hdt., 1, 30 et V, 125), sous forme de paillettes, de lingots, de monnaies et d'objets manufacturés comme des bijoux, des ornements ou encore de la vaisselle[37].

C'est grâce à cet or que Gygès, Alyatte et Crésus firent de nombreuses offrandes dans les sanctuaires grecs du continent et de la côte égéenne d'Asie Mineure, et qu'ils passèrent aux yeux des Grecs comme les plus riches et donc les plus puissants rois de l'époque. De ces nombreuses offrandes, il n'en reste à l'heure actuelle aucune trace, si ce n'est peut-être les restes d'un taureau en argent – hypothétique don de Crésus – retrouvés sous la voie sacrée de Delphes, de facture ionienne, et datés de la première moitié du VIe siècle av. J.-C.[38].

Les Lydiens, inventeurs de la monnaie

« Ils [les Lydiens] sont les premiers à notre connaissance qui frappèrent et mirent en usage la monnaie d'or et d'argent » (Hdt., I, 94).

C'est par cette phrase d'Hérodote que l'on apprend que les Lydiens passaient durant l'Antiquité comme les inventeurs de la monnaie. Auparavant, en Anatolie et au Proche-Orient, le métal précieux d'or et d'argent était déjà utilisé comme monnaie d'échange, mais pas encore sous forme de pièces. On effectuait les échanges à l'aide de lingots d'or ou d'argent grossiers, de bijoux, voire de vaisselle cassée (sans oublier le grain)[39].

Les plus anciennes pièces de monnaie ont été découvertes sous les vestiges de l'Artémision d'Éphèse. Elles peuvent être datées de 630 av. J.-C. environ et sont toutes réalisées en électrum. Celles en or pur et argent datent, elles, de 550 av. J.-C. environ et sont par ailleurs appelées « créséides ». Elles tirent leur nom du roi lydien qui les a introduites : Crésus. Puisque la majorité portait des inscriptions en alphabet lydien, on en déduit qu'elles ont été frappées en Lydie par des locaux[40].

Si les plus anciennes pièces de monnaie étaient en électrum, c'est parce qu'il pouvait être récolté à l'état naturel, non pas à partir du Pactole (qui, lui, charriait de l'or pur) comme on l'a souvent cru, mais des mines, notamment celles de Troade et d'Éolide, dont l'or contenait une grande quantité d'argent[41]. Ainsi, on le voit, très tôt, les Lydiens et les Grecs ont été amenés à utiliser l'électrum comme moyen d'échange.

La provenance des premières pièces de monnaie du VIIe siècle av. J.-C. (vers 630 av. J.-C.) n'est pas toujours facile à établir. Certaines n'ont aucun signe distinctif excepté la marque d'un coin, sur d'autres on peut distinguer différents symboles permettant de les relier à une cité grecque : la tête d'un phoque pour Phocée, une abeille ou un cerf pour Éphèse, etc. Pour d'autres, les symboles représentés (deux coqs, tête humaine, tête de cheval, tête de chèvre, scarabée, etc.) ne permettent pas d'en déterminer l'origine. Les monnaies lydiennes, elles, sont facilement identifiables par la présence d'une tête de lion le plus souvent accompagnée d'une inscription en lydien. Cet ensemble de pièces contemporaines grecques et lydiennes, issues d'ateliers différents, suggère qu'elles ne furent pas seulement frappées par les rois lydiens ou les cités grecques, mais aussi par des particuliers, des dynastes locaux ou encore des gouverneurs[42].

Malgré tout, pour la frappe de monnaies en électrum, on sait que le lieu d'origine le plus prolifique était Sardes. En effet, la ville en a produit en grande quantité et on retrouvait une tête de lion dessus. Sur certaines, datées de 630 av. J.-C. environ, on peut lire l'inscription « WALWET », que l'on a interprétée comme étant le nom en lydien du père de Crésus, Alyatte (ce qui soulève un problème de chronologie puisque Alyatte serait monté sur le trône vers 610 av. J.-C.).

Sur d'autres, on peut lire « KUKALIM » (Je suis de Kukaś), ce Kukaś faisant probablement référence à Gygès, l'ancêtre de Crésus[43]. Mais comme Gygès a vécu bien plus tôt (vers 680-644 av. J.-C.) que l'émission de monnaies portant cette dernière inscription, et qu'elles sont contemporaines de celles émises par Alyatte (*walwet*), elles n'ont pas pu être frappées par le premier roi mermnade lui-même. Il est aussi possible que Kukaś ait été un membre de la famille royale lydienne ou un gouverneur d'un domaine sous l'autorité de Sardes qui ait eu l'autorisation de frapper ses propres pièces de monnaie.

Cependant, *kukalim* peut aussi être interprété comme « Je suis le descendant de Gygès ». Il est donc étonnant que les monnaies frappées du nom d'Alyatte et du « descendant de Gygès » datent en réalité du règne d'Ardys (vers 644-615 av. J.-C.) et non du père de Crésus (dont le début du règne est daté de 610 av. J.-C. environ)[44]. Mais si l'on suit l'idée que les rois lydiens se choisissaient leur nom royal selon le système de papponymie (prendre le nom du grand-père)[45], le nom de règne d'Ardys pourrait ainsi être également Alyatte, ce qui ne rentre plus en contradiction avec les sources numismatiques. Ardys aurait donc bien pu frapper des monnaies de son nom de règne (Alyatte, *walwet*) et en frapper d'autres afin de rappeler sa filiation royale (fils de Gygès/Kukaś)[46].

Quoi qu'il en soit, l'ensemble des monnaies frappées d'une tête de lion portant ou non une inscription est d'origine lydienne. Certaines furent même retrouvées à

Gordion, l'ancienne capitale du royaume phrygien, ce qui tend à prouver que la Phrygie était bien passée sous domination lydienne avant la chute de Crésus.

Ces différentes monnaies à la tête de lion ont toutes été frappées selon des valeurs progressives allant de 4,7 grammes (un tiers de statère lydien) à 0,29 grammes (1/48e de statère). Elles étaient également accompagnées de fractions plus petites, mais représentant une patte de lion cette fois, valant 1/96e de statère, pesant 0,15 grammes et mesurant 4 millimètres de diamètre. Étant donné que la plupart des monnaies lydiennes retrouvées tant à Éphèse qu'à Gordion ne pèsent pas plus de 1,2 grammes, il est plus que probable qu'elles devaient être utilisées pour de nombreuses activités économiques et non simplement pour des paiements de grande valeur.

Avant l'apparition de la monnaie, Grecs et Lydiens devaient effectuer leurs échanges à l'aide de paillettes, de lingots ou de pépites d'électrum que l'on trouvait facilement et en grande quantité dans l'ouest de l'Anatolie. Cependant, comme cet alliage naturel était de qualité variable (puisque le taux d'or fluctue entre 65 et 85 %), il fallait tester la qualité de ce métal visuellement à l'aide d'une pierre de touche. Mais il devenait de plus en plus difficile de tester individuellement chacun des lingots ou chacune des pépites d'électrum. Pour sortir de cette impasse, les Lydiens ont alors décidé de diviser les lingots d'électrum en plus petites unités dont le poids et la valeur étaient fixés par une autorité qui marquait son « sceau » sur ces nouvelles pièces de monnaie. Cette innovation fut donc réalisée afin de contourner les problèmes de variation de valeur intrinsèque de ces lingots d'électrum[47]. Grâce à cette marque d'autorité, les pièces de monnaie pouvaient donc être échangées directement sans vérifier leur valeur propre[48].

Cependant, au fil de leur utilisation, ces monnaies en electrum ont été fortement surévaluées. Les analyses scientifiques ont démontré que leur taux d'or avait été artificiellement altéré et variait entre 44 et 54 %, alors que l'électrum retrouvé à l'état naturel en comporte en moyenne 73 % pour 27 % d'argent. On constate donc que ceux qui frappaient les monnaies avaient décidé de dévaluer leur valeur intrinsèque, ce qui leur permettait de réaliser des profits de l'ordre de 15 à 20 %. Cette dévaluation artificielle ainsi que l'absence de ce métal ailleurs sur le territoire méditerranéen ont dû décourager la propagation de la monnaie d'électrum dans le monde antique. L'utilisation de celle-ci est en effet un phénomène local limité à la Lydie et aux territoires sous son influence. De même, sa valeur fluctuant de manière trop aléatoire, il est possible qu'elle ait été refusée lors des échanges[49].

C'est pour ces raisons que Crésus fut l'instigateur d'une grande réforme monétaire aux alentours des années 550 av. J.-C. : il introduisit le bimétallisme en or pur et en argent pur en remplacement de l'électrum (Hdt., I, 94). Pour cette tâche, les Lydiens pouvaient compter notamment sur la raffinerie mise au jour à l'ouest des murailles lydiennes de Sardes, le long du Pactole, ainsi que sur l'or charrié par le torrent. La raffinerie servait à séparer l'or et l'argent présents dans l'électrum naturel que l'on extrayait des mines sous contrôle lydien. On sait que ces monnaies ont été diffusées sous le règne de Crésus car deux exemplaires furent retrouvés sous les débris du mur d'enceinte lydien qui avait été démoli à la suite de la prise de Sardes par les Perses. De même, un 1/24e de statère en or fut mis au jour avec le squelette d'un soldat, tué lors de la prise de la ville par Cyrus, qui transportait probablement la pièce dans sa bouche[50]. Ces découvertes permettent d'affirmer que le bimétallisme était déjà de mise avant la chute de Crésus.

Les pièces de monnaie en or et en argent frappées sous l'instigation de Crésus – les « créséides », donc – sont facilement identifiables car on y représente des protomés d'un taureau et d'un lion se faisant face, le lion symbolisant peut-être l'or et le taureau, l'argent. Ce motif, en vogue au Proche-Orient, a pu être utilisé par Crésus comme sceau personnel[51]. Contrairement aux pièces en électrum qui ne pouvaient circuler qu'en Lydie et aux alentours, les monnaies en or et en argent connurent une plus large diffusion et furent considérées comme la monnaie d'échange internationale dans le bassin égéen[52].

Après la prise de Sardes par les troupes de Cyrus, les Perses continuèrent la frappe des créséides. En effet, les monnaies de Crésus avaient tellement de succès au sein de l'ancien Empire lydien et auprès des Grecs que, durant une période d'environ trente ans après la mort du roi, les Perses ont maintenu la frappe de monnaie en or et en argent sur lesquelles étaient toujours représentés le lion et le taureau (Cyrus adopta lui-même le système du bimétallisme d'or et d'argent pour ses propres monnaies), cette monnaie officielle étant désormais considérée comme perse.

En termes de stylistique, les créséides perses sont moins élaborées que celles frappées durant la domination mermnade. En effet, petit à petit, le rendu des animaux est de moins en moins détaillé, et le taureau et le lion sont représentés de manière plus grossière – sans doute suite à une production de masse. Sous les Achéménides, les plus petites fractions de statères seront même abandonnées ; resteront uniquement le statère d'or (créséide de 8,06 grammes) et le siglos d'argent (5,35 grammes)[53].

Il faudra attendre le règne de Darius Ier (521-486 av. J.-C.) pour voir une nouvelle réforme monétaire. Darius maintiendra le bimétallisme, mais utilisera désormais les standards de poids perses (et non plus grecs ou lydiens). De même, il supprima la représentation du lion et du taureau se faisant face par l'image du Grand Roi perse couronné avec un arc à la main. La monnaie d'or prendra d'ailleurs le nom du roi perse réformateur : la darique (qui fut frappée à Sardes dans un premier temps). En se faisant représenter sur les monnaies royales, le Grand Roi faisait également preuve de propagande[54]. Ces dariques furent utilisées pendant près de deux cents ans avant la chute de l'Empire perse sous les coups des armées d'Alexandre le Grand.

Accroître ses richesses par les tributs et les taxes

On sait par Hérodote (I, 6) que Crésus fut le premier Barbare à imposer le versement d'un tribut (phoros) aux cités grecques d'Asie Mineure et réussit à subjuguer l'ensemble des peuples habitant à l'ouest du fleuve Halys (I, 28) – qui devaient donc eux aussi verser un tribut au roi lydien. Faute de sources explicites, il est impossible de connaître avec précision la nature exacte de cet impôt ni même la manière dont il était perçu. Cependant, il semble que Cyrus et Cambyse reprirent à leur compte les techniques fiscales en usage dans les pays conquis, notamment à Sardes. Si tel est le cas, on pourrait se baser sur ce tribut perse afin de tenter de cerner le mode de prélèvement ainsi que la nature de ce phoros imposé par les Mermnades avant eux[55].

Dès lors, le tribut versé à Sardes par les communautés grecques et anatoliennes consistait en métaux précieux, en grains mais aussi en contingents armés envoyés à la capitale afin de venir grossir les rangs de l'armée lydienne lors des campagnes militaires de Crésus[56]. Il est fort probable que ces tributs imposés par les Mermnades aux peuples soumis n'aient pas été fixés formellement. En effet, Hérodote (III, 89) rapporte qu'avant le règne de Darius, rien n'avait été établi au sujet du tribut et que le Grand Roi perse fut le premier à le fixer. Auparavant, il s'agissait de dons (*dôra*) que l'on devait apporter au souverain achéménide. Il semble donc que Crésus n'ait sans doute jamais fixé formellement la quantité d'or, de grains ou d'hommes armés que les sujets du roi devaient envoyer à Sardes ; le Mermnade devait recevoir plutôt des libéralités de l'ensemble des peuples de l'ouest du fleuve Halys[57]. En outre, Crésus pouvait compter sur les différents gouverneurs fidèles au pouvoir en place (souvent des membres de la famille royale) voire sur les tyrans à la tête des cités grecques[58], pour prélever cet impôt et le faire parvenir dans la capitale lydienne. Ceux-ci étaient en charge de l'administration d'un vaste domaine, ou d'une cité, et devaient donc pouvoir lever des troupes armées en cas de besoin, mais aussi collecter les métaux précieux (or, argent et électrum notamment) et le grain, puis envoyer le tout à Sardes[59].

En contrôlant l'ensemble du réseau routier allant des côtes de la mer Égée à l'arrière-pays anatolien, Crésus disposait de débouchés maritimes et de facilités commerciales. C'est sans doute pour s'assurer, entre autres, la libre circulation des biens en Méditerranée et sur l'ensemble du réseau routier continental que le dernier mermnade tissa des liens avec Amasis d'Égypte et Nabonide de Babylone. Le contrôle des voies de communication en Lydie se faisait par l'installation de garnisons dans des places fortes situées le long des routes principales. Cela permettait d'intercepter les voyageurs qui désiraient pénétrer en Lydie ou la traverser[60]. Par la même occasion, ces différents points de contrôle permettaient probablement à Crésus de prélever des taxes sur les hôtelleries/relais accueillant les caravanes empruntant les routes du territoire lydien. On trouve un écho de cette pratique chez Nicolas de Damas (90 F 44), où l'on apprend que la dynastie précédant les Mermnades (les Héraclides) aurait exempté de taxes l'auberge (*kapeleion*) appartenant à un dénommé Thyessos et située en Éolide. Quand on sait que, selon Hérodote (V, 52), il existait à l'époque achéménide (mais probablement déjà sous les Mermnades) vingt postes relais de ce type rien qu'entre la Lydie et la Phrygie, ce procédé fiscal permettait de toute évidence aux rois lydiens d'obtenir des rentrées financières plus importantes que celles résultant du simple phoros.

La richesse amassée par Crésus et conservée dans son trésor de Sardes a frappé les esprits des Grecs de son temps. Mais c'est surtout par ses nombreuses offrandes dans les sanctuaires grecs que le dernier roi lydien est passé à la postérité comme le plus riche des hommes. Parmi ces offrandes, Crésus envoya au sanctuaire de

Delphes (Hdt., I, 50-51) 117 demi-briques d'or et d'électrum, et fit faire une statue d'un lion en or. Il envoya également deux cratères en or et en argent, quatre jarres d'argent, deux vases en or et en argent, des lingots d'argent de forme arrondie et une statue en or de sa « boulangère ». Au sanctuaire d'Amphiaraos (Hdt., I, 52), Crésus avait consacré un bouclier et une lance en or. Enfin, Hérodote (I, 92) ajoute que le roi avait envoyé un trépied d'or à Thèbes (en Béotie), un bouclier en or à Athéna Pronaia (à Delphes). Il avait aussi consacré les vaches d'or et offert la plupart des colonnes de l'Artémision à Éphèse ; au sanctuaire des Branchides à Milet, il avait consacré des offrandes égales en poids à celles de Delphes, sans oublier que le dernier mermnade avait offert un statère d'or à chaque Delphien (Hdt., I, 54).

En pratique, cet étalement de richesses de la part de Crésus permettait de flatter les Grecs du continent mais, pour les Grecs de l'Est, c'était surtout une mise en garde, puisqu'il montrait les moyens considérables dont disposait le dernier roi lydien (et donc sa puissance).

Quoi qu'il en soit, le nom de Crésus était déjà synonyme de richesses dès l'Antiquité, en témoignent les vers de Catulle au Ier siècle av. J.-C.[61], les mots de Sénèque l'Ancien au Ier siècle ap. J.-C.[62], ou encore de Lactance au IIIe siècle ap. J.-C.[63]. Aujourd'hui, l'expression « riche comme Crésus » fait encore référence à cet opulent souverain mermnade, de sorte que, malgré son destin tragique, il bénéfice d'une certaine immortalité par le souvenir de son nom.

Épilogue

La Lydie après Crésus

La chute de Crésus marque la fin du royaume lydien indépendant et le début des contacts entre les Grecs installés en Asie Mineure et les Perses. La ville de Sardes, bien qu'intégrée à l'empire de Cyrus, continuera toutefois de garder une place à part aux yeux des Perses et restera une cité florissante jusqu'à la fin de la période romaine.

Après avoir investi Sardes et y avoir stationné un temps avec sa garnison[1], Cyrus repartit pour Ecbatane en prenant soin de laisser un certain Tabalos à la tête de l'ancienne capitale et il confia à un certain Pactyès la gestion du trésor de Crésus et des autres Lydiens (Hdt., I, 153). Le fait de confier à ces deux individus, probablement d'origine lydienne, l'administration de Sardes et de ses environs était, de la part de Cyrus, une marque de confiance envers les peuples soumis[2]. Mais il ne fallut pas attendre longtemps avant de voir les premiers actes de rébellion envers la nouvelle autorité, car une fois Cyrus loin de la capitale, Pactyès fomenta une révolte en utilisant l'or de Crésus et assiégea Tabalos dans la citadelle. Apprenant la nouvelle, Cyrus dépêcha le Mède Mazarès afin de mater la révolte (Hdt., I, 154-155). Cependant, peu après l'échec de la rébellion lydienne et la capture de Pactyès, Mazarès mourut de maladie (Hdt., I, 155-161). Il semble qu'à partir de ce moment, les Lydiens aient été moins hostiles à la nouvelle autorité achéménide.

Du côté des Grecs de l'Est, après avoir appris la chute de Sardes, les Ioniens et Éoliens envoyèrent des députés à Cyrus afin de négocier les termes de leur reddition, mais le roi perse refusa catégoriquement. Les cités grecques se réunirent alors au Panionion[3] et décidèrent d'envoyer des émissaires à Sparte afin de quémander de l'aide. Les Lacédémoniens refusèrent, mais envoyèrent tout de même un certain Lacrinès formuler des menaces à l'encontre de Cyrus dans le cas où il ravagerait les terres grecques, mais le roi perse ne fut en aucun cas impressionné (Hdt., I, 152-153).

Après la mort de Mazarès, Cyrus envoya le Mède Harpage comme commandant des forces armées perses (Hdt., I, 162). Son but premier était de soumettre l'Ionie, tâche à laquelle il s'attela avec succès : seule Milet réussit à y échapper en se rangeant du côté perse (Hdt., I, 161-176).

Une fois qu'Harpage eut mené à terme ses campagnes afin de soumettre l'ensemble des anciens territoires sous contrôle lydien, ce dernier céda sa place à Oroitès, premier satrape (gouverneur) de Lydie/Sparda (Sardes en perse) désigné par Cyrus (Hdt., III, 120)[4]. Il resta en place jusqu'au début du règne de Darius. Durant ses années à la tête de la satrapie de Lydie, Oroitès mit en pratique ses plans visant à assassiner le puissant tyran de Samos, Polycrate, ainsi que le satrape de Daskyleion, Mitrobatès, et son fils Cranaspès. Finalement, peu après son accession au trône, Darius Ier mit à mort Oroitès après que ce dernier eut assassiné le messager du Grand Roi, ce qui fut interprété comme un acte de rébellion (Hdt., III, 126-128).

Après un intervalle de dix ans[5], Darius désigna son propre demi-frère, Artaphernès, comme satrape de Lydie vers 510 av. J.-C. (Hdt., V, 25). C'est lui qui dut faire face à la révolte d'Ionie suite aux manœuvres du tyran de Milet Aristagoras. Cette cité, qui restait toujours jalouse de la puissance perse, poussa les Ioniens à la révolte en voyant ses intérêts bafoués par l'expansion du royaume qui s'étendait jusqu'en Thrace et englobait quasiment toutes les rives de la mer Noire – longtemps son domaine réservé. Le satrape Artaphernès dut alors défendre la ville de Sardes face aux Ioniens qui incendièrent la ville et le temple de Cybèle en 499 av. J.-C. (Hdt., V, 101-102). Cette insurrection ionienne, qui gagna toute l'Anatolie occidentale et Chypre, prit fin en 494 av. J.-C. lors de la victoire perse à la bataille de Ladé[6]. Artaphernès II succéda à son père Artaphernès et accueillit Xerxès à Sardes en 480 av. J.-C. avant la traversée de l'Hellespont pour sa campagne contre la Grèce continentale. Xerxès passa par ailleurs l'hiver 479 av. J.-C. dans l'ancienne capitale mermnade à la suite de sa défaite à Salamine[7].

Par la suite, Sardes fut aux premières loges de l'histoire perse puisqu'elle vit différents gouverneurs se révolter contre le roi : Pissouthnès contre Darius II vers 420 av. J.-C., et Cyrus le Jeune contre son propre frère Artaxerxès III en 401 av. J.-C.[8].

La domination perse à Sardes prendra fin en 334 av. J.-C. avec l'arrivée d'Alexandre le Grand en Asie Mineure. À la suite de sa victoire lors de la bataille du Granique lors de laquelle le satrape de Lydie et d'Ionie, Spithridatès, trouva la mort, Mithrenès, commandant de la garnison de Sardes, ouvrit grand les portes de la ville, sans combat, au roi macédonien. Après la mort d'Alexandre, durant toute la période hellénistique, la Lydie fut contrôlée par plusieurs dynasties. Elle fut d'abord sous le joug d'Antigone le Borgne puis de Lysimaque pendant une période de quelque quarante ans, avant de tomber sous la domination des Séleucides à partir de 281 av. J.-C. environ.

C'est lors de cette domination macédonienne que l'ensemble de la région s'hellénise et que ce qui restait de la culture lydienne de l'époque de Crésus s'efface définitivement. À partir des années 180 av. J.-C., la Lydie tombe dans l'escarcelle du royaume de Pergame jusqu'en 133 av. J.-C. (date à laquelle Attale III lègue l'ensemble de son royaume à Rome) et fait partie intégrante de la nouvelle province d'Asie. Durant la période romaine, Sardes continue de prospérer et devient une des plus grandes villes d'Asie. Elle est d'ailleurs visitée par les empereurs Hadrien et Marc Aurèle, accompagné du futur empereur Commode[9].

Durant la fin de l'Antiquité, du IVe au VIIe siècle, la Lydie doit faire face à toute une série de changements comme la suppression des cultes païens, la montée du christianisme, l'insécurité croissante face à la menace d'invasion des Goths, des Perses sassanides et des Arabes. La ville de Sardes voit la construction de nouvelles fortifications au IVe et au VIe siècle, ce qui témoigne de l'insécurité dans la région.

La Lydie fait partie intégrante de l'Empire byzantin jusqu'en 1071 lorsqu'elle tombe sous domination turque. Celle-ci est permanente à partir du XIVe siècle seulement et cela n'a pas changé depuis[10].

Notes

Avertissement

1. Robert W. Wallace, « Redating Croesus : Herodotus Chronologies, and the Dates of the Earliest Coinage », *Journal of Hellenic Studies*, 136, 2016, p. 168-181. Pour la critique de son choix, voir Kevin Leloux, *La Lydie d'Alyatte et Crésus. Un royaume à la croisée des cités grecques et des monarchies orientales. Recherches sur son organisation interne et sa politique extérieure*, thèse de doctorat en Histoire, Art et Archéologie, université de Liège, 2018, p. 397-398.

2. Celle fixée par Hans Kaletsch et reprise à sa suite. Voir Christopher H. Roosevelt, *The Archaeology of Lydia. From Gyges to Alexander*, Cambridge, Cambridge University Press, 2009 ; *Id.*, « Iron Age Western Anatolia : The Lydian Empire and Dynastic Lycia », *in* Daniel T. Potts (dir.), *A Companion to the Archaeology of the Ancient Near East*, Oxford, Wiley-Blackwell, 2012, p. 896-913, etc.

Introduction
Les Mermnades, les ancêtres de Crésus

1. Dominique Briquel, *L'Origine lydienne des Étrusques. Histoire de la doctrine dans l'Antiquité*, Rome, École française de Rome, 1991, p. 16 ; Ch. H. Roosevelt, *The Archaeology of Lydia*..., *op. cit.*, p. 86 ; Ilyia S. Yakubovich, « An agreement between the Sardians and the

Mermnads in the Lydian language ? », *Indogermanische Forschungen*, 122-1, 2017, p. 285.

2. Ch. H. Roosevelt, *The Archaeology of Lydia…*, *op. cit.*, p. 37-44 ; Crawford H. Greenewalt, « Introduction », *in* Nicholas D. Cahill (dir.), *Lidyalılar ve Dünyaları. The Lydians and Their World*, Istanbul, Yapı Kredi Yayınları, 2010, p. 7-11.

3. Christopher. H. Roosevelt, *The Archaeology of Lydia…*, *op. cit.* ; *Id.*, « Lydia Before the Lydians », *in* N. D. Cahill (dir.), *Lidyalılar ve Dünyaları…*, *op. cit.*, p. 47-56 ; Christina Luke et Christopher H. Roosevelt, « Memory and Meaning in Bin Tepe, the Lydian Cemetery of the 'Thousand Mounds' », *in* Ute Kelp et Olivier Henry (dir.), *Tumulus as Sema. Space, Politics, Culture and Religion in the First Millenium BC*, Berlin / Boston, De Gruyter, 2016, p. 415.

4. Ch. H. Roosevelt, « Lydia Before the Lydians », *op. cit.*, p. 56-60.

5. Déjà remise en question durant l'Antiquité, cette version de l'origine lydienne des Étrusques avancée par le père de l'Histoire n'est plus soutenue actuellement que par de rares érudits. Voir par exemple D. Briquel, *L'Origine lydienne des Étrusques…*, *op. cit.*, et Robert Drews, « Herodotus 1.94, the Drought ca. 1200 BC, and the Origin of the Etruscans », *Historia*, 41-1, 1992, p. 14-39.

6. Hérodote, I, 7 ; Diodore de Sicile, IV, 31, 5.

7. Pour Onofria Carruba (« Λυδικὴ ἀρχαιολογία. La Lidia fra II e I millennio », *in* Mauro Giorgieri *et alii* (dir.), *Licia e Lidia Prima Dell'Ellenizzazione*, Atti del Convegno internazionale, Roma, 11-12 octobre 1999, Rome, Consiglio Nazionale Delle Ricerche, 2003, p. 154), Candaule serait dérivé du mot lydien *qaλmuś* qui signifie « roi ». On serait donc plutôt en présence d'une titulature/un titre royal(e) que d'un anthroponyme.

8. Mary R. Bachvarova, *From Hittite to Homer. The Anatolian Background of Ancient Greek Epic*, Cambridge, Cambridge University Press, 2016, p. 352.

9. Alexander Dale, « Alcaeus on the career of Myrsilos : Greeks, Lydians and Luwians at the East Aegean-West Anatolian interface », *Journal of Hellenic Studies*, 131, 2011, p. 17-19 ; M. R. Bachvarova, *From Hittite to Homer…*, *op. cit.*, p. 375-378.

10. O. Carruba, « Λυδικὴ ἀρχαιολογία… », *op. cit.*, p. 154 ; K. Leloux, *La Lydie d'Alyatte et Crésus…*, *op. cit.*, p. 93-94.

11. Hérodote, I, 8-12 ; Nicolas de Damas 90 F 47 ; Platon, *République*, II, 359d-360d ; Plutarque, *Étiologies grecques*, 45.

12. C. H. Greenewalt, « Introduction », *op. cit.*, p. 10-11.

13. Il est impossible de déterminer si le récit d'Hérodote est vérifiable, mais il est probablement l'écho de plusieurs anciennes tragédies attiques du ve siècle av. J.-C. aujourd'hui perdues. Il n'est pas interdit d'accorder un certain crédit à ces Tragiques car des sources d'informations fiables leur étaient envisageables (notamment la colonie athénienne de Sigée en Troade). Voir Suzanne Saïd, « Herodotus and Tragedy », *in* Egbert J. Bakker, Irène J. F. De Jong et Hans Van Wees (dir.), *Brill's Companion to Herodotus*, Leyde / Boston / Cologne, Brill, 2002, p. 117-147 ; Christopher Pelling, « Educating Croesus : Talking and Learning in Herodotus' Lydian *Logos* », *Classical Antiquity*, 25-1, 2006, p. 141-177 ; Giulia Donelli, « Herodotus and Greek Lyric Poetry », *in* Vasileios Liotsakis et Scott Farrington (dir.), *The Art of History. Literary Perspectives on Greek and Roman Historiography*, Berlin / Boston, De Gruyter, 2016, p. 11-37 ; Simon Hornblower, « Hellenistic Tragedy and Satyr-Drama ; Lycophron's Alexandra », *in* Vayos Liapis et Antonis K. Petrides (dir.), *Greek Tragedy After the Fifth Century A Survey from ca. 400 BC to ca. AD 400*, Oxford, Oxford University Press, 2019, p. 103-106.

14. Mimnerme F 14 ; Hérodote, I, 14 ; Nicolas de Damas 90 F 62 ; Pausanias, IV, 21, 5 ; [Pseudo-] Plutarque, *Parallèles mineurs*, 30.

15. Olivier Mariaud, « Châtiments de villes en Grèce orientale à l'époque archaïque (700-500 av. n. è.) : "choc de civilisation" ou conflit de voisinage ? », *in* Patrick Gilli et Jean-Pierre Guilhembet (dir.), *Le Châtiment des villes dans les espaces méditerranéens (Antiquité, Moyen Âge, Époque moderne)*, Turnhout, Brepols, 2012, p. 245.

16. Jan Paul Crielaard, « The Ionians in the Archaic period : Shifting identities in a changing world », *in* Ton Derks et Niko Roymans (dir.), *Ethnics Constructs in Antiquity. The Role of Power and Tradition*, Amsterdam, Amsterdam University Press, 2009, p. 66-68 ; Michael Kerschner, « The Lydians and their Ionian and Aiolian Neighbours », *in* N. D. Cahill (dir.), *Lidyalılar ve Dünyaları...*, *op. cit.*, p. 261.

17. Pour l'édition et la traduction des sources assyriennes, voir l'ouvrage récent de Jamie Novotny et Joshua Jeffers (éd. et trad.), *The Royal Inscriptions of Ashurbanipal (668-631 BC), Assur-etal-ilani (630-627 BC), and Sin-sarra-iskun (626-612 BC), Kings of Assyria*, vol. 5/I, Winona Lake, Eisenbrauns, 2018 (RINAP 5/1). Le passage mentionné ici correspond à RINAP 5/1 11 col. II, l. 114-115.

18. À noter que pour Hérodote (I, 15), c'est sous Ardys que Sardes fut prise par les Cimmériens. Askold I. Ivantchik, *Les Cimmé-*

riens au Proche-Orient, Göttingen, Vandenhoeck & Ruprecht, 1993, p. 105-107.

19. RINAP 5/1 11 col. II, l. 119.

20. Le nom de Lydè est donné par Xénophilos, *FGrH* 767 F1. Comme celui de Milètos, il paraît relever de la reconstruction légendaire.

21. Vanessa B. Gorman, *Miletos, the Ornament of Ionia. A History of the City to 400 B.C.E.*, Ann Arbor, University of Michigan Press, 2001, p. 122 ; Alan M. Greaves, *The Land of Ionia. Society and Economy in the Archaic Period*, Chichester, Wiley-Blackwell, 2010, p. 110, 155.

22. K. Leloux, *La Lydie d'Alyatte et Crésus…*, *op. cit.*, p. 133-134.

23. Hans Lohmann, « Survey in der Chora von Milet. Vorbericht über die Kampagnen der Jahre 1990, 1992 und 1993 », *Archäologischer Anzeiger*, 1995 ; Lene Rubinstein et Alan M. Greaves, « Ionia », *in* Mogens H. Hansen et Thomas H. Nielsen (dir.), *An Inventory of Archaic and Classical Poleis. An Investigation Conducted by The Copenhagen Polis Centre for the Danish National Research Foundation*, Oxford, Oxford University Press, 2004, p. 1058 et 1082.

24. À en croire Pausanias (X, 16), plusieurs siècles plus tard, ce support en fer était la seule offrande des rois lydiens qui était encore conservée de son temps, ce qui suppose une surprenante résistance de ce tripode à la rouille.

25. John Manuel Cook, « Old Smyrna. 1948-1951 », *The Annual of The British School at Athens*, 53/54, 1958/1959, p. 1-34 ; *Id.*, « On the Date of Alyattes' Sack of Smyrna », *The Annual of the British School at Athens*, 80, 1985, p. 25-28.

26. Athénée de Naucratis, XII, 31 (526a-b) ; Xénophane de Colophon, *Œuvre poétique*, texte édité, traduit et commenté par Laetitia Reibaud, Paris, Les Belles Lettres, 2012, p. 14.

27. Sur cette problématique, voir Kevin Leloux, « The Battle of the Eclipse (May 28, 585 BC) : A Discussion of the Lydo-Median Treaty and the Halys Border », *Polemos*, 2016, 19-2, p. 31-54.

28. Ch. H. Roosevelt, *The Archaeology of Lydia…*, *op. cit.*, p. 63-80 ; Elspeth R. M. Dusinberre, *Aspects of Empire in Achaemenid Sardis*, Cambridge, Cambridge University Press, 2003, p. 73-75 ; Nicholas D. Cahill, « The City of Sardis », *in* N. D. Cahill (dir.), *Lidyalılar ve Dünyaları…*, *op. cit.*, p. 77-81.

29. Voir Bernard Laurot, « Remarques sur la Tragédie de Crésus », *Ktèma*, 20, 1995, p. 95-103 ; S. Saïd, « Herodotus and Tragedy »,

op. cit., p. 117-147 ; Ch. Pelling, « Educating Croesus... », art. cité, p. 141-177 ; G. Donelli, « Herodotus and Greek Lyric Poetry », *op. cit.*, p. 11-37.

1
La jeunesse de Crésus

1. Dont la capitale se trouvait peut-être sur le site actuel de Kaymakçı, à proximité directe de Sardes. Voir Christina Luke et Christopher H. Roosevelt, « The Story of a Forgotten Kingdom ? Survey Archaeology and the Historical Geography of Central Western Anatolia in the Second Millenium BC », *European Journal of Archaeology*, 20-1, 2017, p. 121 ; Christopher H. Roosevelt *et al.*, « Exploring Space, Economy, and Interregional Interaction at a Second-Millennium B.C.E. Citadel in Central Western Anatolia : 2014-2017 Research at Kaymakçı », *American Journal of Archaeology*, 122-4, 2018, p. 649.

2. Harry A. Hoffner et Harold Craig Melchert, *A Grammar of the Hittite Language*, part 1, *Reference Grammar*, Winona Lake, Eisenbrauns, 2008, p. 9-10 ; Ilan Peled, « Eunuchs in Hatti and Assyria : A Reassessment », Lluis Feliu *et al.* (dir.), *Time and History in the Ancient Near East. Proceedings of the 56th Rencontre Assyriologique Internationale at Barcelona, 26-30 Juillet 2010*, Winona Lake, Eisenbrauns, 2013, p. 785-797.

3. Pierre Villard, « L'empire néo-assyrien », *in* Frédéric Hurlet (dir.), *Les Empires. Antiquité et Moyen Âge. Analyse complète*, Rennes, Presses universitaires de Rennes, 2008, p. 15-30 ; Michael Jursa, « Der neubabylonischer Hof », *in* Bruno Jacobs et Robert Rollinger (dir.), *Der Achämenidenhof. The Achaemenid Court*, Akten des 2. Internationalen Kolloquiums zum Thema « Vorderasien im Spannungsfeld klassischer und altorientalischer Überlieferungen », Landgut Castelen bei Basel, 23. – 25. Mai 2007, Wiesbaden, Harrassowitz, 2010, p. 68-106 ; Daniel T. Potts, « Monarchy, Factionalism and Warlordism. Reflections on Neo-Elamite Courts », *in* B. Jacobs et R. Rollinger (dir.), *Der Achämenidenhof...*, *op. cit.*, p. 107-137.

4. Hérodote, I, 34-36, 51, 71, 92.

5. Nicolas de Damas, 90 F 44, 65.

6. Plutarque, *Sur les oracles de la Pythie*, I, 6 (401e).

7. Sur la composition des cours hittite et perse, voir Pierre Briant, *Histoire de l'Empire perse. De Cyrus à Alexandre*, Paris, Fayard, 1996, p. 265-313 ; Trevor Bryce, *Life and Society in the Hittite World*, Oxford, Oxford University Press, 2002, p. 11-31 ; Maria Brosius, « New out of old ? Court and court ceremonies in Achaemenid Persia », *in* Antony J. S. Spawforth (dir.), *The Court and Court Society in Ancient Monarchies*, Cambridge, Cambridge University Press, 2007, p. 17-57.

8. T. Bryce, *Life and Society in the Hittite World, op. cit.*, p. 23 ; M. Brosius, « New out of old ?... », *op. cit.*, p. 30.

9. Ch. H. Roosevelt, *The Archaeology of Lydia..., op. cit.*, p. 77-80.

10. Sur les liens entre Crésus et Solon, Alcméon et Miltiade, lire Alain Duplouy, « L'utilisation de la figure de Crésus dans l'idéologie aristocratique athénienne. Solon, Alcméon, Miltiade et le dernier roi de Lydie », *L'Antiquité classique*, 68, 1999, p. 1-22. Pour cet historien, la figure de Crésus aurait été instrumentalisée à des fins politiques de la part de l'aristocratie athénienne.

11. K. Leloux, « The Battle of the Eclipse... », art. cité, p. 36-37.

12. La présence de Pittacos de Lesbos à Sardes est aussi mentionnée par Diogène Laërce (I, 81).

13. Diogène Laërce, I, 75. Solon se serait également retiré d'Athènes durant dix ans. Ces gestes de Bias et de Solon pourraient être interprétés comme ceux de Sages.

14. Pour l'étude de cet épisode et son implication historique, voir A. Duplouy, « L'utilisation de la figure de Crésus... », art. cité, p. 9-15.

15. Diogène Laërce, I, 62. Voir aussi A. Duplouy, « L'utilisation de la figure de Crésus... », art. cité, 1999, p. 2 ; R. W. Wallace, « Redating Croesus... », art. cité, p. 172.

16. A. Duplouy, « L'utilisation de la figure de Crésus... », art. cité, p. 8 ; Aude Busine, *Les Sept Sages de la Grèce antique. Transmission et utilisation d'un patrimoine légendaire d'Hérodote à Plutarque*, Paris, De Boccard, 2002, p. 11-19 ; Typhaine Haziza, « Les Sept Sages et l'Égypte », *Kentron*, 34, 2018, p. 131.

17. Les *Excerpta de Virtutibus et Vitiis* et les *Excerpta de Insidiis*.

18. Strabon, *Géographie*, livre XIII, chapitre 1, 16. Dans le texte, Strabon peut être abrégé Str.

19. Étienne de Byzance (s.v. Ἀδραμύτειον), citant Aristote, mentionne un Adramys qui passait pour être le frère de Crésus. Mais il semble que cette tradition soit erronée, de même que celle de Dicéarque fai-

sant d'Adramys un Pélasge (Schol. *Il.* VI, 396). K. Leloux, *La Lydie d'Alyatte et Crésus*..., *op. cit.*, p. 102-103.

20. Georges Albert Radet, *La Lydie et le monde grec au temps des Mermnades (687-546)*, Paris, Thorin & fils, 1893, p. 175 ; Ch. H. Roosevelt, *The Archaeology of Lydia*..., *op. cit.*, p. 74.

21. Clara Talamo, *La Lidia arcaica. Tradizioni genealogiche ed evoluzione istituzionale*, Bologne, Pàtron editore, 1979, p. 95 et 147 ; Lene Rubinstein, « Aiolis and South-Western Mysia », *in* M. H. Hansen et Th. H. Nielsen (dir.), *An Inventory of Archaic and Classical Poleis*..., *op. cit.*, p. 1038.

22. Ch. H. Roosevelt, *The Archaeology of Lydia*..., *op. cit.*, p. 83-88.

23. Xenophilos, *FGrH* 767 F1.

24. Pour les Perses, voir P. Briant, *Histoire de l'Empire perse*, *op. cit.*, p. 535-538. Pour les Hittites, voir Gary Beckman, *Hittite Diplomatic Texts*, Atlanta, Scholars Press, 1986, p. 13-31 ; et T. Bryce, *Life and Society in the Hittite World*, *op. cit.*, p. 18-23.

25. Aristophane, *Les Acharniens*, v. 431.

26. Jacques Freu et Michel Mazoyer, *Le Déclin et la chute du nouvel Empire hittite. Les Hittites et leur histoire*, Paris, L'Harmattan, 2013, p. 23-24.

27. Cyrus II choisit Cambyse comme successeur et confia un domaine à Smerdis/Bardiya. Hérodote, III, 30 et Xénophon, *Cyropédie*, VIII, 7, 6-28.

28. Plutarque, *Sur les oracles de la Pythie*, I, 6 (401e).

29. Sarah P. Morris, « Potnia Aswiya : Anatolian Contributions to Greek Religion », *in* Robert Laffineur et Robin Hägg (dir.), *POTNIA. Deities and Religion in the Aegean Bronze Age*, Proceedings of the 8th International Aegean Conference Göteborg, Göteborg University, 12-15 April 2000, Liège / Austin, 2001, p. 429-430.

30. Hérodote, I, 92 et Plutarque, *De la malignité d'Hérodote*, I, 8 (858e).

31. Pour la chronologie des rois mermnades, voir entre autres les travaux de Georges Albert Radet, *La Lydie et le monde grec*..., *op. cit.*, p. 140-146 ; Hans Kaletsch, « Zur lydischen Chronologie », *Historia*, 7-1, 1958, p. 1-47 ; A. I. Ivantchik, *Les Cimmériens au Proche-Orient*, *op. cit.*, p. 105, 114.

32. G. A. Radet, *La Lydie et le monde grec*..., *op. cit.*, p. 196 ; Mario Lombardo, « Osservazioni Cronologiche e Storiche sul Regno di Sadiatte », *Annali della Scuola Normale Superiore di Pisa. Classe di Lettere e Filosofia*, série III, 10-2, 1980, p. 322.

33. Jack Martin Balcer, *Sparda by the Bitter Sea. Imperial Interaction in Western Anatolia*, Chico, Scholars Press, 1984, p. 52.

34. Les campagnes entreprises par Crésus, au lendemain de son accession au trône, contre les cités d'Éphèse et de Sidène ressemblent fort à des campagnes de représailles. La campagne de Crésus contre Sidène nous est transmise par Strabon, XIII, 1, 42.

35. Santo Mazzarino, *Fra oriente e occidente. Ricerche di storia greco arcaica*, Firenze, La Nuova Italia, 1947, p. 179-185 ; Nicolas de Damas, *Histoires. Recueil de coutumes. Vie d'Auguste. Autobiographie*, texte édité et traduit par Édith Parmentier et Francesca Prometea Barone, Paris, Les Belles Lettres, 2011, p. 118-119.

36. George M. A. Hanfmann et Olivier Masson, « Carian inscriptions from Sardis and Stratonikeia », *Kadmos*, 6, 1967, p. 123-134 ; C. Talamo, *La Lidia arcaica…*, *op. cit.*, p. 139 *sq.*

37. G. A. Radet, *La Lydie et le monde grec…*, *op. cit.*, p. 77 ; S. Mazzarino, *Fra oriente e occidente…*, *op. cit.*, p. 78-182 ; M. Lombardo, « Osservazioni Cronologiche e Storiche… », art. cité ; O. Carruba, « Λυδικὴ ἀρχαιολογία… », *op. cit.*, p. 153-155.

38. John Michael Kearns, « A Lydian Etymology for the name of Croesus », *in* Dorothy Disterheft *et al.* (dir.), *Studies in Honor of Jaan Puhvel*, Washington D.C., Institute for the Study of Man, 1997, p. 23-28 ; O. Carruba, « Λυδικὴ ἀρχαιολογία… », *op. cit.*, p. 153-155 ; Dieter Schürr, « Sardes, Spelmos, Krösus und λαίλας im Lydischen », *Philia*, V, 2019, p. 79.

39. O. Carruba, « Λυδικὴ ἀρχαιολογία… », *op. cit.*, p. 153-155 ; Stephen Dunford, « Peoples and Maps – Nomenclature and Definitions », *in* Alice Mouton, Ian Rutherford et Ilya Yakubovich, *Luwian Identities. Culture, Language and Religion Between Anatolia and the Aegean*, Leyde / Boston, Brill, 2013, p. 66.

40. Robert W. Wallace, « Walwe and Kali », *Journal of Hellenic Studies*, 108, 1988, p. 206 ; O. Carruba, « Λυδικὴ ἀρχαιολογία… », *op. cit.*, p. 158 ; Ilya S. Yakubovich, *Sociolinguistics of the Luwian Language*, vol. 1, thèse de doctorat en Philosophie, inédit, université de Chicago, 2008, p. 109-118 ; D. Schürr, « Sardes, Spelmos, Krösus… », art. cité, p. 79.

41. Les rois lydiens devaient probablement, tout comme les Hittites, nommer leurs enfants (nom familial) peu après leur naissance. Pour le choix du nom chez les Hittites, voir Harry A. Hoffner Jr., « Birth and Name-Giving in Hittite Texts », *Journal of Near Eastern Studies*, 27-3, 1968, p. 198-203.

42. Plutarque, *Sur les oracles de la Pythie*, I, 6 (401e).

43. Herbert W. Parke, « Croesus and Delphi », *Greek Roman and Byzantine Studies*, 25, 1984, p. 219-220 ; Philip Kaplan, « Dedication to Greek Sanctuaries by Foreign Kings in the Eighth through Sixth Centuries BCE », *Historia*, 55-2, 2006, p. 142-143.

44. Hérodote, I, 92 ; Plutarque, *De la malignité d'Hérodote*, I, 8 (858e) ; Nicolas de Damas, 90 F 65.

2
Le maître de l'Anatolie

1. Crawford H. Greenewalt, « Horsemanship », *in* N. D. Cahill (dir.), *Lidyalılar ve Dünyaları…*, *op. cit.*, p. 217.

2. Ch. H. Roosevelt, *The Archaeology of Lydia…*, *op. cit.*, p. 63-113 ; Nicholas D. Cahill, « Mapping Sardis », *in* N. D. Cahill (dir.), *Love for Lydia. A Sardis Anniversary Volume Presented to Crawford H. Greenewalt, Jr.*, Cambridge (MA) / Londres, Harvard University Press, 2008, p. 116.

3. Xénophon, *Cyropédie*, VIII, 8, 20.

4. P. Briant, *Histoire de l'Empire perse*, *op. cit.*, p. 416-417.

5. Voir Muhammad Dandamaev, *A Political History of the Achaemenid Empire*, translated into English by W. J. Vogelsang, Leyde / New York, Brill, 1989, p. 193-195.

6. A. I. Ivantchik, *Les Cimmériens au Proche-Orient*, *op. cit.*, p. 95-127 ; *Id.*, « Un choc de civilisations au VIIe siècle : les invasions des Cimmériens et des Scythes au Proche-Orient et les origines de la culture scythe », *in* Roland Étienne (dir.), *La Méditerranée au VIIe siècle av. J.-C. (essais d'analyses archéologiques)*, Paris, De Boccard, 2010, p. 38-49.

7. A. I. Ivantchik, *Les Cimmériens au Proche-Orient*, *op. cit.*, p. 105-107 ; *Id.*, « Un choc de civilisations au VIIe siècle… », *op. cit.*, p. 47 ; Suzanne Berndt-Ersöz, « The Chronology and Historical Context of Midas », *Historia*, 57-1, 2008, p. 26-27.

8. J. P. Crielaard, « The Ionians in the Archaic period… », *op. cit.*, p. 70 ; A. M. Greaves, *The Land of Ionia…*, *op. cit.*, p. 219-221 ; O. Mariaud, « Châtiments de villes… », *op. cit.*, p. 245.

9. Mustafa Büyükkolancı, « Apaša, das alte Ephesos und Ayasoluk », *in* Justus Cobet *et al.* (dir.), *Frühes Ionien : eine Bestandsaufnahme.*

Panionion-Symposion Güzelçamlı 26. September – 1. Oktober 1999, Mayence, Filip von Zabern, 2007, p. 21-26 ; Michael Kerschner, « Neue Forschungen zu den Befestigungen von Ephesos in archaischer und klassischer Zeit : Archäologischer Befund und Schriftquellen », *in* Rune Frederiksen, Silke Muth, Peter Schneider et Mike Schnelle (dir.), *Focus on Fortification. New Research on Fortifications in the Ancient Mediterranean and the Near East*, Oxford / Philadelphie, Oxbow, 2016, p. 341-348.

10. R. W. Wallace, « Redating Croesus... », art. cité, p. 171 ; M. Kerschner, « Neue Forschungen... », *op. cit.*, p. 344 ; Kevin Leloux, « The Campaign of Croesus Against Ephesus : Historical & Archaeological Considerations », *Polemos*, 21-2, 2018, p. 47-63.

11. Hérodote, I, 26 ; Strabon, XIV, 1, 37. Pour l'archéologie, voir John Manuel Cook, « On the Date of Alyattes' Sack of Smyrna », art. cité, p. 25-28.

12. E. R. M. Dusinberre, *Aspects of Empire...*, *op. cit.*, p. 229-230 : inscriptions B. 23 ; F. 23 ; B. 24 ; F. 24 ; Michael Kerschner, « Das Artemision von Ephesos in geometrischer und archaischer Zeit. Die Anfänge des Heiligtums und sein Aufstieg zu einem Kultzentrum von überregionaler Bedeutung », *in* Tobias Georges (dir.), *Ephesos. Die antike Metropole im Spannungsfeld von Religion und Bildung*, Tübingen, Mohr Siebeck, 2017, p. 53-55.

13. Ulrich Muss, « Zur Geschichte des Artemisions », *in* Ulrich Muss (dir.), *Die Archäologie der ephesischen Artemis. Gestalt und Ritual eines Heiligtums*, Vienne, Phoibos, 2008, p. 49 ; M. Kerschner, « Neue Forschungen... », *op. cit.*, p. 345-346.

14. Aenne Ohnesorg, *Der Kroisos-Tempel. Neue Forschungen zum Archaischen Dipteros der Artemis von Ephesos*, Vienne, Verlag der österreichischen Akademie der Wissenschaften, 2007, p. 128.

15. Michael Kerschner, « The Lydians and their Ionian and Aiolian Neighbours », *in* N. D. Cahill (dir.), *Lidyalılar ve Dünyaları...*, *op. cit.*, p. 257 ; *Id.*, « Das Artemision von Ephesos... », *op. cit.*, p. 57-59.

16. Londres, British Museum, B 16 et B 136 ; William H. Buckler, *Lydian Inscriptions. Part II : A Collection of the texts in Lydian script found at Sardis and elsewhere*, Leyde, Brill, 1924, p. 65-66 ; Roberto Gusmani, *Lydisches Wörtenbuch. Mit grammatischer Skizze und Inschriftensammlung*, Heidelberg, Carl Winter, 1964, p. 133-134 ; M. Kerschner, « The Lydians and their Ionian and Aiolian Neighbours », *op. cit.*, p. 256-257.

17. Baptiste Vergnaud, *Recherche sur les fortifications d'Anatolie occidentale et centrale au début du premier millénaire av.* J.-C. (*x*[e]-*vi*[e] *s.*),

t. I, *Texte*, thèse de doctorat en « Histoire, Langues et Littérature ancienne », université Michel de Montaigne – Bordeaux 3, inédit, 2012, p. 165-255 ; M. Kerschner, « Neue Forschungen… », *op. cit.*, p. 348.

18. K. Leloux, « The Campaign of Croesus… », art. cité, p. 58-59.

19. M. Kerschner, « Das Artemision von Ephesos… », *op. cit.*, p. 4-6.

20. K. Leloux, « The Campaign of Croesus… », art. cité, p. 59.

21. Ch. H. Roosevelt, « Lydia Before the Lydians », *op. cit.*, p. 37-74.

22. G. A. Radet, *La Lydie et le monde grec…*, *op. cit.*, p. 172 ; J. M. Balcer, *Sparda by the Bitter Sea…*, *op. cit.*, p. 45 ; M. Kerschner, « The Lydians and their Ionian and Aiolian Neighbours », *op. cit.*, p. 252-258.

23. M. Kerschner, « The Lydians and their Ionian and Aiolian Neighbours », *op. cit.*, p. 252-258.

24. Vanessa B. Gorman, *Miletos, the Ornament of Ionia. A History of the City to 400 B.C.E.*, Ann Arbor, University of Michigan Press, 2001, p. 122 ; A. M. Greaves, *The Land of Ionia…*, *op. cit.*, p. 110, 155.

25. Voir l'Introduction.

26. Alan M. Greaves, *Miletos. A History*, Londres, Routledge, 2002, p. 96-98.

27. Plutarque, *Étiologies grecques*, 32 (298 C-D).

28. V. B. Gorman, *Miletos, the Ornament of Ionia…*, *op. cit.*, p. 112-116 ; A. M. Greaves, *Miletos…*, *op. cit.*, p. 98.

29. Gabriel Herman, *Ritualised Friendship and the Greek City*, Cambridge, Cambridge University Press, 1987, p. 30 ; V. B. Gorman, *Miletos, the Ornament of Ionia…*, *op. cit.*, p. 123-124.

30. A. M. Greaves, *Miletos…*, *op. cit.*, p. 110.

31. Peut-être en consultant Hécatée de Milet qui avait eu l'opportunité de contempler le trésor avant le saccage des lieux par les troupes de Darius en 494 av. J.-C. A. M. Greaves, *Miletos…*, *op. cit.*, p. 92.

32. François de Polignac, « Quelques réflexions sur les échanges symboliques autour de l'offrande », *in* Clarisse Prêtre (dir.), *Le Donateur, l'Offrande et la Déesse*, Liège, Presses universitaires de Liège, 2009, p. 23-31.

33. Hérodote, I, 14 ; Mimnerme, F 14 ; Pausanias, IV, 21, 5 et Plutarque, *Parallèles mineurs*, 30 (= 312E-313A).

34. Voir J. M. Cook, « Old Smyrna… », art. cité, p. 1-34 ; *Id.*, « On the Date of Alyattes' Sack of Smyrna », art. cité, p. 25-28 ; Meral

Akurgal, « The Archaic Period Wall of Smyrna », *in* Barbara Brandt *et al.*, *Synergia. Festschrift für Friedrich Krinzinger*, Band II, Vienne, Phoibos, 2005, p. 83-88 ; *Id.*, « Alt-Smyrna », *in* Wolfgang Radt (dir.), *Stadtgrabungen und Stadtforschung im westlichen Kleinasien : Geplantes und Erreichtes*, Internationales Symposion 6./7. August 2004 in Bergama (Türkei), Istanbul, Yayinlari, 2006, p. 373-382 ; *Id.*, « Hellenic Architecture in Smyrna 650-546 B.C. », *in* Justus Cobet *et al.* (dir.), *Frühes Ionien...*, *op. cit.*, p. 125-136 ; B. Vergnaud, *Recherche sur les fortifications...*, *op. cit.*, p. 120.

35. Mentionnée par Pausanias, V, 13, 7. Voir aussi Meral Akurgal, « Hellenic Architecture in Smyrna 650-546 B.C. », *in* Justus Cobet *et al.* (dir.), *Frühes Ionien...*, *op. cit.*, p. 135.

36. Voir l'Introduction. Hérodote, I, 14 ; Polyen, VII, 2, 2.

37. J. M. Cook, « Old Smyrna... », art. cité, p. 25.

38. Yaşar Ersöy et Elif Koparal, « Klazomenai Khorası ve Teos Sur İçi Yerleşim Yüzey Araştırması 2006 Yılı Çalışmaları », *Araştırma Sonuçları Toplantısı*, 25-3, 2008, p. 26 ; M. Kerschner, « The Lydians and their Ionian and Aiolian Neighbours », *op. cit.*, p. 256.

39. Des amphores provenant de Clazomènes ont été retrouvées en mer Noire et dans le bassin égéen. Voir Y. Ersöy et E. Koparal, « Klazomenai Khorası... », art. cité, p. 26. Pour le rôle de Clazomènes à Naucratis, voir notamment Alain Bresson, « Rhodes, l'Hellénion et le statut de Naucratis (VIe-IVe siècles a.C.) », *Dialogues d'histoire ancienne*, 6, 1980, p. 291-349.

40. Y. Ersöy et E. Koparal, « Klazomenai Khorası... », art. cité, p. 27.

41. Ph. Kaplan, « Dedication to Greek Sanctuaries... », art. cité, p. 138-148.

42. Ch. Pelling, « Educating Croesus... », art. cité, p. 141-177 ; Robert W. Wallace, « Charismatic Leaders », *in* Kurt A. Raaflaub et Hans Van Wees (dir.), *A Companion to Archaic Greece*, Chichester, Wiley-Blackwell, 2009, p. 411-426.

43. John Boardman, *The Greeks Overseas. Their Early Colonies and Trade*, Londres, Thames & Hudson, 1999 [1re édition en 1964], p. 121-125 ; Alexander Fantalkin, « Naukratis as a contact zone : Revealing the Lydian connection », *in* Robert Rollinger et Kordula Schnegg (dir.), *Kulturkontakte in Antiken Welten, vom Denkmodell zum Fallbeispiel*, Proceedings des internationalen Kolloqiums aus Anlass des 60. Gebuststages von Christoph Ulf, Innsbruck, 26. bis 30. Januar 2009, Louvain / Paris / Walpole, Peeters, 2014, p. 39.

44. A. Fantalkin, « Naukratis as a contact zone... », *op. cit.*, p. 43.

45. E. R. M. Dusinberre, *Aspects of Empire...*, *op. cit.*, p. 21-23 ; Ch. H. Roosevelt, *The Archaeology of Lydia...*, *op. cit.*, p. 49-58 ; A. M. Greaves, *The Land of Ionia...*, *op. cit.*, p. 72-84.

46. Christopher Ratté, « The Carians and the Lydians », *in* Frank Rumscheid (dir.), *Die Karer und die Anderen*, Internationales Kolloquium an der Freien Universität Berlin 13. bis 15. Oktober 2005, Bonn, Habelt, 2009, p. 137, note 5.

47. Plutarque, *Étiologies grecques*, 45 (302a).

48. Olivier Henry, *Tombes de Carie. Architecture funéraire et culture carienne, VIe-IIe siècle av. J.-C.*, Rennes, Presses universitaires de Rennes, 2009, p. 19 ; B. Vergnaud, *Recherche sur les fortifications...*, *op. cit.*, p. 50-61.

49. Ch. H. Roosevelt, *The Archaeology of Lydia...*, *op. cit.*, p. 86-87 ; Alexander Herda, « Greek (and our) Views on the Karians », *in* A. Mouton, I. Rutherford et I. Yakubovich (dir.), *Luwian Identities...*, *op. cit.*, p. 458.

50. Ch. Ratté, « The Carians and the Lydians », *op. cit.*, p. 138 ; Ch. H. Roosevelt, *The Archaeology of Lydia...*, *op. cit.*, p. 86-87 ; A. Herda, « Greek (and our) Views on the Karians », *op. cit.*, p. 453-458.

51. Michael Kerschner et Walter Prochaska, « Die Tempel und Altäre der Artemis in Ephesos und ihre Baumaterialien », *Jahreshefte des österreichischen Archäologischen Institutes in Wien*, 80, 2011, p. 126-127 ; A. Herda, « Greek (and our) Views on the Karians », *op. cit.*, p. 445.

52. Alain Bresson, « Les Cariens et la mauvaise conscience du Barbare », *in* Gianpaolo Urso (dir.), *Tra Oriente e Occidente. Indigeni, Greci e Romani in Asia Minore* (Atti del convegno internazionale, Cividale del Friuli, settembre 2006), Pise, ETS, 2007, p. 212.

53. Ch. Ratté, « The Carians and the Lydians », *op. cit.*, p. 140 ; Naoise Mac Sweeney, *Community Identity & Archaeology. Dynamic Communities at Aphrodisias and Beycesultan*, Ann Arbor, University of Michigan Press, 2011, p. 88, 175-176.

54. Ch. Ratté, « The Carians and the Lydians », *op. cit.*, p. 144-145.

55. Voir le chapitre 1.

56. G. A. Radet, *La Lydie et le monde grec...*, *op. cit.*, p. 108 ; J. M. Balcer, *Sparda by the Bitter Sea...*, *op. cit.*, p. 39 et 83 ; Ch. H. Roosevelt, *The Archaeology of Lydia...*, *op. cit.*, p. 40.

57. Voir L. Rubinstein, « Aiolis and South-Western Mysia », *op. cit.*, p. 1044 ; Antonio La Marca et Stefania Mancuso, *Catalogo*

della Mostra Fotografica, Scavi archeologici itialani a Kyme d'Eolide (Turchia), MAIKE, Rende, Centro Editoriale e Libraria, 2013.

58. Ch. H. Roosevelt, *The Archaeology of Lydia*..., *op. cit.*, p. 259. Sur cette inscription, voir Roberto Gusmani, « Zur Lesung der lydischen Inschrift aus Pergamon », *Kadmos*, 25-2, 1986, p. 155-161.

59. G. A. Radet, *La Lydie et le monde grec*..., *op. cit.*, p. 213 ; B. Vergnaud, *Recherche sur les fortifications*..., *op. cit.*, p. 289 ; Charles Brian Rose, *The Archaeology of Greek and Roman Troy*, Cambridge, Cambridge University Press, 2013, p. 52.

60. Ch. B. Rose, *The Archaeology of Greek and Roman Troy*, *op. cit.*, p. 53-59.

61. Stephen Mitchell, « Troas », *in* M. H. Hansen et Th. H. Nielsen (dir.), *An Inventory of Archaic and Classical Poleis*..., *op. cit.*, p. 1000.

62. B. Vergnaud, *Recherche sur les fortifications*..., *op. cit.*, p. 295-296.

63. Toujours à lire Strabon (XIV, 5, 28), les Mermnades devaient tirer profit des gisements aurifères d'Astyra, à proximité d'Abydos. Mais cette hypothèse n'est fondée que sur le témoignage du géographe qui mentionne la présence de mines d'or dans cette zone (celles-ci étaient la source des richesses du roi Priam) et le fait que Gygès était le maître de toute la Troade (Str., XIII, 1, 22). Rien ne prouve archéologiquement que les Lydiens tiraient réellement profit des sources de métal précieux d'Astyra de Troade mais, selon Strabon encore (XIV, 5, 28), il est vraisemblable que les Mermnades pouvaient avoir montré quelque intérêt pour cette source de minerai tout comme ils le feront à Atarnée, Pergame et sur le Tmole en Éolide et en Lydie.

64. Charles Brian Rose, « Separating Fact from Fiction in the Aiolian Migration », *Hesperia*, 77-3, 2008, p. 415.

65. Michael M. Austin, « Greek Tyrants and the Persians, 546-479 B.C. », *The Classical Quarterly*, 40-2, 1990, p. 295 ; A. Duplouy, « L'utilisation de la figure de Crésus... », art. cité, p. 20 (et note 46).

66. Il semble que plusieurs personnages dans les sources assyriennes et hittites étaient prénommés « Midas », qui paraît avoir été un nom dynastique. Voir Suzanne Berndt-Ersöz, « The Chronology and Historical Context of Midas », *Historia*, 57-1, 2008, p. 1-2.

67. Voir Strabon, I, 3, 21 et Plutarque, *De la superstition*, 8.

68. A. I. Ivantchik, *Les Cimmériens au Proche-Orient*, *op. cit.*, p. 105-107.

69. Charles Brian Rose, « Introduction : The Archaeology of Phrygian Gordion », *in* Charles B. Rose (dir.), *The Archaeology of Phrygian Gordion, Royal City of Midas*, Philadelphie, University of Pennsylvania Press, 2012, p. 16 ; Anastasia Amrhein *et al.*, « The Interaction of Empires », *in* Charles Brian Rose et Garreth Darbyshire, *The Golden Age of King Midas. Exhibition Catalogue*, Philadelphie, University of Pennsylvania Museum, 2016, p. 19-21.

70. B. Vergnaud, *Recherche sur les fortifications…, op. cit.*, p. 32, 252 et 285-296.

71. Suzanne Berndt-Ersöz, *Phrygian rock-cut shrines, structure, function, and cult practice*, Leyde / Boston, Brill, 2006, p. 91 ; *Id.*, « Sacred Space in Iron Age Phrygia », *in* C. Gates, J. Morin et T. Zimmermann (dir.), *Sacred Landscape in Anatolia and Neighboring Regions*, Oxford, Archeopress, 2009, p. 15-17.

72. Claude Brixhe et Michel Lejeune, *Corpus des inscriptions paléophrygiennes*, Paris, Recherches sur les civilisations ADPF, 1984, p. 6-9.

73. Fred Woudhuizen, « Phrygian & Greek », *Talanta*, 40-41, 2008-2009, p. 192-194.

74. C. Brixhe et M. Lejeune, *Corpus des inscriptions paléophrygiennes, op. cit.*, p. 6-9 ; S. Berndt-Ersöz, *Phrygian rock-cut shrines…, op. cit.*, p. 72 ; F. Woudhuizen, « Phrygian & Greek », art. cité, p. 192-194.

75. C. Brixhe et M. Lejeune, *Corpus des inscriptions paléophrygiennes, op. cit.*, p. 8.

76. S. Berndt-Ersöz, *Phrygian rock-cut shrines…, op. cit.*, p. 75 et 84. Il est à noter que Crésus, selon la liste établie par Hérodote (I, 46), ne consulta pas cet oracle avant sa guerre contre les Perses.

77. S. Berndt-Ersöz, « Sacred Space in Iron Age Phrygia », *op. cit.*, p. 15.

78. Gary M. Beckman, « Inheritance and Royal Succession among the Hittites », *in* Harry A. Hoffner Jr. et Gary M. Beckman (dir.), *Kanišŝuwar. A tribute to Hans G. Güterbock on His Seventy-fifth Birthday, May 27, 1983*, Chicago, The Oriental Institute of the University of Chicago, 1986, p. 13-31 ; Trevor Bryce, *The Kingdom of the Hittites*, Oxford, Oxford University Press, 1988, p. 51 ; *Id.*, *Life and Society in the Hittite World, op. cit.*, p. 9 ; Dominique Charpin, *« Tu es de mon sang ». Les alliances dans le Proche-Orient ancien*, Paris, Les Belles Lettres, 2019, p. 245-255.

79. Donald J. Wiseman, « Babylonia 605-539 B.C. », *in* John Boardman, Iorwerth E. S. Edwards, Nicholas G. L. Hammond, Edmond

Sollberger et Christopher B. F. Walker (dir.), *The Cambridge Ancient History*, III-2, *The Assyrian and Babylonian Empires and other States of the Near East, from the Eighth to the Sixth Centuries B.C.*, Cambridge, Cambridge University Press, 1991, p. 235 ; Antony G. Keen, *Dynastic Lycia. A Political History of the Lycians and their Relations with Foreign Powers* C. *545-362 B.C.*, Leyde / Boston / Cologne, Brill, 1998, p. 31-32 ; Ch. H. Roosevelt, « Iron Age Western Anatolia... », *op. cit.*, p. 907.

3
Le roi diplomate

1. John G. Pedley, *Ancient Literary Sources on Sardis*, Cambridge (MA), Harvard University Press, 1972, p. 82-83 ; J. Novotny et J. Jeffers (éd. et trad.), *The Royal Inscriptions of Ashurbanipal, op. cit.*, RINAP 5/1 11, col. II, l. 114-115.

2. National Aeronautics and Space Administration, *NASA Eclipse Web Site*, en ligne : eclipse.gsfc.nasa.gov/SEsearch/SEsearchmap.php?Ecl=-05840528.

3. G. A. Radet, *La Lydie et le monde grec..., op. cit.*, p. 201-203 ; Ch. H. Roosevelt, *The Archaeology of Lydia..., op. cit.*, p. 25-26 ; K. Leloux, « The Battle of the Eclipse... », art. cité.

4. K. Leloux, « The Battle of the Eclipse... », art. cité, p. 38.

5. Tout comme les éclipses ayant lieu en même temps que le sacrifice de Cléombrote (Hdt., IX, 16) ou le départ de Xerxès (Hdt., VII, 37).

6. K. Leloux, « The Battle of the Eclipse... », art. cité, p. 38.

7. *Ibid.*, p. 40 ; D. Charpin, « *Tu es de mon sang* »..., *op. cit.*, p. 203-234.

8. Maria Intrieri, « *Philoi kai xeinoi*. Sui rapporti fra tiranni e *basileis* in Erodoto », *in* Maria Caccamo Caltabiano, Carmela Raccuia, Elena Santagati (dir.), *Tyrannis, Basileia, Imperium : forme, prassi e simboli del potere politico nel mondo greco e romano. Atti delle Giornate seminariali in onore di S. Nerina Consolo Langher, Messina, 17-19 dicembre 2007. Pelorias, 18*. Messina, Dipartimento di Scienze dell'Antichità dell'Università degli Studi di Messina, 2010, p. 138-139.

9. Le nombre 12 renvoie à l'idée de « totalité », de « groupe entier » : cf. dodécapole ionienne, dodécapole éolienne, les douze

principats d'Égypte (Hérodote, II, 147), les douze peuples fondateurs de l'amphictionie de Delphes, etc.). Sur la symbolique du nombre 12, voir Gabriel Germain, *La Mystique des nombres dans l'épopée homérique et sa préhistoire*, Paris, Puf, p. 54-56 ; Detlev Fehling, *Herodotus and His « Sources ». Citation, Invention and Narrative Art*, traduit de l'allemand par J. G. Howie, Leeds, F. Cairns, 1989, p. 231-232.

10. Édouard Delebecque, *Essai sur la vie de Xénophon*, Paris, Klincksieck, 1957, p. 402 ; John Kinloch Anderson, *Xenophon*, Londres, Paperbacks, 2008, p. 146-162 ; Vincent Azoulay, *Xénophon et les grâces du pouvoir. De la charis au charisme*, Paris, Publications de la Sorbonne, 2004, p. 202.

11. É. Delebecque, *Essai sur la vie de Xénophon*, *ibid.*, p. 393 et 403-404 ; John Kinloch Anderson, *Military Theory and Practice in the Age of Xenophon*, Berkeley / Los Angeles, University of California Press, 1970, p. 165-170.

12. Roland Crahay, *La Littérature oraculaire chez Hérodote*, Paris, Les Belles Lettres, 1956, p. 195.

13. Frédéric Colin, « Les fondateurs du sanctuaire d'Amon à Siwa (désert Libyque) Autour d'un bronze de donation inédit », *in* Willy Clarisse *et al.* (dir.), *Egyptian Religion. The Last Thousand Years*, t. I, *Studies dedicated to the Memory of Jan Quaegebeur*, Louvain, Peeters, 1998, p. 329-354.

14. Andrey O. Bolshakov, « Persians and Egyptians : Cooperation in Vandalism ? », *in* Sue H. D'Auria (dir.), *Offerings to the Discerning Eye. An Egyptological Medley in Honor of Jack A. Josephson*, Leyde / Boston, 2010, p. 45-53.

15. Sur la *xénia* en général, voir G. Herman, *Ritualised Friendship…*, *op. cit.* ; Adalberto Giovannini, *Les Relations internationales entre États dans la Grèce antique du temps d'Homère à l'intervention romaine (ca. 700-200 av. J.-C.)*, Stuttgart, Franz Steiner, 2007, p. 241-244 ; Philip Kaplan, « The Ring of Polycrates : friendship and alliance in the East Mediterranean », *Journal of Ancient History*, 4-2, 2016, p. 143.

16. Ph. Kaplan, « The Ring of Polycrates… », art. cité, p. 148.

17. *Ibid.*, p. 148. Sur les traités inégalitaires dans le Proche-Orient ancien, voir D. Charpin, *« Tu es de mon sang »…*, *op. cit.*, p. 135-137.

18. C'est probablement pour les mêmes raisons qu'Amasis a envoyé des offrandes au sanctuaire d'Athéna de Lindos à Rhodes. A. Bresson, « Rhodes, l'Hellénion et le statut de Naucratis… », art. cité, p. 308-310 ; Claude Baurain, *Les Grecs et la Méditerranée orien-*

tale. Des siècles obscurs à la fin de l'époque archaïque, Paris, Puf, 1997, p. 304 ; Damien Agut-Labordère, « Plus que des mercenaires ! L'intégration des hommes de guerre grecs au service de la monarchie saïte », *Pallas*, 89, 2012, p. 353-373 ; Bérangère Redon, « L'identité grecque de Naucratis. Enquête sur la fabrication de la mémoire d'une cité grecque du Delta égyptien aux époques hellénistique et romaine », *Revue des études grecques*, 125-1, 2012, p. 55-93.

19. Ph. Kaplan, « The Ring of Polycrates... », art. cité, p. 149-150 ; Kevin Leloux, « Les alliances lydo-égyptienne et lydo-babylonienne », *Gephyra*, 22, 2021, p. 190-191, à la manière des traités néo-assyriens. Voir D. Charpin, *« Tu es de mon sang »*..., *op. cit.*, p. 245-255.

20. Hérodote, II, 180 ; Pausanias, X, 5, 13.

21. Selon Hérodote (I, 77), Crésus appelle ses alliés à l'aide, non pas afin de mener à bien sa campagne en Anatolie, mais seulement afin de lui prêter main-forte une fois de retour à Sardes. Sur les alliances défensives au Proche-Orient ancien, voir D. Charpin, *« Tu es de mon sang »*..., *op. cit.*, p. 154.

22. Ph. Kaplan, « The Ring of Polycrates... », art. cité, p. 141-142 ; D. Charpin, *« Tu es de mon sang »*..., *op. cit.*, p. 141-158 et 163-167 ; K. Leloux, « Les alliances lydo-égyptienne et lydo-babylonienne », art. cité, p. 191.

23. A. Fantalkin, « Naukratis as a contact zone... », *op. cit.*, p. 43-44. Selon Diodore de Sicile (I, 68) le prédécesseur d'Amasis, Apriès, avait vaincu les Phéniciens et Chypriotes au cours d'un combat naval. L'intérêt des pharaons pour Chypre s'inscrit dans cette volonté de dominer la Méditerranée orientale. Claire Balandier, « L'Égypte, Chypre et la route de Péluse à Gaza : approche micro-régionale des politiques stratégiques des derniers souverains égyptiens et achéménides (610-332 av. J.-C.) », *in* Demetrios Michaelides *et al.* (dir.), *Egypt and Cyprus in Antiquiy*, Oxford, Oxford Books, 2009, p. 78-96.

24. P. Briant, *Histoire de l'Empire perse*, *op. cit.*, p. 33, 54-58 ; Jean Winand, *Une histoire personnelle des pharaons*, Paris, Puf, 2017, p. 315-350 ; Josette Elayi, *Histoire de la Phénicie*, Paris, Perrin, 2018, p. 283-310.

25. J. Elayi, *Histoire de la Phénicie*, *ibid.*, p. 311-322.

26. D. J. Wiseman, « Babylonia 605-539 B.C. », *op. cit.*, p. 235 ; Francis Joannès, « L'Asie Mineure méridionale d'après la documentation cunéiforme d'époque néo-babylonienne », *Anatolia Antiqua. Eski Anadolu*, 1, 1991, p. 262-266.

27. D. Charpin, *« Tu es de mon sang »*..., *op. cit.*, p. 163-167.

28. Sur les clauses de fidélité politique, voir *ibid.*, p. 142-154.

29. *Ibid.*, p. 203-234.

30. Les fouilles archéologiques n'ayant révélé, à ce jour, aucune trace de contacts diplomatiques entre la Lydie et l'Égypte. D. Charpin, « *Tu es de mon sang* »..., *op. cit.*, p. 21-45. Par ailleurs, Hérodote ne mentionne pas cette alliance lorsqu'il relate le règne d'Amasis dans son *Enquête* ; Hérodote, II, 162-182.

31. Voir J. K. Anderson, *Military Theory and Practice...*, *op. cit.*, p. 170-171 ; Xénophon, *Cyropédie*, t. I, *Livres I et II*, texte établi et traduit par Marcel Bizos, Paris, Les Belles Lettres, 1971, p. VIII ; P. Briant, *Histoire de l'Empire perse*, *op. cit.*, p. 42-55.

32. Pour la *Chronique de Nabonide* (ABC 7), l'édition ainsi que la traduction de Jean-Jacques Glassner, *Mesopotamian Chronicles*, Atlanta, Society of Biblical Literature, 2004 a été utilisée. Pour les inscriptions de Harrān, l'édition et la traduction de Hanspeter Schaudig, *Die Inschriften Nabonids von Babylon und Kyros' des Großen, samt den in ihren Umfeld entstandenen Tendenzschriften. Textausgabe und Grammatik*, Munster, Ugarit, 2001 a été exploitée.

33. En témoigne notamment la mention du traité d'amitié et de paix (*ṭūbtu u sulummû*) conclu en 614-613 av. J.-C. entre le roi des Mèdes Kyaxare et Nabopolassar, le roi de Babylone, lors de leur campagne commune contre la cité de Ninive. *Chronique de la chute de Ninive* (ABC 3), l. 29 ; *Assyrian and Babylonian Chronicles*, text, translation and commentary by Albert Kirk Grayson, New York, J. J. Augustin, 1975, p. 93 et *Mesopotamian Chronicles*, *op. cit.*, p. 218-225. On trouve aussi la mention de tels accords dans la *Chronique d'Histoire synchronique* (ABC 21), col. II, l. 1 ; col. III, l. 18.

34. H. Schaudig, *Die Inschriften...*, *op. cit.*, txt. 3.1, col. I, l. 38-44. Traduction française basée sur la traduction allemande : « Auf das Wort Sîns und Ištars, der Herrin der Schlacht, ohne die Feindschaft und Friedensschluß im Lande nicht entstehen und die Waffen nicht geführt werden – sie streckte ihre Hand über sie aus, damit die Könige vom Lande Ägypten, vom L[and der Med]er, vom Land der Ar[aber und] die Gesamtheit der fei[nd]lichen Könige z[u] Friedens[schluß und guten Beziehungen (Boten)] vor mi[ch hinschickten] » : H. Schaudig, *Die Inschriften...*, *op. cit.*, p. 497.

35. Stefan Zawadzki, « The Portrait of Nabonidus and Cyrus in *Their* (?) Chronicle : When and Why the Present Version Was Composed », *in* Petr Charvát et Petra Maříková Vlčková (dir.), *Who*

Was King ? Who Was Not King. The Rulers and their Ruled in the Ancient Near East, Prague, Institute of Archaeology of the Academy of Sciences of the Czech Republic, 2010, p. 20-26 ; Arnulf Hausleiter, « North Arabian Kingdom », *in* Daniel T. Potts (dir.), *A Companion to the Archaeology of the Ancient Near East*, vol. 2, Malden / Oxford / Chichester, Wiley-Blackwell, 2012, p. 819-824.

36. Michael Jursa, « Observations on the Problem of the Median "Empire" on the Basis of Babylonian Chronicles », *in* Giovanni B. Lanfranchi, Michael Roaf et Robert Rollinger (dir.), *Continuity of Empire (?) Assyria, Media, Persia*, Padova, Eisenbrauns, 2003, p. 169 ; Matt Waters, « Notes on the Medes and Their "Empire" from JER 25:25 to HDT 1.134 », *in* Grant Frame *et al.* (dir.), *A Common Cultural Heritage. Studies on Mesopotamia and the Biblical World in Honor of Barry L. Eichler*, Bethesda, 2011, p. 245-250 ; K. Leloux, *La Lydie d'Alyatte et Crésus*..., *op. cit.*, p. 304.

37. H. Schaudig, *Die Inschriften*..., *op. cit.*, 487-488 et 496 ; K. Leloux, « Les alliances lydo-égyptienne et lydo-babylonienne », art. cité, p. 197.

38. *Chronique de Nabonide* (ABC 7), col. I, l. 7-17.

39. Stefen Ruzicka, *Trouble in the West. Egypt and the Persian Empire 525-332 BCE*, Oxford, Oxford University Press, 2012, p. 12. De même, Amasis a pu envoyer une ambassade afin de s'assurer que Nabonide n'entreprendrait aucune attaque.

40. Car on sait que l'Égypte qui exportait de grandes quantités d'alun et de lin en Babylone entretenait de solides liens commerciaux également avec la Syrie, la Phénicie, Élam, Chypre, et l'Asie Mineure. D. J. Wiseman, « Babylonia 605-539 B.C. », *op. cit.*, p. 272-275. Ainsi Amasis voulait-il encore une fois s'assurer de la viabilité des bonnes affaires de ses commerçants ainsi que de la prospérité de Naucratis.

41. D. Charpin, *« Tu es de mon sang »*..., *op. cit.*, p. 127-202 ; K. Leloux, « Les alliances lydo-égyptienne et lydo-babylonienne », art. cité, p. 197.

42. *La Chronique des trois premières années de Neriglissar* (ABC 6), l. 1-27. Voir *Mesopotamian Chronicles*, *op. cit.*, p. 232-233.

43. Hérodote, I, 74. Accord étudié par K. Leloux, « The Battle of the Eclipse... », art. cité ; *Id.*, « L'Halys chez Hérodote », *Studia Hercynia*, 21-1, 2017, p. 15-24.

44. *Chronique de Nabonide* (ABC 7), col. II, l. 15-16.

45. Robert Drews, *The Greek accounts of Eastern History*, Cambridge (MA), Harvard University Press, 1973, p. 66-67 ; Jonathan M. Hall, *Hellenicity. Between Ethnicity and Culture*, Chicago / Londres,

University of Chicago Press, 2002 ; K. Leloux, « Les alliances lydo-égyptienne et lydo-babylonienne », art. cité, p. 199-200.

46. Édouard Will, *Doriens et Ioniens. Essai sur la valeur du critère ethnique appliqué à l'étude de l'histoire et de la civilisation grecques*, Paris, Les Belles Lettres, 1955, p. 550 ; Christiane Sourvinou-Inwood, « "Myth" and History : on Herodotus III. 48 and 50-53 », *Opuscula atheniensia*, 17, 1988, p. 167-182 ; Deborah Boedeker, « Epic Heritage and Mythical Pattern in Herodotus », *in* E. J. Bakker, I. J. F. De Jong et H. Van Wees (dir.), *Brill's Companion to Herodotus, op. cit.*, p. 112-113.

47. M. Kerschner, « The Lydians and their Ionian and Aiolian Neighbours », *op. cit.*, p. 262 ; Lydia Matthews, « Xanthus of Lydia and the invention of Female eunuchs », *Classical Quarterly*, 65-2, 2015, p. 494-495.

48. H. W. Parke, « Croesus and Delphi », art. cité, p. 210-211 ; Georges Rougemont, « L'oracle de Delphes : quelques mises au point », *Kernos*, 26, 2013, p. 48.

49. Nicole Loraux, *Né de la Terre. Mythe et politique à Athènes*, Paris, Seuil, 1996, p. 37-42 et 49-59.

50. M. Intrieri, « *Philoi kai xeinoi...* », *op. cit.*, p. 123-142. Voir aussi G. Herman, *Ritualised Friendship...*, *op. cit.*, p. 75-80.

51. R. Crahay, *La Littérature oraculaire chez Hérodote, op. cit.*, p. 157-199.

52. Nicholas G. L. Hammond, « The Peloponnese », *in* John Boardman et Nicholas G. L. Hammond (dir.), *The Cambridge Ancient History*, III-3, *The Expansion of the Greek World, Eight to Sixth Centuries B.C.*, Cambridge, Cambridge University Press, 1982, p. 356. Cette « bataille des champions » était une revanche de la défaite spartiate à Hysiée, datée par Pausanias de la quatrième année de la septante-septième olympiade : 669/668 av. J.-C. (Pausanias, II, 24, 7). Voir C. Baurain, *Les Grecs et la Méditerranée orientale...*, *op. cit.*, p. 244-245.

53. Sparte était désormais à la tête de la Ligue du Péloponnèse qui rassemblait en son sein presque toutes les cités de l'« île de Pélops » ainsi que Mégare et Égine (chaque membre de cette ligue jurant fidélité à Sparte reconnue comme son *hégémôn*). R. Crahay, *La Littérature oraculaire chez Hérodote, op. cit.*, p. 161-182.

54. Vincenzo La Bua, « Gli Ioni e il conflitto Lidio – Persiano », *Miscellanea Greca e Romana*, V, 1977, p. 1-64.

55. R. Crahay, *La Littérature oraculaire chez Hérodote, op. cit.*, p. 156.

56. Pierre Sánchez, *L'Amphictionie des Pyles et de Delphes. Recherches sur son rôle historique, des origines au IIe siècle de notre ère*, Stuttgart, Franz Steiner, 2001, p. 114 ; Dominique Lenfant, « Hérodote d'Halicarnasse », *in* D. Lenfant (dir.), *Les Perses vus par les Grecs. Lire les sources classiques sur l'Empire achéménide*, Paris, Armand Colin, 2011, p. 215.

57. R. Crahay, *La Littérature oraculaire chez Hérodote*, *op. cit.*, p. 182-207.

58. Ph. Kaplan, « Dedication to Greek Sanctuaries... », art. cité, p. 146-147 ; Kevin Leloux, « L'alliance lydo-spartiate », *Ktèma*, 39, 2014, p. 278-279.

59. Nadine Deshours, « Les Messéniens, le règlement des mystères et la consultation de l'oracle d'Apollon Pythéen à Argos », *Revue des études grecques*, 112, 1999, p. 471-473.

60. Et non l'Amphiareion d'Oropos en Attique. L'oracle se trouvait à l'origine à Thèbes et il n'a été dédoublé à Oropos que dans la seconde moitié du Ve siècle av. J.-C. (420 av. J.-C. environ), alors que la zone était passée sous contrôle athénien. Pierre Sineux, *Amphiaraos. Guerrier, devin et guérisseur*, Paris, Les Belles Lettres, 2007, p. 65-79 et 95-97.

61. *Ibid.*, p. 195-196 ; K. Leloux, « L'alliance lydo-spartiate », art. cité, p. 280.

62. Paul Cloché, *Thèbes de Béotie. Des origines à la conquête romaine*, Louvain Nauwlaerts / Paris, Desclée de Brouwer, 1952, p. 17-19 ; K. Leloux, « L'alliance lydo-spartiate », art. cité, p. 281.

63. Pour l'édition, la traduction ainsi que l'appareil critique, voir l'article de Nikolaos Papazarkadas, « Two new epigram from Thebes », *in* N. Papazarkadas (dir.), *The Epigraphy and History of Beotia. New Finds, New Prospects*, Leyde / Boston, Brill, 2014, p. 223-251.

64. Les athlètes font référence à leurs victoires, les magistrats à leurs charges, etc. Voir par exemple *CEG* 376 (vers 510 av. J.-C.) ; *CEG* 305 (vers 520 av. J.-C.), etc. Peter Thonemann, « Croesus and the Oracles », *Journal of Hellenic Studies*, 136, 2016, p. 158-161.

65. Le verbe *paschein* est employé dans d'autres épitaphes : *CEG* 163 et *CEG* 171. Voir P. Thonemann, « Croesus and the Oracles », art. cité, p. 162.

66. Peut-être un Alcméonide, hypothèse construite sur base du récit d'Hérodote faisant état de liens entre le roi Crésus de Lydie et Alcméon. Hérodote, VI, 125. Cependant, cette histoire ne serait qu'un

récit propagandiste et imaginaire. Voir A. Duplouy, « L'utilisation de la figure de Crésus... », art. cité, 1999, p. 9-17.

67. K. Leloux, *La Lydie d'Alyatte et Crésus*..., *op. cit.*, p. 235.

68. Voir à ce sujet : G. Herman, *Ritualised Friendship*..., *op. cit.* ; A. Giovannini, *Les Relations internationales*..., *op. cit.*, p. 45 *sq.* ; M. Intrieri, « *Philoi kai xeinoi*... », *op. cit.* ; *Id.*, « Intessere relazioni. Osservazioni sull'itinerario di philia (I. dalle origini al V sec. a.C.) », *Historikà*, III, 2013, p. 213-271.

69. K. Leloux, « L'alliance lydo-spartiate », art. cité, p. 284.

70. Comme la bataille de Salamine et celle d'Himère (Hérodote, VII, 165-166) ; les batailles de Platées et de Mycale (Hérodote, IX, 100).

71. P. Sánchez, *L'Amphictionie des Pyles et de Delphes*..., *op. cit.*, p. 67-80.

72. *Ibid.*, p. 72 ; K. Leloux, « L'alliance lydo-spartiate », art. cité, 2014, p. 284.

73. A. Giovannini, *Les Relations internationales*..., *op. cit.*, p. 45.

74. Jean Pouilloux, « Les décrets delphiques pour Matrophanès de Sardes », *Bulletin de correspondance hellénique*, 98-1, 1974, p. 159-169.

4
Le choc avec la Perse et la chute de Crésus

1. P. Briant, *Histoire de l'Empire perse, op. cit.*, p. 25.

2. *Ibid.*, p. 24-25 ; Mark B. Garrison, « The Seal of "Kuraš the Anzanite, Son of Šešpeš" (Teispes), PFS 93*: Susa – Anšan – Persepolis », *in* Javier Álvarez-Mon et Mark B. Garrison (dir.), *Elam and Persia*, Winona Lake, Eisenbrauns, 2011, p. 375-405.

3. P. Briant, *Histoire de l'Empire perse, op. cit.*, p. 25 ; Daniel T. Potts, « Cyrus the Great and the Kingdom of Anshan », *in* Vesta Sarkhosh Curtis et Sarah Stewart (dir.), *The Idea of Iran. I : Birth of the Persian Empire*, Londres / New York, I.B. Tauris & Co. Ltd., in association with The London Middle East Institute at SOAS and The British Museum, 2005, p. 4-5 ; Matt Waters, *Ancient Persia. A Concise History of the Achaemenid Empire, 550-330 BCE*, Cambridge, Cambridge University Press, 2014, p. 35.

4. J. Novotny et J. Jeffers (éd. et trad.), *The Royal Inscriptions of Ashurbanipal, op. cit.*, RINAP 5/1 12, col. VI, l. 7.

5. L'identification de ce Kurash, roi de Parsumash, avec Kurash, roi d'Anshan, est toujours sujette à discussion : P. Briant, *Histoire de l'Empire perse, op. cit.*, p. 28 ; M. Waters, *Ancient Persia…, op. cit.*, p. 35-37.

6. P. Briant, *Histoire de l'Empire perse, op. cit.*, p. 28-34 , Amelie Kurth, « The Persian Empire. C. 550-330 BC », *in* Pierre Leriche (dir.), *Art et civilisations de l'Orient hellénisé. Hommage à Daniel Schlumberger*, Paris, Picard, 2014, p. 3.

7. M. Waters, « Notes on the Medes and Their "Empire"… », *op. cit.*, p. 244.

8. Voir entre autres Robert Rollinger, « The Western Expansion of the Median "Empire" : a re-examination », *in* G. B. Lanfranchi M. Roaf et R. Rollinger (dir.), *Continuity of Empire…, op. cit.*, p. 289-319 ; Christopher Tuplin, « Medes in Media, Mesopotamia, And Anatolia : Empire, Hegemony, Domination or Illusion », *Ancient West & East*, 3-2, 2004, p. 223-251 ; M. Waters, *Ancient Persia…, op. cit.*

9. P. Briant, *Histoire de l'Empire perse, op. cit.*, p. 25-26.

10. *Ibid.*, p. 41.

11. *Assyrian and Babylonian Chronicles, op. cit.*, p. 104-111 ; *Mesopotamian Chronicles, op. cit.*, p. 232-233 ; S. Zawadzki, « The Portrait of Nabonidus and Cyrus… », *op. cit.*, p. 144-145.

12. P. Briant, *Histoire de l'Empire perse, op. cit.*, p. 41.

13. *Ibid.*, p. 42 ; M. Waters, *Ancient Persia…, op. cit.*, p. 38-39.

14. P. Briant, *Histoire de l'Empire perse, op. cit.*, p. 43.

15. Ctésias de Cnide, F 9,1.

16. Éphore de Cumes, *FGrHist* 70 F 58 a, b, c, d.

17. Diodore de Sicile, *Bibliothèque historique. Fragments*, t. I : *Livres VI-X*, texte édité et traduit par Aude Cohen-Skalli, Paris, Les Belles Lettres, 2012, p. 156, note 96.

18. *Ibid.*, p. 156, note 96.

19. Kevin Leloux, « La bataille de (la) Ptérie. La Lydie face à la Perse (*ca* 547 av. J.-C. », in *Actes du 9e Congrès de l'Association des cercles francophones d'histoire et d'archéologie de Belgique (Liège, 23-26 août 2012)*, t. II, vol. 3, *Diversité des mondes anciens de l'Antiquité à 1815*, 2017, p. 409.

20. Geoffrey D. Summers, « The Kale at Kerkenes Dag : An Iron Age Capital in Central Anatolia », *in* Scott Redford et Nina Ergin (dir.), *Cities and Citadels in Turkey. From the Iron Age to the Seljuks*, Louvain, Peeters, 2013 (« Ancient Near Eastern Studies », Supp. 40), 2013, p. 137-139 ; *Id.*, « East of the Halys : thoughts on settlement

patterns and historical geography in the late 2nd millennium and first half of the first millennium B.C. », *in* Hadrien Bru et Guy Labarre (dir.), *L'Anatolie des peuples, des cités et des cultures (IIe millénaire av. J.-C. – Ve siècle ap. J.-C.)*, vol. 1, actes du colloque international de Besançon (26-27 novembre 2010), Besançon, Presses universitaires de Franche-Comté, 2013, p. 41-51 ; K. Leloux, « La bataille de (la) Ptérie... », *op. cit.*, p. 413.

21. Voir *supra*.

22. K. Leloux, *La Lydie d'Alyatte et Crésus...*, *op. cit.*, p. 256.

23. G. D. Summers, « The Kale at Kerkenes Dag... », *op. cit.*, p. 137-138 ; *Id.*, « East of the Halys... », *op. cit.*, p. 46.

24. Geoffrey D. Summers, « Aspect of Material Culture at the Iron Age Capital on the Kerkenes Dağ in Central Anatolia », *Ancient Near Eastern Studies*, 43, 2006, p. 164-202 ; *Id.*, « East of the Halys... », *op. cit.*, p. 48-49.

25. C'était déjà l'idée de Geoffrey Summers, mais celui-ci plaçait l'incendie avant la bataille. Crésus l'aurait réalisé afin de punir les Ptériens qui lui étaient déloyaux. Voir G. D. Summers, « East of the Halys... », *ibid.*, p. 48.

26. P. Briant, *Histoire de l'Empire perse*, *op. cit.*, p. 43.

27. Thierry Petit, *Satrapes et satrapies dans l'Empire achéménide de Cyrus le Grand à Xerxès Ier*, Genève, Droz, 1990, p. 33.

28. La première est celle des Dix-Mille, en 401-399 av. J.-C., qu'il relate dans son *Anabase* ; la seconde est celle qu'il mena en compagnie du roi de Sparte Agésilas de 396 à 394 av. J.-C. Dominique Lenfant, « Xénophon », *in* D. Lenfant (dir.), *Les Perses vus par les Grecs. Lire les sources classiques sur l'Empire achéménide*, Paris, Armand Colin, 2011, p. 406.

29. Une inscription retrouvée à une trentaine de kilomètres à l'est de Sardes près de Durasılı, à proximité du village moderne de Hacılı, permettrait de localiser Thymbrara à cet endroit ; George M. A. Hanfmann et Jane C. Waldbaum, *A Survey of Sardis and the Major Monuments Outside the City Walls*, Cambridge (MA) / Londres, Harvard University Press, 1975, p. 23.

30. Voir *supra*.

31. É. Delebecque, *Essai sur la vie de Xénophon*, *op. cit.*, p. 393.

32. Cette anecdote a dû attirer l'attention de Xénophon, un cavalier confirmé qui avait déjà écrit un traité sur l'équitation et il put la considérer comme « historique ». Voir J. K. Anderson, *Military Theory and Practice...*, *op. cit.*, p. 166.

33. David George Hogarth, *A Wandering Scholar in the Levant*, Londres, John Murray, 1896, p. 46 ; Terrot R. Glover, *From Pericles to Philip*, New York, The Macmillan Company, 1917, p. 217.

34. P. Briant, *Histoire de l'Empire perse*, *op. cit.*, p. 484. Les Mardes étaient considérés comme une tribu de gens pauvres.

35. Sauf dans le Chronicon Romanum (*FGrH* 252 = *IG* XIV 1297), traitant des années 594 à 385 av. J.-C., écrite vers 16 PCN, soit après Parthénios de Nicée. Voir Parthénios de Nicée, *Passions d'amour*, texte établi, traduit et commenté par Michel Biraud *et al.*, Grenoble, Jérôme Millon, 2008, p. 214.

36. Dominique Voisin, « Décomposition et recomposition des motifs mythologiques dans les *Passions d'amour* de Parthénios de Nicée », *in* Arnaud Zucker *et al.* (dir.), *Lire les mythes. Formes, usages et visées des pratiques mythographiques de l'Antiquité à la Renaissance*, Villeneuve-d'Ascq, Presses universitaires du Septentrion, 2016, p. 81.

37. Pour la description de la ville de Sardes, voir N. D. Cahill, « The City of Sardis », *op. cit.*, p. 75-106.

38. Ces soldats étaient probablement lydiens puisque leurs corps ont été jetés sans ménagement avec les débris des murs de fortification. Voir Crawford H. Greenewalt, « When a Mighty Empire Was Destroyed : The Common Man at the Fall of Sardis, ca. 546 B.C. », *Proceedings of the American Philosophical Society*, 136-2, 1992, p. 247-271 ; Nicholas D. Cahill, « The Persian Sack of Sardis », *in* N D. Cahill (dir.), *Lidyalılar ve Dünyaları...*, *op. cit.*, p. 348-350.

39. N. D. Cahill, « The Persian Sack of Sardis », *op. cit.*, p. 359.

40. Ch. H. Roosevelt, *The Archaeology of Lydia...*, *op. cit.*, p. 62 ; N. D. Cahill, « The City of Sardis », *op. cit.*, p. 76-77.

41. Christopher Tuplin, « Ctesias as Military Historian », *in* Josef Wiesehöfer, Robert Rollinger et Giovanni B. Lanfranchi (dir.), *Ktesias' Welt / Ctesias' World*, Wiesbaden, Harrasowitz, 2011, p. 463.

42. Selon Hérodote, le siège de Sardes dura quatorze jours (I, 86). Il s'agit vraisemblablement d'un nombre « imaginaire » employé par l'historien. Le chiffre 7 est couramment utilisé pour exprimer une longueur temporelle (Darius est malade pendant sept jours et sept nuits [III, 129] ; le poète Aristée de Proconnèse, présenté souvent comme contemporain de Crésus et Cyrus, réapparaît sept ans après sa mort [IV, 14], etc.). Ainsi les quatorze jours de siège n'ont sans doute pas de réelle portée chronologique. On peut déduire la même chose pour les quatorze années et quatorze jours donnés par Hérodote comme la durée totale du règne de Crésus (I, 86). Voir D. Fehling,

Herodotus and His « Sources »..., op. cit., p. 225 ; R. W. Wallace, « Redating Croesus... », art. cité, p. 172.

43. G. A. Radet, *La Lydie et le monde grec..., op. cit.*, p. 140-141.

44. H. Kaletsch, « Zur lydischen Chronologie », art. cité, p. 1-47 ; Molly Miller, « The Herodotean Croesus », *Klio*, 41, 1963, p. 59-64.

45. S. Zawadzki, « The Portrait of Nabonidus and Cyrus... », *op. cit.*, p. 142-154. Bert Van der Spek, Irving Finkel, Stefan Zawadzki et Mark Geller ont examiné en 2013 la tablette de la *Chronique de Nabonide*, et ont tous convenu que la lecture « *Lu* » est de loin la plus plausible. Voir Robartus J. Van der Spek, « Cyrus the Great, Exiles, and Foreign Gods : A Comparison of Assyrian and Persian Policies on Subject Nations », *in* Michael Kozuh *et al.* (dir.), *Extraction & Control. Studies in Honor of Matthew W. Stolper*, Chicago, Institute for the Study of Ancient Cultures, 2014, p. 256.

46. La version conservée actuellement au British Museum aurait été réalisée sous le règne de Darius (avant 500 av. J.-C.), et serait une copie de la Chronique officielle des rois de Babylone rééditée après la prise de Babylone par Cyrus en 539 av. J.-C. Voir l'étude de Stefan Zawadzki, « The Portrait of Nabonidus and Cyrus... », *op. cit.*, p. 142-154.

47. Le verbe « gaz = *dâku* » peut se traduire tantôt par « vaincre », tantôt par « tuer ». Mais dans un contexte où un seul roi (ici celui de la Lydie) est mentionné, la traduction « tuer » est à préférer. Voir R. J. Van der Spek, « Cyrus the Great, Exiles, and Foreign Gods... », *op. cit.*, p. 25, note 184.

48. On dispose de plusieurs exemples de marches rapides ou forcées effectuées par les armées hellénistiques : dans sa marche sur Samarcande, Alexandre le Grand couvrit 215 kilomètres en trois jours ; en 319 av. J.-C., l'armée d'Antigone Ier accomplit 440 kilomètres en sept jours et sept nuits, en 217 av. J.-C. ; Ptolémée IV réussit à parcourir 180 kilomètres à travers le désert en cinq jours, etc. Voir Jonathan P. Roth, « War », *in* Philip Sabin, Hans Van Wees et Michael Whitby (dir.), *The Cambridge History of Greek and Roman Warfare*, t. I, *Greece, The Hellenistic World and the Rise of Rome*, Cambridge, Cambridge University Press, 2008, p. 392.

49. Il existe une autre théorie voulant que la capture de Sardes se soit déroulée en 542/541 av. J.-C. environ. Après la prise d'Ecbatane, Cyrus aurait d'abord mené une série de campagnes en Asie centrale avant de prendre directement la direction de la Lydie. Voir P. Briant, *Histoire de l'Empire perse, op. cit.*, p. 44.

5
La fin de Crésus et sa postérité

1. Diodore de Sicile (IX, 33) ainsi que Justin (I, 7, 7) n'ont pas été pris en compte car le premier paraphrase de très près les propos d'Hérodote, le second reprenant les dires de Ctésias de Cnide en faisant de Crésus le gouverneur de Béroé/Barèné.

2. Dont nous ignorons sa source pour cet épisode. Il est possible qu'il tint ces informations d'Hérodote, vu les similitudes entre les deux récits, ainsi que de Xanthos de Lydie. Voir *Les Histoires perses de Dinon et d'Héraclide*, fragments édités, traduits et commentés par Dominique Lenfant, Paris, De Boccard, 2009, p. 60, note 2.

3. G. A. Radet, *La Lydie et le monde grec…*, *op. cit.*, p. 256-257 ; Xénophon, *Cyropédie*, t. I, *op. cit.*, p. VI ; P. Briant, *Histoire de l'Empire perse*, *op. cit.*, p. 260-263 ; M. Waters, *Ancient Persia…*, *op. cit.*, p. 153-154.

4. Voir entre autres Ch. H. Roosevelt, *The Archaeology of Lydia…*, *op. cit.* ; N. D. Cahill, « The City of Sardis », *op. cit.*, p. 75-106.

5. Ctésias de Cnide, *La Perse. L'Inde. Autres fragments*, texte établi, traduit et commenté par Dominique Lenfant, Paris, Les Belles Lettres, 2004, p. XVIII-XXX.

6. *Assyrian and Babylonian Chronicles*, *op. cit.*, p. 104-111.

7. R. J. Van der Spek, « Cyrus the Great, Exiles, and Foreign Gods… », *op. cit.*, p. 256, note 184.

8. Rieuwerd Buitenwerf, *Book III of the Sibylline Oracles and Its Social Settings. With an Introduction, Translation, and Commentary by R. Buitenwerf*, Leyde, Brill, 2003, p. 92-123.

9. Plutarque, *Sur les oracles de la Pythie*, 19.

10. Bacchylide, *Dithyrambes. Épinicies. Fragments*, texte établi par Jean Irigoin et traduit par Jacqueline Duchemin et Louis Bardollet, Paris, Les Belles Lettres, 1993, p. 98-99 ; Alain Duplouy, « Le bûcher de Crésus », *Rivista di Filologia e d'Istruzione Classica*, 128, 2000, p. 27-29 ; Harriet Isabel Flower, « Herodotus and Delphic tradition about Croesus », *in* Rosaria Vignolo Munson (dir.), *Herodotus : Volume 1. Herodotus and the Narrative of the Past*, Oxford, Oxford University Press, 2013, p. 148-150.

11. Bacchylides, *The Victory Poems*, translation with introduction and commentary by Arthur McDevitt, Londres, Bristol Classical Press, 2009, p. 93.

12. A. Duplouy, « Le bûcher de Crésus », art. cité, p. 25-29 ; H. I. Flower, « Herodotus and Delphic tradition about Croesus », *op. cit.*, p. 150-151.

13. B. Laurot, « Remarques sur la Tragédie de Crésus », art. cité, p. 95-103 ; S. Saïd, « Herodotus and Tragedy », *op. cit.*, p. 117-147 ; H. I. Flower, « Herodotus and Delphic tradition about Croesus », *op. cit.*, p. 150-153, etc.

14. B. Laurot, « Remarques sur la Tragédie de Crésus », art. cité, p. 95-105.

15. Solon donne des exemples de bonheur sur le plan privé (Hérodote, I, 30-33), puis revient également lors de l'épisode du bûcher lorsque Crésus l'invoque (Hérodote, I, 86).

16. H. I. Flower, « Herodotus and Delphic tradition about Croesus », *op. cit.*, p. 150.

17. S. Saïd, « Herodotus and Tragedy », *op. cit.*, p. 133-146 ; H. I. Flower, « Herodotus and Delphic tradition about Croesus », *op. cit.*, p. 150.

18. A. Duplouy, « Le bûcher de Crésus », art. cité, p. 33-34 ; H. I. Flower, « Herodotus and Delphic tradition about Croesus », *op. cit.*, p. 150-155.

19. Hérodote, I, 90-91.

20. A. Duplouy, « Le bûcher de Crésus », art. cité, p. 32 ; H. I. Flower, « Herodotus and Delphic tradition about Croesus », *op. cit.*, p. 150-155. Il est également possible que la tragédie sur laquelle s'appuierait Hérodote ait aussi mis en scène cette péripétie.

21. Bacchylide, *Dithyrambes...*, *op. cit.*, p. 98-99 ; H. I. Flower, « Herodotus and Delphic tradition about Croesus », *op. cit.*, p. 148-150.

22. Il est possible que ces deux septaines rappellent le chœur de Lydiens composé de quatorze choreutes accompagnés d'un coryphée, de la tragédie attique, aujourd'hui perdue, mettant en scène le Mermnade.

23. Bacchylide, *Dithyrambes...*, *op. cit.*, p. 21-27.

24. A. Duplouy, « Le bûcher de Crésus », art. cité, p. 32 ; H. I. Flower, « Herodotus and Delphic tradition about Croesus », *op. cit.*, p. 150-155.

25. Stephanie West, « Croesus second reprieve and other tales about the Persian court », *Classical Quarterly*, 53-2, 2003, p. 416-428.

26. P. Briant, *Histoire de l'Empire perse*, *op. cit.*, p. 106-107, 260-263 ; M. Waters, *Ancient Persia...*, *op. cit.*, p. 153-154.

27. Muhammad A. Dandamaev et Vladimir G. Lukonin, *The Culture and Social Institutions in Ancient Iran*, Cambridge, Cambridge

University Press, 1989, p. 348-367 ; R. J. Van der Spek, « Cyrus the Great, Exiles, and Foreign Gods... », *op. cit.*, p. 233, note 1.

28. *Archives de Murashû* : Veysel Donbaz et Matthew W. Stolper (éd. et trad.), *Istanbul Murašû Texts*, Leyde, Nederlands Historisch-Archaeologisch Instituut te Istanbul, 1997, p. 79, n° 3:3.

29. Comme la *Chronique de Nabonide* elle-même, le *Cylindre de Cyrus*, etc. Voir S. Zawadzki, « The Portrait of Nabonidus and Cyrus... », *op. cit.*, p. 142-154 ; R. J. Van der Spek, « Cyrus the Great, Exiles, and Foreign Gods... », *op. cit.*, p. 233-264.

30. Date fournie par Eusèbe (*Chronique*, II, 96). Voir Alden A. Mosshammer, *The Chronicle of Eusebius and Greek chronographic tradition*, Lewisburg, Bucknell University Press, 1979 ; G. Rougemont, « L'oracle de Delphes... », art. cité, p. 46.

31. Pour Astyage : Hérodote, I, 130 ; Ctésias de Cnide F 9,1. Pour Nabonide : *Chronique de Nabonide*, III, 16 ; *Cylindre de Cyrus*, 17 ; pour Bérose (III, 4), Nabonide résida en Carmanie où il mourut. Voir aussi P. Briant, *Histoire de l'Empire perse*, *op. cit.*, p. 43 ; R. J. Van der Spek, « Cyrus the Great, Exiles, and Foreign Gods... », *op. cit.*

32. Ch. H. Roosevelt, *The Archaeology of Lydia...*, *op. cit.*, p. 143-146 ; *Id.*, « Iron Age Western Anatolia... », *op. cit.*, p. 905.

33. Archiloque, Fr. 22 (Diehl).

34. G. A. Radet, *La Lydie et le monde grec...*, *op. cit.*, p. 44 ; C. Baurain, *Les Grecs et la Méditerranée orientale...*, *op. cit.*, p. 153 ; Ch. H. Roosevelt, *The Archaeology of Lydia...*, *op. cit.*, p. 60, 74-75 ; C. H. Greenewalt, « Horsemanship », *op. cit.*, p. 135-142.

35. Nicholas D. Cahill *et al.*, « Depletion gilding of Lydian electrum coins and the sources of Lydian gold », *in* Peter Van Alfen et Ute Wartenberg (dir.), *White Gold. Studies in Early Electrum Coinage*, New York, The American Numismatic Society / Jérusalem, The Israel Museum, 2020, p. 2020, p. 291-336. Cela rejoint donc bien les propos d'Hérodote (V, 101).

36. Andrew Ramage, « Golden Sardis », *in* Andrew Ramage et Paul Craddock, *King Croesus' Gold. Excavations at Sardis and the History of Gold Refining*, Londres, British Museum Press, 2000, p. 19-20.

37. Marcelle Robinson, *Schliemann's Silent Partner : Frank Calvert (1828-1908). Pioneer, Scholar and Survivor*, Bloomington (IN), Privately Printed, Xlibris Corporation, 2006, p. 224-225, 325-327 ; A. Ramage, « Golden Sardis », *op. cit.*, p. 19-21 ; N. D. Cahill, « The Persian Sack of Sardis », *op. cit.*, p. 339-362.

38. Pierre Amandry, « Statue de taureau en argent », *Bulletin de correspondance hellénique*, Supplément 4, 1977, p. 273-293.

39. David M. Schaps, *The Invention of Coinage and the Monetization of Ancient Greece*, Ann Arbor, University of Michigan Press, 2004, p. 34 ; John H. Kroll, « The Monetary Background of Early Coinage », *in* William E. Metcalf, *The Oxford Handbook of Greek and Roman Coinage*, Oxford, Oxford University Press, 2012, p. 36.

40. John H. Kroll, « The Coins of Sardis », *in* N. D. Cahill (dir.), *Lidyalılar ve Dünyaları*..., *op. cit.*, p. 143.

41. N. D. Cahill, « The Persian Sack of Sardis », *op. cit.*

42. J. H. Kroll, « The Coins of Sardis », *op. cit.*, p. 145-146 ; Michael Kerschner et Koray Konuk, « Electrum Coins and Their Archaeological Context : The Case of the Artemision of Ephesus », *in* P. Van Alfen et U. Wartenberg (dir.), *White Gold*..., *op. cit.*, p. 83-190.

43. Robert W. Wallace, « KUKALIṂ, WALWET, and the Artemision deposit : problems in early Anatolian electrum coinage », *in* Peter Van Alfen (dir.), *Agoranomia. Studies in Money and Exchange Presented to John H. Kroll*, New York, American Numismatic Society, 2006, p. 37-48 ; J. H. Kroll, « The Coins of Sardis », *op. cit.*, p. 145-146.

44. R. W. Wallace, « KUKALIṂ, WALWET... », *op. cit.*, p. 41-43 ; J. H. Kroll, « The Coins of Sardis », *op. cit.*, p. 146.

45. Voir *supra* ; O. Carruba, « Λυδικὴ ἀρχαιολογία... », *op. cit.*, p. 153-155 ; K. Leloux, *La Lydie d'Alyatte et Crésus*..., *op. cit.*, p. 94.

46. Cette hypothèse éviterait de devoir remonter les dates de règnes d'Alyatte et Crésus comme proposé par Alexander Dale, « Walwet and Kukalim. Lydian coin legends, dynastic succession, and the chronology of Mermnad kings », *Kadmos*, 54, 1-2, 2015, p. 151-166 et R. W. Wallace, « Redating Croesus... », art. cité.

47. A. Ramage, « Golden Sardis », *op. cit.*, p. 17-19 ; J. H. Kroll, « The Coins of Sardis », *op. cit.*, p. 143-144.

48. À l'heure actuelle, on ne sait toujours pas exactement dans quel but la monnaie a été inventée. Peut-être était-ce pour payer les mercenaires et les soldats, ou faciliter les échanges, ou encore réaliser des dépôts votifs. Annick Payne et Jorit Wintjes, *Lords of Asia Minor. An Introduction to the Lydians*, Wiesbaden, Harrasowitz, 2016, p. 88-89.

49. J. H. Kroll, « The Coins of Sardis », *op. cit.*, p. 146-148 ; Koray Konuk, « Asia Minor to the Ionian Revolt », *in* W. E. Metcalf, *The Oxford Handbook of Greek and Roman Coinage*, *op. cit.*, p. 44-49.

50. Nicholas D. Cahill et John H. Kroll, « New Archaic Coin Found at Sardis », *Amercian Journal of Archaeology*, 109-4, 2005,

p. 589, 609 ; Ch. H. Roosevelt, *The Archaeology of Lydia…, op. cit.*, p. 74 ; Crawford H. Greenewalt, « Gold and Silver Refining at Sardis », *in* N. D. Cahill (dir.), *Lidyalılar ve Dünyaları…, op. cit.*, 2010, p. 135-142 ; J. H. Kroll, « The Coins of Sardis », *op. cit.*, p. 148-149 ; K. Konuk, « Asia Minor to the Ionian Revolt », *op. cit.*, p. 49.

51. G. A. Radet, *La Lydie et le monde grec…, op. cit.*, p. 271 ; J. H. Kroll, « The Coins of Sardis », *op. cit.*, p. 149 ; K. Konuk, « Asia Minor to the Ionian Revolt », *op. cit.*, p. 49.

52. J. H. Kroll, « The Coins of Sardis », *op. cit.*, p. 150. Les créséides ont même été thésaurisées à Athènes : N. D. Cahill et J. H. Kroll, « New Archaic Coin Found at Sardis », art. cité, p. 109, note 93.

53. J. H. Kroll, « The Coins of Sardis », *op. cit.*, p. 150-151 ; K. Konuk, « Asia Minor to the Ionian Revolt », *op. cit.*, p. 50-51.

54. P. Briant, *Histoire de l'Empire perse, op. cit.*, p. 420-421 ; J. H. Kroll, « The Coins of Sardis », *op. cit.*, p. 151 ; K. Konuk, « Asia Minor to the Ionian Revolt », *op. cit.*, p. 51.

55. G. A. Radet, *La Lydie et le monde grec…, op. cit.*, p. 213-214 ; P. Briant, *Histoire de l'Empire perse, op. cit.*, p. 81 ; A. M. Greaves, *The Land of Ionia…, op. cit.*, p. 90-92.

56. Le terme de *xenikoi* employé par Hérodote (I, 77) peut s'entendre dans ce sens.

57. P. Briant, *Histoire de l'Empire perse, op. cit.*, p. 79-81 ; K. Leloux, *La Lydie d'Alyatte et Crésus…, op. cit.*, p. 144-152.

58. On a l'exemple de Crésus gouverneur d'Adramytteion (Nicolas de Damas 90 F 65).

59. O. Mariaud, « Châtiments de villes… », *op. cit.*, p. 245 ; K. Leloux, *La Lydie d'Alyatte et Crésus…, op. cit.*, p. 146-150.

60. La principale est la place forte de şahankaya dans la région du nord de la Lydie. Ch. H. Roosevelt, *The Archaeology of Lydia…, op. cit.*, p. 117-119.

61. Catulle, 115, 1-4.

62. Sénèque l'Ancien, *Controverses*, II, 1, 7.

63. Lactance, *Institutions divines*, VI, 13, 11.

ÉPILOGUE
La Lydie après Crésus

1. Selon la *Chronique de Nabonide*, II, 17-18.

2. Pour Hérodote (I, 153), Tabalos est un Perse, mais il est plus que probable qu'il ait été un Lydien. Voir Eduard Rung, « The End of the Lydian Kingdom and the Lydians after Croesus », *in* Jason M. Silverman et Caroline Waerzeggers (dir.), *Political Memory in and after the Persian Empire*, Atlanta, SBL Press, 2015, p. 8-14.

3. Le Panionion était le sanctuaire commun de la Ligue ionienne dédié à Poséidon Hellenikos. Celle-ci comprenait douze cités : Milet, Myonte, Priène, Éphèse, Colophon, Lébédos, Téos, Clazomènes, Phocée, Samos, Chios et Érythrée. On sait peu de choses sur son organisation, ses fonctions ne sont pas claires mais elle existe déjà peut-être depuis le IXe siècle av. J.-C. John Boardman, *The Greeks Overseas…*, *op. cit.*, p. 32 ; A. M. Greaves, *The Land of Ionia…*, *op. cit.*, p. 155 et 220.

4. Il s'agit par ailleurs de la seule mention d'un satrape dans l'ancienne capitale du royaume lydien pour l'époque de Cyrus le Grand. Voir Th. Petit, *Satrapes et satrapies…*, *op. cit.*, p. 34-38.

5. L'intérim entre Oroitès et Artaphernès a probablement été assuré par un certains Bagaois. Hérodote, III, 128.

6. E. R. M. Dusinberre, *Aspects of Empire…*, *op. cit.*, p. 36-37 ; Ch. H. Roosevelt, *The Archaeology of Lydia…*, *op. cit.*, p. 28.

7. Ch. H. Roosevelt, *The Archaeology of Lydia…*, *op. cit.*, p. 28.

8. E. R. M. Dusinberre, *Aspects of Empire…*, *op. cit.*, p. 40-41 ; Ch. H. Roosevelt, *The Archaeology of Lydia…*, *ibid.*, p. 29. De nombreux Grecs participèrent à la bataille de Cunaxa, dont un certain Xénophon qui mit par écrit la retraite des Dix Mille dans son *Anabase*.

9. C. H. Greenewalt, « Introduction », *op. cit.*, p. 25 ; A. Payne et J. Wintjes, *Lords of Asia Minor…*, *op. cit.*, p. 45.

10. C. H. Greenewalt « Introduction », *op. cit.*, p. 25-28.

ANNEXES

Lexique

Abydos : cité de Troade (mod. Nara Burnu).

Achaios II : général qui usurpe le trône des Séleucides. Il sera assiégé dans la ville de Sardes par Antiochos III.

Adramys : demi-frère d'Alyatte, fils de Sadyatte.

Adramytteion : cité d'Éolide, domine la plaine de Thèbè, proche d'Antandros et Atarnée (mod. Edremit).

Adraste : prince phrygien accueilli à la cour de Crésus, meurtrier malheureux d'Atys.

Agésilas : roi de Sparte vers 398-360 av. J.-C.

Alyatte : roi de Lydie de 610 à 561 av. J.-C. environ, fils de Sadyatte et père de Crésus, Pantaléon et Aryènis.

Amasis : pharaon d'Égypte (vers 570-526 av. J.-C.).

Amphiareion : sanctuaire oraculaire d'Amphiaraos (situé à Thèbes d'abord, à Oropos ensuite), héros mythologique argien tué lors de la bataille des sept chefs contre Thèbes.

Amphictionie (pyléo-delphique) : ligue de cités ayant en charge l'administration des sanctuaires de Delphes et des Thermopyles.

Amyclées : établissement grec situé à 5 kilomètres au sud de Sparte.

Anavyssos : ville dans l'est de l'Attique, en Grèce continentale.

Anshan : site du Fārs, ancienne capitale du royaume élamite, dans la plaine du Marv Dasht (mod. Tell-i Malyan en Iran).

Antandros : cité d'Éolide où les Cimmériens s'installèrent avant leur expulsion définitive par Alyatte (mod. Altınoluk).

Antigone le Borgne : général macédonien d'Alexandre le Grand, fondateur de la dynastie des Antigonides.

Apaša : nom hittite d'Éphèse, capitale du royaume d'Arzawa.

Aphrodisias : cité de Carie (mod. Geyre).

Apriès : pharaon d'Égypte (vers 589-570 av. J.-C.).

Arbèles : cité de Mésopotamie (mod. Erbil).

Ardys : roi de Lydie de 644 à 624 av. J.-C. environ, fils de Gygès et père de Sadyatte.

Aristagoras : tyran de Milet à la fin du VIe siècle av. J.-C., instigateur de la révolte d'Ionie.

Arsélis : roi (légendaire ?) de la cité de Mylasa en Carie au début du VIIe siècle av. J.-C.

Artaphernès : demi-frère de Darius Ier, satrape de Lydie.

Aryènis : fille d'Alyatte et sœur de Crésus.

Assos : cité de Troade (mod. Behramkale).

Assurbanipal : roi d'Assyrie vers 669-627 av. J.-C.

Astyage : dernier roi des Mèdes de 585-550 av. J.-C. environ.

Astyra : cité de Troade, proche d'Abydos, à proximité de mines d'or.

Atarnée : cité d'Éolide proche de mines d'or.

Atélie : privilège de bénéficier d'une exemption de taxes ou d'impôts.

Athénée de Naucratis : grammairien et érudit grec des IIe et IIIe siècles ap. J.-C. Auteur du *Banquet des sophistes* ou *Deipnosophistes*.

Attale III : roi de Pergame qui lègue par testament l'ensemble de son royaume à Rome en 133 av. J.-C.

Atyades : dynastie ayant régné sur la Lydie avant les Héraclides.

Atys : fils de Crésus mort à la chasse.

Aulos : instrument à vent, flûte utilisée lors de rites religieux dans la Grèce antique.

Ayasoluk : nom moderne de la colline située à l'est de l'Artémision. Site de la cité d'Éphèse durant l'époque archaïque.

Bacchylide : poète lyrique grec (vers 518-451 av. J.-C.), rival de Pindare.

Bias de Priène : philosophe et homme d'État grec (VIIe siècle av. J.-C. environ) originaire de Priène. Il est souvent compté parmi les Sept Sages de la Grèce antique.

Branchides : famille en charge du sanctuaire oraculaire dédié à Apollon situé à Didymes, sur le territoire de Milet.

Cambyse : roi de Perse de 529 à 522 av. J.-C. environ, fils de Cyrus II.

Candaule/Myrsilos : roi de Lydie (début du VIIe siècle av. J.-C.), dernier des Héraclides.

Caunos : cité de Carie (mod. Dalyan).

Caystre : fleuve d'Asie Mineure passant à proximité d'Éphèse (mod. Küçük Menderes).

Chios : île ionienne siège d'une cité du même nom.

Cimmériens : peuple indo-européen cavalier et nomade qui déferla en Asie Mineure aux VIIIe et VIIe siècle av. J.-C.

Cité de Midas : cité de Phrygie (mod. Midas Sehri).

Clazomènes : cité d'Ionie (mod. Urla).

Cléomène : un des deux rois de Sparte (vers 520-490 av. J.-C.).

Colophon : cité d'Ionie (mod. Değirmendere).

Corcyre : cité grecque située sur l'île de Corfou.

Coronée (bataille de) : bataille de 447 av. J.-C. qui opposa la ligue béotienne contre Athènes durant la guerre du Péloponnèse. Cette dernière fut vaincue et obligée de se retirer de Béotie.

Cranaspès : fils du satrape de Daskyleion Mitrobatès, assassiné par Oroitès.

Crésus : roi de Lydie de 561 à 547 av. J.-C. environ.

Ctésias de Cnide : médecin et historien grec des Ve et IVe siècles av. J.-C. Auteur des *Persika* et *Indika*.

Cyllène : cité d'Ionie.

Cymé : cité d'Éolide (mod. Nemrut Limani).

Cypsélos : tyran de Corinthe (VIIe siècle av. J.-C.), fils d'Éétion, père de Périandre.

Cyrus II le Grand : roi de Perse de 559 à 529 av. J.-C. environ, fondateur de l'Empire achéménide.

Darius Ier : roi de Perse de 521 à 486 av. J.-C. environ, père de Xerxès.

Darius II : roi de Perse de 423 à 404 environ, père d'Artaxerxès II et de Cyrus le Jeune.

Daskyleion : cité de Phrygie nord-occidentale (mod. Hisartepe).

Didymes : sanctuaire oraculaire d'Apollon, sur le territoire de Milet, administré par les Branchides (mod. Didim).

Diodore de Sicile : historien grec du Ier siècle av. J.-C. Auteur d'une *Bibliothèque universelle*.

Diogène Laërce : philosophe, doxographe et biographe grec du IIIe siècle av. J.-C.

Ecbatane : capitale des Mèdes.

Élien : historien, orateur et zoologiste romain de langue grecque (175-235 ap. J.-C. environ). Auteur notamment des *Histoires variées*.

Empyromancie : divination par l'observation de la combustion des offrandes.

Éphèse : cité d'Ionie célèbre pour son sanctuaire d'Artémis (mod. Selçuk).

Éphore de Cumes : orateur et historien grec du IVe siècle av. J.-C.

Érythrée : cité d'Ionie (mod. Litri).

Eschyle : auteur tragique originaire d'Éleusis (525-450 av. J.-C. environ). Auteur notamment des *Sept contre Thèbes*, des *Perses* et des *Suppliantes*.

Euripide : auteur tragique athénien (480-406 av. J.-C. environ). Auteur notamment des *Suppliantes* et des *Bacchantes*.

Eurybate : citoyen d'Éphèse envoyé par Crésus pour engager des mercenaires dans le Péloponnèse, mais il le trahira et rejoindra le camp de Cyrus.

Eusèbe (de Césarée) : évêque de Césarée en Palestine aux IIIe et IVe siècles ap. J.-C. Il est l'auteur, entre autres, d'une *Chronique universelle*.

Glaucias : tyran d'une cité ionienne non identifiée. Ennemi de Crésus.

Gordion : capitale du royaume phrygien (mod. Yassihöyük).

Granique : fleuve de Troade (mod. Biga Çayı).

Gygès : roi de Lydie (vers 680-644 av. J.-C.), fondateur de la dynastie des Mermnades, père d'Ardys.

Halicarnasse : cité de Carie (mod. Bodrum).

Halys : fleuve d'Anatolie se jetant dans la mer Noire (mod. Kızılırmak).

Harpage : général mède des armées de Cyrus. Il soumet l'Ionie après la chute de Sardes.

Hattuša : capitale de l'Empire hittite (mod. Boğazköy).

Hécatée de Milet : historien et géographe grec (vers 550-480 av. J.-C.).

Hellanikos de Lesbos : logographe grec du Ve siècle av. J.-C.

Héraclides : dynastie ayant régné sur la Lydie avant les Mermnades.

Hermos : fleuve d'Asie Mineure, coule au nord de Sardes (mod. Gediz).

Hérodote : historien grec originaire d'Halicarnasse (vers 480-425 av. J.-C.). Auteur de l'*Enquête* retraçant l'histoire des guerres médiques depuis leurs origines.

Hiéron : tyran de Syracuse (vers 478-467 av. J.-C.).

Hipponax d'Éphèse : poète grec du VIe siècle av. J.-C.

Hyperborréens : peuple mythique de Grèce habitant aux limites septentrionales du monde.

Hyroiadès : soldat marde de l'armée de Cyrus.

Ilion : cité de Troade, site de la ville de Troie homérique (mod. Truva/Hissarlik).

Ion de Chios : auteur tragique du Ve siècle av. J.-C.

Justin : historien romain (IIIe siècle ap. J.-C.). Auteur d'un *Abrégé des Histoires philippiques* de Trogue Pompée.

Kyaxare : roi des Mèdes (vers 600 av. J.-C.), père d'Astyage.

Lacrinès : délégué spartiate envoyé à Sardes afin de menacer Cyrus s'il s'en prenait aux cités grecques après sa prise de Sardes.

Ladé (bataille de) : bataille de 494 av. J.-C., victoire perse qui mit un terme à la révolte d'Ionie débutée en 499 av. J.-C.

Lampsaque : cité de Troade (mod. Lapseki).

Larisa sur l'Hermos : cité d'Ionie (mod. Buruncuk).

Leucophryé : fille de Mandrolytos, tombe amoureuse de Leukippos.

Louvite : langue anatolienne apparentée au hittite/nésite.

Lysimaque : général macédonien, un des Diadoques d'Alexandre le Grand.

Magnésie du Méandre : cité d'Ionie (mod. Tekin).

Magnésie du Sipyle : cité de Lydie (mod. Manisa).

Mazarès : général perse envoyé par Cyrus pour mater la révolte fomentée par Pactyès à Sardes.
Méandre : fleuve d'Asie Mineure séparant la Lydie de la Carie (mod. Büyük Menderes).
Mélas : tyran d'Éphèse, beau-frère de Crésus, père de Pindare.
Mermnades : nom de la dynastie des derniers rois de Lydie (Gygès, Ardys, Sadyatte, Alyatte, Crésus).
Midas : roi de Phrygie au VIIe siècle av. J.-C.
Milet : cité d'Ionie (mod. Balat).
Miltiade l'Ancien : athénien, tyran de Chersonèse de Thrace au VIe siècle av. J.-C.
Mimnerme : poète élégiaque originaire de Colophon (VIIe siècle av. J.-C.).
Mithrenès : commandant de la garnison de Sardes en 334 av. J.-C.
Mitrobatès : satrape de Daskyleion assassiné avec son fils Cranaspès par Oroitès.
Mylasa : cité de Carie (mod. Milas).
Myson : peintre et potier athénien de la fin du VIe et du début du Ve siècle av. J.-C.

Nabonide : roi de Babylone de 556 à 539 av. J.-C.
Nabopolassar : roi de Babylone (vers 626-605 av. J.-C.), père de Nabuchodonosor II.
Nanis : fille légendaire de Crésus (selon Parthénios de Nicée).
Naucratis : comptoir (*emporion*) grec sur la branche canopique du Nil en Égypte (mod. Kôm Gaef).
Nicolas de Damas : historien et philosophe grec, secrétaire du roi de Judée Hérode le Grand (Ier siècle av. J.-C.).
Ninive : capitale du royaume d'Assyrie (mod. Mossul).

Oibaras : lieutenant du roi perse Cyrus.
Oroitès : premier satrape de Lydie.

Pactole : torrent charriant des paillettes d'or, coule à l'ouest de Sardes avant de se jeter dans l'Hermos (mod. Sart Çayı).

Pactyès : dignitaire lydien en charge de la gestion du trésor de Crésus après la prise de Sardes par Cyrus.

Pamphaès d'Éphèse : ami de Crésus.

Panayır Dağ / mont Koressos : colline d'Éphèse.

Pantaléon/Sadyatte : demi-frère de Crésus.

Parthénios de Nicée : poète élégiaque du Ier siècle av. J.-C. Auteur des *Passions d'amour*.

Pausanias : géographe et périégète grec, auteur d'une *Description de la Grèce* (IIe siècle ap. J.-C.).

Pédasa : cité de Carie (mod. Gökçeler).

Peïsidiké : fille du roi de Méthymne, tombe amoureuse d'Achille.

Pergame : cité d'Éolide (mod. Bergama).

Périandre : tyran de Corinthe (vers 600 av. J.-C.), fils de Cypsélos.

Phrynichos : auteur tragique de la fin du VIe et du début du Ve siècle av. J.-C.

Pindare d'Éphèse : neveu de Crésus, tyran d'Éphèse.

Pisistratides : famille de Pisistrate, tyran d'Athènes à la fin du VIe siècle av. J.-C. Le terme désigne également ses deux fils, Hippias et Hipparque.

Pittacos de Lesbos : homme d'État grec (VIIe siècle av. J.-C.) originaire de Mytilène sur l'île de Lesbos. Il est souvent compté parmi les Sept Sages de la Grèce antique.

Pline l'Ancien : écrivain et naturaliste romain, oncle de Pline le Jeune (23-79 ap. J.-C. environ).

Plutarque : philosophe et historien grec originaire de Chéronée (46-125 ap. J.-C. environ). Auteur, entre autres, des *Moralia* et des *Vies parallèles*.

Polybe : homme d'État et historien grec (IIIe et IIe siècles av. J.-C.). Après la bataille de Pydna de 168 av. J.-C., il sera otage à Rome.

Polycrate de Samos : tyran de Samos (vers 540-522 av. J.-C.).
Polyen : orateur et écrivain d'origine macédonienne, né en Bithynie (IIe siècle ap. J.-C.).
Priène : cité d'Ionie (mod. Prien).
Proédrie : privilège de pouvoir s'asseoir à la première place.
Promantie : privilège de consulter un oracle en priorité.
Psammétique Ier : pharaon d'Égypte (664-610 av. J.-C. environ).
Ptérie : région de Cappadoce, la ville de Ptérie a été identifiée sur le site de Kerkenes Dağ.
Pythermos de Phocée : délégué ionien venu demander de l'aide à Sparte pour contrer l'armée perse de Cyrus.
Pythie : servante d'Apollon qui rendrait les oracles à Delphes.

Sadyatte : 1) roi de Lydie (vers 624-610 av. J.-C.), fils d'Ardys et père d'Alyatte ; 2) dernier roi de Lydie de la dynastie des Héraclides selon Nicolas de Damas (F 47).
Salamine (bataille de) : bataille de 479 av. J.-C., défaite perse lors de la seconde guerre médique.
Samos : île ionienne, siège d'une cité du même nom.
Sardes : capitale du royaume de Lydie.
Satrape : gouverneur d'une satrapie.
Satrapie : division administrative (province) de l'Empire perse.
Scythes : peuple indo-européen originaire d'Eurasie, cavalier et nomade qui déferla en Asie Mineure au VIIe siècle av. J.-C.
Sibylle : prophétesse qui rend des oracles.
Sidène : cité de Troade, sur le fleuve Granique où le tyran Glaucias s'était réfugié. La cité sera détruite par Crésus.
Siwa : oasis d'Égypte, siège d'un oracle d'Amon-Rê (mod. Isiwan).
Smyrne : cité d'Ionie assiégée par Alyatte vers 610 av. J.-C. (mod. Izmir/Bayraklı).
Solon : homme d'État, législateur et poète athénien (vers 600 av. J.-C.).

Sophocle : dramaturge grec auteur de nombreuses tragédies, notamment *Les Trachiniennes*, *Œdipe Roi* et *Antigone* (vers 495-406 av. J.-C.).

Sparda : nom en perse de la satrapie de Lydie.

Spithridatès : satrape de Lydie qui trouve la mort face aux troupes d'Alexandre le Grand lors de la Bataille du Granique en 334 av. J.-C.

Strabon : géographe et historien grec, originaire d'Amasée en Asie Mineure (20-60 ap. J.-C. environ). Auteur des *Geographika*.

Suse : capitale d'un royaume élamite. Deviendra une des capitales de l'Empire perse (mod. Shush).

Syllogè : recueil.

Tabalos : dignitaire perse (peut-être lydien) en charge de l'administration de Sardes après sa capture par Cyrus.

Tégée : cité d'Arcadie dans le Péloponnèse.

Thalès de Milet : philosophe, astronome et mathématicien grec. Il vécut aux VIIe et VIe siècles av. J.-C. Souvent cité parmi les Sept Sages de la Grèce antique.

Thèbes : cité de Béotie en Grèce continentale.

Théopompe de Chios : historien et homme politique grec du IVe siècle av. J.-C.

Thornax : montagne de Laconie située au nord de Sparte.

Thrasybule : tyran de Milet (VIIe siècle av. J.-C.).

Thucydide : homme politique et historien grec du Ve siècle av. J.-C. Auteur d'une *Histoire de la guerre du Péloponnèse*.

Thymbrara : vaste plaine aux alentours de Sardes, lieu d'une bataille entre les armées perse et lydienne avant la prise de Sardes par Cyrus.

Thyréa : cité du Péloponnèse, en Argolide.

Tmole : chaîne de montagnes de Lydie, au sud de Sardes (mod. Boz Dağ).

Urartu : royaume constitué autour du lac de Van, sur le Plateau arménien du IXe au IVe siècle av. J.-C.

Xénophane de Colophon : philosophe, théologien et poète grec des VIe et Ve siècles av. J.-C.

Xénophon : militaire et historien athénien (vers 430-355 av. J.-C.). Auteur d'une *Anabase*, de la *Cyropédie* et des *Hélléniques* entre autres.

Xerxès : roi de Perse de 485-465 av. J.-C. environ, fils de Darius Ier, fils d'Artaxerxès Ier.

Arbre généalogique

Arbre généalogique des Mermnades

Gygès (*ca.* 680-644 av. J.-C.) épouse Tudo de Mysie

Ardys/Alyatte (*ca.* 644-624 av. J.-C.)

Une fille qui épouse Mélas l'Ancien d'Éphèse

Une génération

Sadyatte (*ca.* 624-610 av. J.-C.) épouse 1) sa propre sœur Lydè qui avait épousé Milétos
2) et 3) deux sœurs, A et B

1) de sa sœur Lydè : **Alyatte** (*ca.* 610-561 av. J.-C.)

2) de la sœur A : Attalès

3) de la sœur B : Adramys

Alyatte :

1) d'une Carienne : **Crésus** (*ca.* 561-547 av. J.-C.) et Aryènis qui épouse Astyage

2) d'une Ionienne : Pantaléon

3) de ? ou de 2) : Une fille qui épouse Mélas le Jeune d'Éphèse

Crésus : Atys — Un fils muet — Une ou plusieurs filles

Mélas le Jeune d'Éphèse : Pindare

Cartes

Principales cités d'Asie Mineure au temps de Crésus

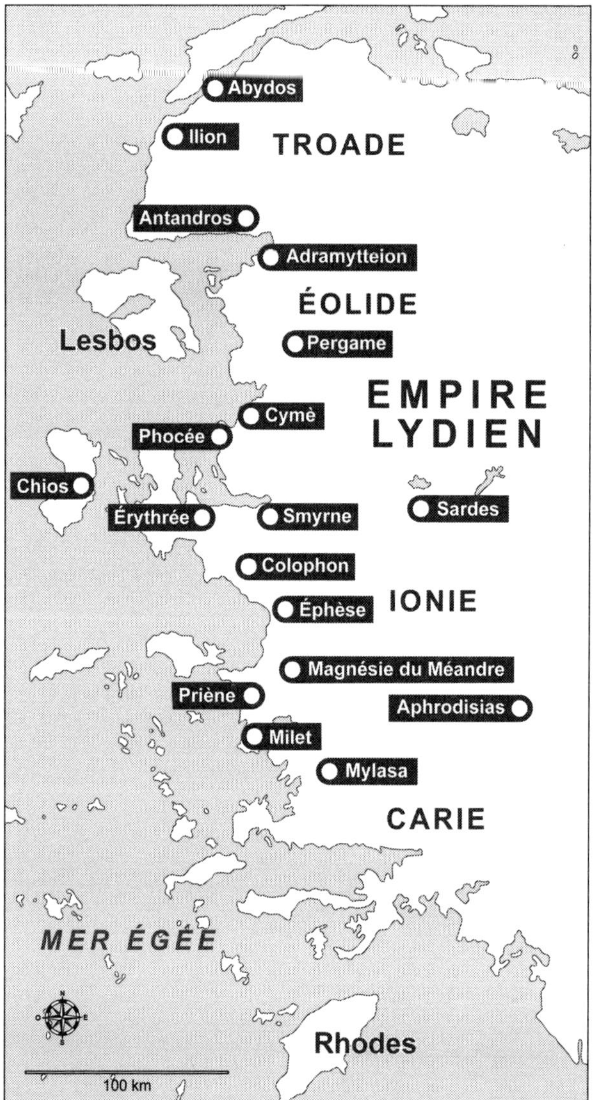

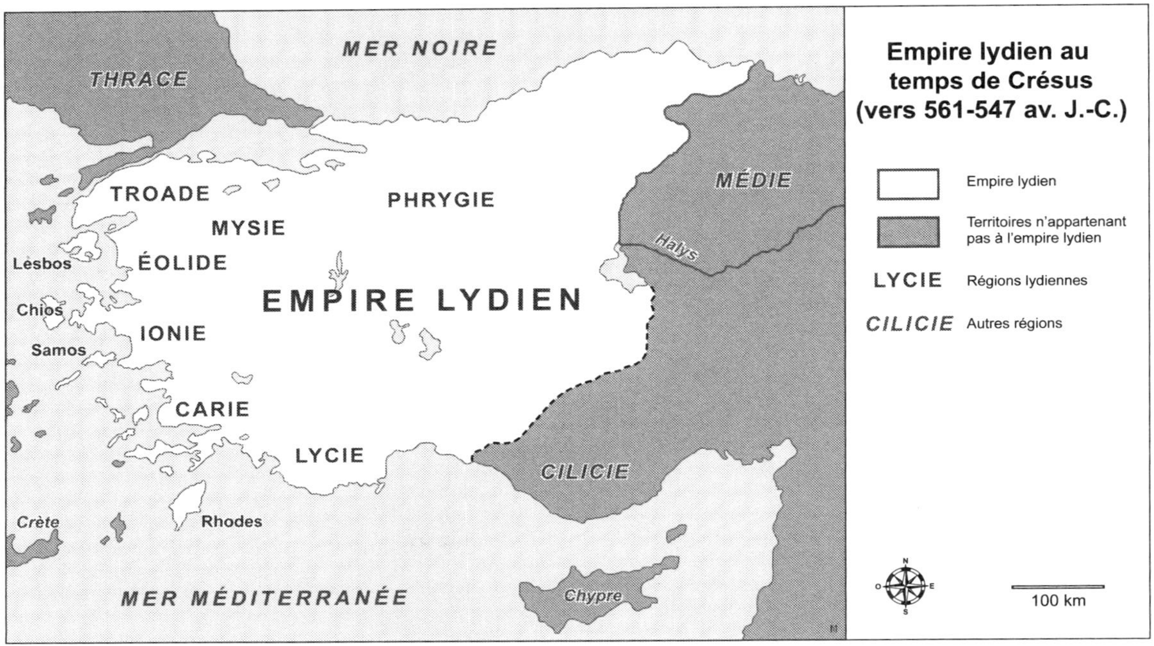
Empire lydien au temps de Crésus (vers 561-547 av. J.-C.)
Empire lydien
Territoires n'appartenant pas à l'empire lydien
LYCIE Régions lydiennes
CILICIE Autres régions
100 km
MER NOIRE
THRACE
MÉDIE
Halys
TROADE
MYSIE
ÉOLIDE
PHRYGIE
EMPIRE LYDIEN
IONIE
CARIE
LYCIE
CILICIE
Lesbos
Chios
Samos
Crète
Rhodes
Chypre
MER MÉDITERRANÉE

Royaumes et empires voisins de l'Asie Mineure au temps de Crésus

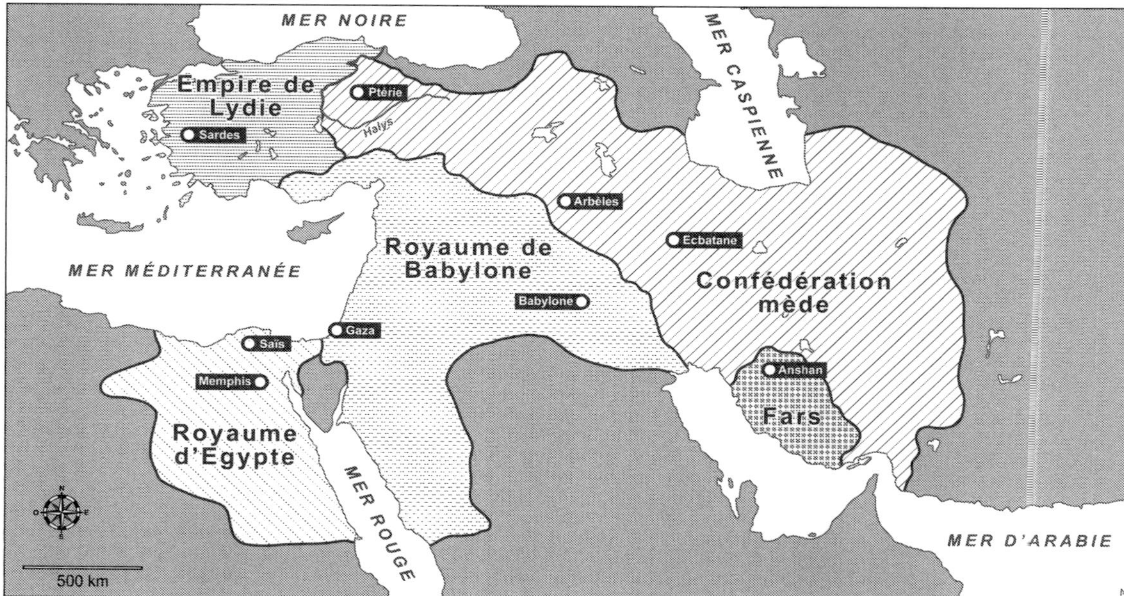

Bibliographie

Sources grecques

Athénée de Naucratis

ATHENAEUS, *The Learned Banqueters, Books I-XV*, edited and translated by S. Douglas Olson, Cambridge (MA) / Londres, Harvard University Press, 2006-2012.

Bacchylide

BACCHYLIDE, *Dithyrambes. Épinicies. Fragments*, texte établi par Jean Irigoin et traduit par Jacqueline Duchemin et Louis Bardollet, Paris, Les Belles Lettres, 1993 (« Collection des universités de France », Série grecque, n° 430).

Ctésias de Cnide

CTÉSIAS DE CNIDE, *La Perse. L'Inde. Autres fragments*, texte établi, traduit et commenté par Dominique Lenfant, Paris, Les Belles Lettres, 2004 (« Collection des universités de France », Série grecque, n° 435).

Diodore de Sicile

DIODORE DE SICILE, *Bibliothèque historique. Fragments*, t. I : *Livres VI-X*, texte édité et traduit par Aude Cohen-Skalli, Paris, Les Belles Lettres, 2012 (« Collection des universités de France », Série grecque, n° 488).

DIODORE DE SICILE, *Bibliothèque historique*, t. I : *Introduction générale* et *Livre I*, Introduction générale par François Chamoux et Pierre Bertac, texte établi par Pierre Bertac et traduit par Yvonne VERNIÈRE, Paris, Les Belles Lettres, 1993 (« Collection des universités de France », Série grecque, n° 354).

DIODORE DE SICILE, *Bibliothèque historique*, t. II, *Livre II*, texte établi et traduit par Bernard Eck, Paris, Les Belles Lettres, 2003 (« Collection des universités de France », Série grecque, n° 430).

Diogène Laërce

DIOGÈNE LAËRCE, *Vies, doctrines, et sentences des philosophes illustres*, traduction française sous la direction de Marie-Odile Goulet-Cazé, Paris, Pochotèque, 1999.

Élien

ÉLIEN, *Histoire variée*, texte introduit, traduit et annoté par Alessandra Lukinovich et Anne-France Morand, Paris, Les Belles Lettres, 1991 (« La Roue à livres »).

Eschyle

ESCHYLE, *Tragédies*, t. I : *Les Suppliantes. Les Perses. Les Sept contre Thèbes. Prométhée enchaîné*, texte établi, traduit et commenté par Paul Mazon [1920], Paris, Les Belles Lettres, 2010 (« Collection des universités de France », Série grecque, n° 2).

Euripide

EURIPIDE, *Tragédies*, t. VI, 2e partie : *Les Bacchantes*, texte établi, traduit et commenté par H. Grégoire et J. Meunier, deuxième tirage revu et corrigé par Jean Irigoin, Paris, Les Belles Lettres, 1998 (« Collection des universités de France », Série grecque, n° 154).

Hérodote

HÉRODOTE, *Histoires*, neuf livres et un volume d'introduction, texte édité et traduit par Philippe-Ernest Legrand, Paris, Les Belles Lettres, 1932-1954.

Justin

JUSTIN, *Abrégé des Histoires philippiques de Trogue Pompée*, texte établi, traduit et commenté par Marie-Pierre Arnaud-Lindet, Introduction, *in* CORPUS SCRIPTORUM LATINORUM, A digital library of Latin literature, en ligne : www.forumromanum.org/literature/justin/introduction.html.

Myson (Amphore de)

DENOYELLE, Martine, *Chefs-d'œuvre de la céramique grecque dans les collections du Louvre*, Paris, Réunion des musées nationaux, 1994.

Mimnerme

Poètes élégiaques et moralistes de la Grèce. Archiloque – Callinos – Sémonide – Tyrtée – Mimnerme – Solon – Théognis – Phocylide – Pythagore – Xénophane – Simonide – Ion de Chios – Dionysos Khalcous – Evenos – Critias – Cratès – Aristote, traduction nouvelle par Élie Bergougnan, Paris, Garnier frères, 1940, p. 127-131.

Nicolas de Damas

NICOLAS DE DAMAS, *Histoires. Recueil de coutumes. Vie d'Auguste. Autobiographie*, texte édité et traduit par Édith Parmentier et Francesca Prometea Barone, Paris, Les Belles Lettres, 2011 (« Fragments », n° 12).

Parthénios de Nicée

PARTHÉNIOS DE NICÉE, *Passions d'amour*, texte établi, traduit et commenté par Michel Biraud, Dominique Voisin, Arnaud Zucker avec la collaboration d'Évrard Delbey, Koen Vanhaegendoren, Fabrice Wendling *et al.*, Grenoble, Jérôme Millon, 2008.

Pausanias

PAUSANIAS, *Description of Greece*, t. II, *Books III-V (Laconia, Messenia, Élis-1)*, translated by William Henry S. Jones et

Henry A. Ormerod, Londres / Cambridge (MA), Harvard University Press, 1926 (« Loeb Classical Library »).

Pausanias, *Description de la Grèce*, t. IV, *Livre IV (La Messénie)*, texte établi par Michel Casevitz, traduit et commenté par Janick Auberger, Paris, Les Belles Lettres, 2005 (« Collection des universités de France », Série grecque, n° 440).

Pausanias, *Description de la Grèce*, t. VII, *Livre VII (L'Achaïe)*, texte établi par Michel Casevitz, traduit et commenté par Yves Lafond, 2e tirage, Paris, Les Belles Lettres, 2000 (« Collection des universités de France », Série grecque, n° 404).

Pline l'Ancien

Pline l'Ancien, *Histoire naturelle*, texte traduit par Émile Littré, Paris, Les Belles Lettres, 2016 (« Classiques favoris »).

Plutarque

Plutarque, *Œuvres morales*, t. XII, 1re partie : *Traités 54-57. Il ne faut pas s'endetter. Vies des dix orateurs. Comparaison d'Aristophane et de Ménandre. De la malignité d'Hérodote*, texte édité et traduit par Marcel Cuvigny et Guy Lachenaud, Paris, Les Belles Lettres, (« Collection des universités de France », Série grecque, n° 1).

Plutarque, *Œuvres morales*, t. VI : *Traités 24-26, Sur l'E de Delphes. Pourquoi la Pythie ne rend plus ses oracles en vers. Sur la disparition des oracles*, texte établi, traduit et commenté par Robert Flacelière, Paris, Les Belles Lettres, 1974 (« Collection des universités de France », Série grecque, n° 232).

Plutarque, *Œuvres morales*, t. IV : *Traités 17-19, Conduites méritoires des femmes. Étiologies romaines. Étiologies grecques. Parallèles mineurs*, texte établi, traduit et commenté par Jacques Boulogne, Paris, Les Belles Lettres, 2002 (« Collection des universités de France », Série grecque, n° 417).

Polybe

POLYBE, *Histoires*, t. VII, *Livres VII-VIII et IX*, texte établi et traduit par Raymond Weil, Paris, Les Belles Lettres, 1982 (« Collection des universités de France », Série grecque, nº 286).

Polyen

POLYAENUS, *Stratagems*, t. I, *Books I-V, excerpts and Leo the Emperor*, texte traduit par Philip Krentz et Everett L. Wheeler, Chicago, Ares Publishers, 1994 : traduction basée sur l'édition Teubner de Johannes Melber, 1887.

POLYAENUS, *Stratagems*, t. II, *Books VI-VIII, excerpts and Leo the Emperor*, texte traduit par Philip Krentz et Everett L. Wheeler, Chicago, Ares Publishers, 1994 : traduction basée sur l'édition Teubner de Johannes Melber, 1887.

Sophocle

SOPHOCLE, *Les Trachiniennes*, t. I, *Introduction. Les Trachiniennes. Antigone*, texte établi, traduit et commenté par Alphonse Dain et Paul Mazon, septième édition revue et corrigée par Jean Irigoin, Paris, Les Belles Lettres, 1994 (« Collection des universités de France », Série grecque, nº 122).

Strabon

Strabons Geographika, t. III, *Buchen IX-XIII*, texte et traduction de Stefan Radt, Göttingen, Vandenhoeck & Ruprecht, 2004.

Strabons Geographika, t. IV, *Buchen XIV-XVII*, texte et traduction de Stefan Radt, Göttingen, Vandenhoeck & Ruprecht, 2005.

STRABON, *Géographies, Livre XIII*, traduction d'Amédée Tardieu, en ligne : remacle.org/bloodwolf/erudits/strabon/livre130.htm.

Thucydide

THUCYDIDE, *La Guerre du Péloponnèse*, t. V, *Livre VIII*, texte établi et traduit par Raymond Weil avec la collaboration de Jacqueline de Romilly, deuxième tirage, Paris, Les Belles Lettres, 2003 (« Collection des universités de France », Série grecque, n° 215).

Xénophane de Colophon

XÉNOPHANE DE COLOPHON, *Œuvre poétique*, texte édité, traduit et commenté par Laetitia Reibaud, Paris, Les Belles Lettres, 2012 (« Fragments », n° 16).

Xénophon

XÉNOPHON, *Cyropédie*, t. I, *Livres I et II*, texte établi et traduit par Marcel Bizos, Paris, Les Belles Lettres, 1971 (« Collection des universités de France », Série grecque, n° 204).

XÉNOPHON, *Cyropédie*, t. III, *Livres VI-VIII*, texte établi et traduit par Édouard Delebecque, Paris, Les Belles Lettres, 1978 (« Collection des universités de France », Série grecque, n° 261).

SOURCES ORIENTALES

Chronique de Nabonide

Assyrian and Babylonian Chronicles, text, translation and commentary by Albert Kirk Grayson, New York, J. J. Augustin, 1975 (« Texts from Cuneiform Sources », n° V).

Mesopotamian Chronicles, edited by Benjamin R. Foster, translated by Jean-Jacques Glassner, Atlanta, Society of Biblical Litterature, 2004 (« Writings of the Ancient World »).

Cylindre de Sippar

SCHAUDIG, Hanspeter (éd. et trad.), *Die Inschriften Nabonids von Babylon und Kyros' des Großen, samt den in ihren Umfeld entstandenen Tendenzschriften. Textausgabe und Grammatik*, Munster, Ugarit, 2001, p. 409-440.

Inscriptions d'Harran de Nabonide

SCHAUDIG, Hanspeter (éd. et trad.), *Die Inschriften Nabonids von Babylon und Kyros' des Großen, samt den in ihren Umfeld entstandenen Tendenzschriften. Textausgabe und Grammatik*, Munster, Ugarit, 2001, p. 486-500.

Sources assyriennes

Novotny, Jamie, Jeffers, Joshua (éd. et trad.), *The Royal Inscriptions of Ashurbanipal (668-631 BC), Assur-etal-ilani (630-627 BC), and Sin-sarra-iskun (626-612 BC), Kings of Assyria*, vol. 5/I, Winona Lake, Eisenbrauns, 2018 (« The Royal Inscriptions of the Neo-Assyrian Period »). Les textes édités et traduits sont aussi disponibles en ligne sur The Royal Inscriptions of the Neo-Assyrian Period, RINAP 5 : The Royal Inscriptions of Ashurbanipal, Aššur-etel-ilāni, and Sîn-šarra-iškun : oracc.museum.upenn.edu/rinap/rinap5/

Travaux modernes

Agut-Labordère, Damien, « Plus que des mercenaires ! L'intégration des hommes de guerre grecs au service de la monarchie saïte », *Pallas*, 89, 2012, p. 293-306.

Akurgal, Meral, « Alt-Smyrna », *in* Radt, Wolfgang (dir.), *Stadtgrabungen und Stadtforschung im westlichen Kleinasien : Geplantes und Erreichtes*, Internationales Symposion 6./7. August 2004 in Bergama (Türkei), Istanbul, Yayinlari, 2006, p. 373-382.

Akurgal, Meral, « Hellenic Architecture in Smyrna 650-546 B.C. », *in* Cobet, Justus *et al.* (dir.), *Frühes Ionien, Milesische Forschung*, Mayence, Von Zabern, 2007, p. 125-136.

Akurgal, Meral, « The Archaic Period Wall of Smyrna », *in* Brandt, Barbara *et al.*, *Synergia. Festschrift für Friedrich Krinzinger*, Band II, Vienne, Phoibos, 2005, p. 83-88.

Amandry, Pierre, « Statue de taureau en argent », in *Bulletin de correspondance hellénique*, Supplément 4, 1977, p. 173-193.

Amrhein, Anastasia *et al.*, « The Interaction of Empires », *in* Rose, C. Brian, Darbyshire, Garreth, *The Golden Age of*

King Midas. Exhibition Catalogue, Philadelphie, University of Pennsylvania Museum, 2016, p. 16-27.

ANDERSON, John Kinloch, *Military Theory and Practice in The Age of Xenophon*, Berkeley / Los Angeles, University of California Press, 1970.

ANDERSON, John Kinloch, *Xenophon* [1974], Londres, Paperbacks, 2008.

AUSTIN, Michael M., « Greek Tyrants and the Persians, 546-479 B.C. », in *The Classical Quarterly*, 40-2, 1990, p. 289-306.

AZOULAY, Vincent, *Xénophon et les grâces du pouvoir. De la charis au charisme*, Paris, Publications de la Sorbonne, 2004.

BACHVAROVA, Mary R., *From Hittite to Homer. The Anatolian Background of Ancient Greek Epic*, Cambridge, Cambridge University Press, 2016.

BALANDIER, Claire, « L'Égypte, Chypre et la route de Péluse à Gaza : approche micro-régionale des politiques stratégiques des derniers souverains égyptiens et achéménides (610-332 av. J.-C.) », *in* MICHAELIDES, Demetrios *et al.* (dir.), *Egypt and Cyprus in Antiquiy*, Oxford, Oxford Books, 2009, p. 78-96.

BALCER, Jack Martin, *Sparda By The Bitter Sea. Imperial Interaction in Western Anatolia*, Chico, Scholars Press, 1984.

BAURAIN, Claude, *Les Grecs et la Méditerranée orientale. Des siècles obscurs à la fin de l'époque archaïque*, Paris, Puf, 1997.

BECKMAN, Gary, « Inheritance and Royal Succession among the Hittites », *in* HOFFNER JR., Harry A., BECKMAN, Gary M. (dir.), *Kanišsuwar. A Tribute to Hans G. Güterbock on His Seventy-fifth Birthday, May 27, 1983*, Chicago, The Oriental Institute of the University of Chicago, 1986, p. 13-31.

BECKMAN, Gary, *Hittite Diplomatic Texts*, Atlanta, Scholars Press, 1996.

BERNDT-ERSÖZ, Suzanne, « Sacred Space in Iron Age Phrygia », *in* GATES, C., MORIN, J., ZIMMERMANN, T. (dir.), *Sacred Landscape in Anatolia and Neighboring Regions*, Oxford, Archeopress, 2009, p. 11-19.

BERNDT-ERSÖZ, Suzanne, « The Chronology And Historical Context of Midas », in *Historia*, 57-1, 2008, p. 1-37.

BERNDT-ERSÖZ, Suzanne, *Phrygian rock-cut shrines, structure, function, and cult practice*, Leyde / Boston, Brill, 2006.

BOARDMAN, John, *The Greeks Overseas. Their Early Colonies and Trade*, Londres, Thames & Hudson, 1999 [1re édition en 1964].

BOEDEKER, Deborah, « Epic Heritage and Mythical Pattern in Herodotus », *in* BAKKER, Egbert J., DE JONG, Irène J. F., VAN WEES, Hans (dir.), *Brill's Companion to Herodotus*, Leyde / Boston / Cologne, Brill, 2002, p. 97-116.

BOLSHAKOV, Andrey. O., « Persians And Egyptians : Cooperation in Vandalism ? », *in* D'AURIA, Sue H. (dir.), *Offerings To The Discerning Eye. An Egyptological Medley in Honor of Jack A. Josephson*, Leyde / Boston, 2010, p. 45-53.

BRESSON, Alain, « Les Cariens et la mauvaise conscience du Barbare », *in* URSO, Gianpaolo (dir.), *Tra Oriente e Occidente. Indigeni, Greci e Romani in Asia Minore* (Atti del convegno internazionale, Cividale del Friuli, settembre 2006), Pise, ETS, 2007, p. 209-228.

BRESSON, Alain, « Rhodes, l'Hellénion et le statut de Naucratis (VIe-IVe siècles a.C.) », in *Dialogues d'histoire ancienne*, 6, 1980, p. 291-349.

BRIANT, Pierre, *Histoire de l'Empire perse. De Cyrus à Alexandre*, Paris, Fayard, 1996.

BRIQUEL, Dominique, *L'Origine lydienne des Étrusques. Histoire de la doctrine dans l'Antiquité*, Rome, École française de Rome, 1991.

BRIXHE, Claude, LEJEUNE, Michel, *Corpus des inscriptions paléo-phrygiennes*, Paris, Recherches sur les civilisations ADPF, 1984.

BROSIUS, Maria, « New out of old ? Court and court ceremonies in Achaemenid Persia », *in* SPAWFORTH, Antony J. S.

(dir.), *The Court and Court Society in Ancient Monarchies*, Cambridge, Cambridge University Press, 2007, p. 17-57.

BRYCE, Trevor, *Life and Society in the Hittite World*, Oxford, Oxford University Press, 2002.

BRYCE, Trevor, *The Kingdom of the Hittites*, Oxford, Oxford University Press, 1988.

BUCKLER, William H., *Lydian Inscriptions. Part II : A Collection of the texts in Lydian script found at Sardis and elsewhere*, Leyde, Brill, 1924.

BUITENWERF, Rieuwerd, *Book III of the Sibylline Oracles and Its Social Settings. With an Introduction, Translation, and Commentary by R. Buitenwerf*, Leyde, Brill, 2003.

BUSINE, Aude, *Les Sept Sages de la Grèce antique. Transmission et utilisation d'un patrimoine légendaire d'Hérodote à Plutarque*, Paris, De Boccard, 2002.

BÜYÜKKOLANCI, Mustafa, « Apaša, das alte Ephesos und Ayasoluk », *in* COBET, Justus *et al.* (dir.), *Frühes Ionien : eine Bestandsaufnahme. Panionion-Symposion Güzelçamlı 26. September – 1. Oktober 1999*, Mayence, Filip von Zabern, 2007, p. 21-26.

CAHILL, Nicholas D. (dir.), *Lidyalılar ve Dünyaları. The Lydians and Their World*, Istanbul, Yapı Kredi Yayınları, 2010.

CAHILL, Nicholas D. *et al.*, « Depletion gilding of Lydian electrum coins and the sources of Lydian gold », *in* VAN ALFEN, Peter, WARTENBERG, Ute (dir.), *White Gold. Studies in Early Electrum Coinage*, New York, The American Numismatic Society / Jérusalem, The Israel Museum, 2020, p. 291-336.

CAHILL, Nicholas D., KROLL, John H., « New Archaic Coin Found at Sardis », in *Amercian Journal of Archaeology*, 109-4, 2005, p. 589-617.

CAHILL, Nicholas D., « Gold and Silver Refining at Sardis », *in* CAHILL, Nicholas D. (dir.), *Lidyalılar ve Dünyaları. The Lydians and Their World*, en ligne : www.sardisexpedition.org/en/essays/latw-greenewalt-gold-silver-refining#note_8.

CAHILL, Nicholas D., « Mapping Sardis », *in* CAHILL, Nicholas D. (dir.), *Love For Lydia. A Sardis Anniversary Volume Presented to Crawford H. Greenewalt, Jr.*, Cambridge (MA) / Londres, Harvard University Press, 2008, p. 111-124.

CAHILL, Nicholas D., « The City of Sardis », *in* CAHILL, Nicholas D. (dir.), *Lidyalılar ve Dünyaları. The Lydians and Their World*, Istanbul, Yapı Kredi Yayınları, 2010, p. 75-106.

CAHILL, Nicholas D., « The Persian Sack of Sardis », *in* CAHILL, Nicholas D. (dir.), *Lidyalılar ve Dünyaları. The Lydians and Their World*, Istanbul, Yapı Kredi Yayınları, 2010, p. 339-362.

CARRUBA, Onofrio, « Λυδικὴ ἀρχαιολογία. La Lidia fra II e I millennio », *in* GIORGIERI, Mauro *et al.* (dir.), *Licia e Lidia Prima Dell'Ellenizzazione*, Atti del Convegno internazionale, Roma, 11-12 octobre 1999, Roma, Consiglio Nazionale Delle Ricerche, 2003, p. 145-170.

CHARPIN, Dominique, *« Tu es de mon sang ». Les alliances dans le Proche-Orient ancien*, Paris, Les Belles Lettres, 2019.

CLOCHÉ, Paul, *Thèbes de Béotie. Des origines à la conquête romaine*, Louvain / Paris, Nauwlaerts / Desclée de Brouwer, 1952.

COLIN, Frédéric, « Les fondateurs du sanctuaire d'Amon à Siwa (désert Libyque). Autour d'un bronze de donation inédit », in CLARISSE, Willy *et al.* (dir.), *Egyptian Religion. The Last Thousand Years*, t. I, *Studies dedicated to the Memory of Jan Quaegebeur*, Louvain, Peeters, 1988, p. 329-354.

COOK, John Manuel, « Old Smyrna. 1948-1951 », *The Annual of The British School at Athens*, 53/54, 1958/1959, p. 1-34.

COOK, John Manuel, « On the Date of Alyattes' Sack of Smyrna », *The Annual of the British School at Athens*, 80, 1985, p. 25-28.

CRAHAY, Roland, *La Littérature oraculaire chez Hérodote*, Paris, Les Belles Lettres, 1956.

CRIELAARD, Jan Paul, « The Ionians in the Archaic period : Shifting identities in a changing world », *in* DERKS, Ton, ROYMANS, Niko (dir.), *Ethnics Constructs In Antiquity. The Role Of Power And Tradition*, Amsterdam, Amsterdam University Press, 2009, p. 37-84.

DALE, Alexander, « Alcaeus on the career of Myrsilos : Greeks, Lydians and Luwians at the East Aegean-West Anatolian interface », in *Journal of Hellenic Studies*, 131, 2011, p. 15-24.

DALE, Alexander, « Walwet and Kukalim. Lydian coin legends, dynastic succession, and the chronology of Mermnad kings », *Kadmos*, 54, 1-2, 2015, p. 151-166.

DANDAMAEV, Muhammad, LUKONIN, Vladimir G., *The Culture and Social Institutions in Ancient Iran*, Cambridge, Cambridge University Press, 1989.

DANDAMAEV, Muhammad A., *A Political History of the Achaemenid Empire*, translated into English by W. J. VOGELSANG, Leyde / New York, Brill, 1989.

DELEBECQUE, Édouard, *Essai sur la vie de Xénophon*, Paris, Klincksieck, 1957.

DESHOURS, Nadine, « Les Messéniens, le règlement des mystères et la consultation de l'oracle d'Apollon Pythéen à Argos », in *Revue des études grecques*, 112, 1999, p. 463-484.

DONBAZ, Veysel, STOLPER, Matthew W., *Istanbul Murašû Texts*, Leyde, Nederlands Historisch-Archaeologisch Instituut te Istanbul, 1997.

DONELLI, Giulia, « Herodotus and Greek Lyric Poetry », *in* LIOTSAKIS, Vasileios, FARRINGTON, Scott (dir.), *The Art of History. Literary Perspectives on Greek and Roman Historiography*, Berlin / Boston, De Gruyter, 2016, p. 11-36.

DOVATOUR, Aristide, « La menace de Démarate (Hérodote, VI, 61) », in *Revue des études grecques*, 50-238, 1937, p. 464-469.

DREWS, Robert, « Herodotus 1.94, the Drought ca. 1200 BC, and the Origin of the Etruscans », in *Historia*, 41-1, 1992, p. 14-39.

DREWS, Robert, *The Greek accounts of Eastern History*, Cambridge (MA), Harvard University Press, 1973.

DUNFORD, Stephen, « Peoples and Maps – Nomenclature and Definitions », *in* MOUTON, Alice, RUTHERFORD, Ian, YAKUBOVICH, Ilya (dir.), *Luwian Identities. Culture, Language and Religion Between Anatolia and the Aegean*, Leyde / Boston, Brill, 2013, p. 41-72.

DUPLOUY, Alain, « L'utilisation de la figure de Crésus dans l'idéologie aristocratique athénienne. Solon, Alcméon, Miltiade et le dernier roi de Lydie », in *L'Antiquité classique*, 68, 1999, p. 1-22.

DUPLOUY, Alain, « Le bûcher de Crésus », *Rivista di Filologia e d'Istruzione Classica*, 128, 2000, p. 21-37.

DUSINBERRE, Elspeth R. M., *Aspects of Empire in Achaemenid Sardis*, Cambridge, Cambridge University Press, 2003.

ELAYI, Josette, *Histoire de la Phénicie*, Paris, Perrin, 2018.

ERSÖY, Yaşar, Elif KOPARAL, « Klazomenai Khorası ve Teos Sur İçi Yerleşim Yüzey Araştırması 2006 Yılı Çalışmaları », *Araştırma Sonuçları Toplantısı*, 25-3, 2008, p. 47-70.

FANTALKIN, Alexander, « Naukratis as a contact zone : Revealing the Lydian connection », *in* ROLLINGER, Robert, SCHNEGG, Kordula (dir.), *Kulturkontakte in Antiken Welten, vom Denkmodell zum Fallbeispiel*, Proceedings des internationalen Kolloqiums aus Anlass des 60. Gebuststages von Christoph Ulf, Innsbruck, 26. bis 30. Januar 2009, Louvain / Paris / Walpole, Peeters, 2014, p. 17-52.

FEHLING, Detlev, *Herodotus and His « Sources ». Citation, Invention and Narrative Art*, traduit de l'allemand par J. G. HOWIE, Leeds, F. Cairns, 1989 [1971 pour l'édition en allemand].

FLOWER, Harriet Isabel, « Herodotus and Delphic tradition about Croesus », *in* VIGNOLO MUNSON, Rosaria (dir.), *Hero-*

dotus. Volume 1 : Herodotus and the Narrative of the Past, Oxford, Oxford University Press, 2013, p. 124-155.

FREU, Jacques, MAZOYER, Michel, *Le Déclin et la chute du nouvel Empire hittite. Les Hittites et leur histoire*, Paris, L'Harmattan, 2013.

GARRISON, Mark B., « The Seal of "Kuraš the Anzanite, Son of Šešpeš" (Teispes), PFS 93*: Susa – Anšan – Persepolis », *in* ÁLVAREZ-MON, Javier, GARRISON, Mark B. (dir.), *Elam and Persia*, Winona Lake, Eisenbrauns, 2011, p. 375-405.

GERMAIN, Gabriel, *La Mystique des nombres dans l'épopée homérique et sa préhistoire*, Paris, Puf, 1954.

GIOVANNINI, Adalberto, *Les Relations internationales entre États dans la Grèce antique du temps d'Homère à l'intervention romaine (ca. 700-200 av. J.-C.)*, Stuttgart, Franz Steiner, 2007.

GLOVER, Terrot R., *From Pericles to Philip*, New York, The Macmillan Company, 1917.

GORMAN, Vanessa B., *Miletos, the Ornament of Ionia. A History of the City to 400 B.C.E.*, Ann Arbor, University of Michigan Press, 2001.

GREAVES, Alan M., *Miletos. A History*, Londres, Routledge, 2002.

GREAVES, Alan M., *The Land Of Ionia. Society and Economy in the Archaic Period*, Chichester, Wiley-Blackwell, 2010.

GREENEWALT, Crawford H., « When a Mighty Empire Was Destroyed : The Common Man at the Fall of Sardis, ca. 546 B.C. », *Proceedings of the American Philosophical Society*, 136-2, 1992, p. 247-271.

GREENEWALT, Crawford H., « Introduction », *in* CAHILL, Nicholas D. (dir.), *Lidyalılar ve Dünyaları. The Lydians and Their World*, Istanbul, Yapı Kredi Yayınları, 2010, p. 7-36.

GREENEWALT, Crawford H., « Gold and Silver Refining at Sardeis », *in* CAHILL, Nicholas D. (dir.), *Lidyalılar ve Dünyaları.*

The Lydians and Their World, Istanbul, Yapı Kredi Yayınları, 2010, p. 135-142.

GREENEWALT, Crawford H., « Horsemanship », *in* CAHILL, Nicholas D. (dir.), *Lidyalılar ve Dünyaları. The Lydians and Their World*, Istanbul, Yapı Kredi Yayınları, 2010, p. 217-224.

GUSMANI, Roberto, *Lydisches Wörtenbuch. Mit grammatischer Skizze und Inschriftensammlung*, Heidelberg, Carl Winter, 1964.

GUSMANI, Roberto, « Zur Lesung der lydischen Inschrift aus Pergamon », *Kadmos*, 25-2, 1986, p. 155-161.

HALL, Jonathan M., *Hellenicity. Between Ethnicity and Culture*, Chicago / Londres, University of Chicago Press, 2002.

HAMMOND, Nicholas Geoffrey Lemprière, « The Peloponnese », *in* BOARDMAN, John HAMMOND, N. G. L. (dir.), *The Cambridge Ancient History*, III-3, *The Expansion of the Greek World, Eight to Sixth Centuries B.C.*, Cambridge, Cambridge University Press, 1982, p. 321-360.

HANFMANN, George M. A., WALDBAUM, Jane C., *A Survey Of Sardis And The Major Monuments Outside The City Walls*, Cambridge (MA) / Londres, Harvard University Press, 1975.

HANFMANN, George M. A., MASSON, Olivier, « Carian inscriptions from Sardis and Stratonikeia », *Kadmos*, 6, 1967, p. 123-134.

HAUSLEITER, Arnulf, « North Arabian Kingdom », *in* POTTS, Daniel T. (dir.), *A Companion to the Archaeology of the Ancient Near East*, vol. 2, Malden / Oxford / Chichester, Wiley-Blackwell, 2012, p. 816-832.

HAZIZA, Typhaine, « Les Sept Sages et l'Égypte », *Kentron*, 34, 2018, p. 129-160.

HENRY, Olivier, *Tombes de Carie. Architecture funéraire et culture carienne, VIe-IIe siècle av. J.-C.*, Rennes, Presses universitaires de Rennes, 2009.

HERDA, Alexander, « Greek (and our) Views on the Karians », *in* MOUTON, Alice, RUTHERFORD, Ian, YAKUBOVICH, Ilya (dir.), *Luwian Identities. Culture, Language and Religion Between Anatolia and the Aegean*, Leyde / Boston, Brill, 2013, p. 421-506.

HERMAN, Gabriel, *Ritualised Friendship and the Greek City*, Cambridge, Cambridge University Press, 1987.

HOFFNER Jr., Harry A., « Birth and Name-Giving in Hittite Texts », *Journal of Near Eastern Studies*, 27-3, 1968, p. 198-203.

HOFFNER, Harry A., MELCHERT, Harold Craig, *A Grammar of the Hittite Language*, part 1, *Reference Grammar*, Winona Lake, Eisenbrauns, 2008.

HOGARTH, David George, *A Wandering Scholar in the Levant*, Londres, John Murray, 1896.

HÖGEMANN, Peter, OETTINGER, Nobert, *Lydien. Ein altanatolischer Staat zwischen Griechenland und dem Vorderen Orient*, Berlin / Boston, De Gruyter, 2018.

HORNBLOWER, Simon, « Hellenistic Tragedy and Satyr-Drama ; Lycophron's Alexandra », *in* LIAPIS, Vayos, PETRIDES, Antonis K. (dir.), *Greek Tragedy After the Fifth Century. A Survey from ca. 400 BC to ca. AD 400*, Oxford, Oxford University Press, 2019, p. 90-124.

INTRIERI, Maria, « *Philoi kai xeinoi*. Sui rapporti fra tiranni e *basileis* in Erodoto », *in* CACCAMO CALTABIANO, Maria, RACCUIA, Carmela, SANTAGATI, Elena (dir.), *Tyrannis, Basileia, Imperium : forme, prassi e simboli del potere politico nel mondo greco e romano. Atti delle Giornate seminariali in onore di S. Nerina Consolo Langher, Messina, 17-19 dicembre 2007. Pelorias, 18*, Messine, Dipartimento di Scienze dell'Antichità dell'Università degli Studi di Messina, 2010, p. 123-142.

INTRIERI, Maria, « Intessere relazioni. Osservazioni sull'itinerario di philia (I. dalle origini al V sec. a.C.) », *Historiká*, III, 2013, p. 213-271.

IVANTCHIK, Askold I., *Les Cimmériens au Proche-Orient*, Göttingen, Vandenhoeck & Ruprecht, 1993.

IVANTCHIK, Askold I., « Un choc de civilisations au VIIe siècle : les invasions des Cimmériens et des Scythes au Proche-Orient et les origines de la culture scythe », *in* ÉTIENNE, Roland (dir.), *La Méditerranée au VIIe siècle av. J.-C. (essais d'analyses archéologiques)*, Paris, De Boccard, 2010, p. 38-49.

JOANNÈS, Francis, « L'Asie Mineure méridionale d'après la documentation cunéiforme d'époque néo-babylonienne », *Anatolia Antiqua. Eski Anadolu*, 1, 1991, p. 261-266.

JOANNÈS, FRANCIS, « La stratégie des rois néo-babyloniens contre l'Assyrie, de 616 à 606 av. J.-C. », *in* ABRAHAMI, Philippe, BATTINI, Laura (dir.), *Les Armées du Proche-Orient ancien : IIIe-Ier mill. av. J.-C.*, Actes du colloque international organisé à Lyon les 1er et 2 décembre 2006, Maison de l'Orient et de la Méditerranée, Bar International Series 1855, 2008, p. 207-218.

JURSA, Michael, « Observations on the Problem of the Median "Empire" on the Basis of Babylonian Chronicles », *in* Lanfranchi, Giovanni B. *et al.* (dir.), *Continuity of Empire. Assyria, Media, Persia*, Padoue, 2003, p. 169-179.

JURSA, Michael, « Der neubabylonischer Hof », *in* JACOBS, Bruno, ROLLINGER, Robert (dir.), *Der Achämenidenhof. The Achaemenid Court*, Akten des 2. Internationalen Kolloquiums zum Thema « Vorderasien im Spannungsfeld klassischer und altorientalischer Überlieferungen » Landgut Castelen bei Basel, 23. – 25. Mai 2007, Wiesbaden, Harrassowitz, 2010, p. 67-106.

KALETSCH, Hans, « Zur lydischen Chronologie », *Historia*, 7-1, 1958, p. 1-47.

KAPLAN, Philip, « Dedication to Greek Sanctuaries by Foreign Kings in the Eighth through Sixth Centuries BCE », *Historia*, 55-2, 2006, p. 129-152.

KAPLAN, Philip, « The Ring of Polycrates : friendship and alliance in the east Mediterranean », *Journal of Ancient History,* 4-2, 2016, p. 132-157.

KEARNS, John Michael, « A Lydian Etymology for the name of Croesus », *in* DISTERHEFT, Dorothy *et al.* (dir.), *Studies in honor of Jaan Puhvel,* Washington D.C., Institute for the Study of Man, 1997, p. 23-28.

KEEN, Antony G., *Dynastic Lycia. A Political History of the Lycians and Their Relations with Foreign Powers c. 545-362 B.C.*, Leyde / Boston / Cologne, Brill, 1998.

KERSCHNER, Michael *et al.*, « Ephesos in archaischer und klassischer Zeit. Die Ausgrabungen in der Siedlung Smyrna », *in* KRINZINGER, Friedrich (dir.), *Die Ägäis und das Westliche Mittelmeer. Beziehungen und Wechselwirkungen 8. bis 5. Jh. v. Chr.*, Vienne, Verlag der österreichischen Akademie der Wissenschaften, 2000, p. 45-54.

KERSCHNER, Michael, KONUK, Koray, « Electrum Coins and Their Archaeological Context : The Case of the Artemision of Ephesus », *in* VAN ALFEN, Peter, WARTENBERG, Ute (dir.), *White Gold. Studies in Early Electrum Coinage,* New York, The American Numismatic Society / Jérusalem, The Israel Museum, 2020, p. 83-190.

KERSCHNER, Michael, PROCHASKA, Walter, « Die Tempel und Altäre der Artemis in Ephesos und ihre Baumaterialien », in *Jahreshefte des Österreichischen Archäologischen Institutes in Wien,* 80, 2011, p. 73-154.

KERSCHNER, Michael, « The Lydians and their Ionian and Aiolian Neighbours », *in* CAHILL, Nicholas D. (dir.), *Lidyalılar ve Dünyaları. The Lydians and Their World,* Istanbul, Yapı Kredi Yayınları, 2010, p. 247-266.

KERSCHNER, Michael, « Neue Forschungen zu den Befestigungen von Ephesos in archaischer und klassischer Zeit : Archäologischer Befund und Schriftquellen », *in* FREDERIKSEN, Rune, MUTH, Silke, SCHNEIDER, Peter, SCHNELLE, Mike (dir.), *Focus on Fortification. New Research on Fortifications in the Ancient Mediterranean and the Near East*, Oxford / Philadelphie, Oxbow, 2016, p. 337-350.

KERSCHNER, Michael, « Das Artemision von Ephesos in geometrischer und archaischer Zeit. Die Anfänge des Heiligtums und sein Aufstieg zu einem Kultzentrum von überregionaler Bedeutung », *in* GEORGES, Tobias (dir.), *Ephesos. Die antike Metropole im Spannungsfeld von Religion und Bildung*, Tübingen, Mohr Siebeck, 2017, p. 3-76.

KONUK, Koray, « Asia Minor to the Ionian Revolt », *in* METCALF, William E., *The Oxford Handbook of Greek and Roman Coinage*, Oxford, Oxford University Press, 2012, p. 43-60.

KROLL, John H., « The Coins of Sardis », *in* CAHILL, Nicholas D. (dir.), *Lidyalılar ve Dünyaları. The Lydians and Their World*, Istanbul, Yapı Kredi Yayınları, 2010, p. 143-156.

KROLL, John H., « The Monetary Background of Early Coinage », *in* METCALF, William E., *The Oxford Handbook of Greek and Roman Coinage*, Oxford, Oxford University Press, 2012, p. 33-42.

KURTH, Amelie, « The Persian Empire. C. 550-330 BC », *in* LERICHE, Pierre (dir.), *Art et civilisations de l'Orient hellénisé. Hommage à Daniel Schlumberger*, Paris, Picard, 2014, p. 3-12.

LA BUA, Vincenzo, « Gli Ioni e il conflitto Lidio – Persiano », in *Miscellanea Greca e Romana*, V, 1977, p. 1-64.

LA MARCA, Antonio, MANCUSO, Stefania (dir.), *Catalogo della Mostra Fotografica, Scavi archeologici itialani a Kyme d'Eolide (Turchia)*, MAIKE, Rende, Centro Editoriale e Libraria, 2013.

LAUROT, Bernard, « Remarques sur la Tragédie de Crésus », *Ktèma*, 20, 1995, p. 95-103.

LELOUX, Kevin, « L'alliance lydo-spartiate », *Ktèma*, 39, 2014, p. 271-288.

LELOUX, Kevin, « The Battle of the Eclipse (May 28, 585 BC) : A Discussion of the Lydo-Median Treaty and the Halys Border », *Polemos*, 2016, 19-2, p. 31-54.

LELOUX, Kevin, « L'Halys chez Hérodote », *Studia Hercynia*, 21-1, 2017, p. 15-24.

LELOUX, Kevin, « La bataille de (la) Ptérie. La Lydie face à la Perse (*ca* 547 av. J.-C. », in *Actes du 9e congrès de l'Association des cercles francophones d'histoire et d'archéologie de Belgique (Liège, 23-26 août 2012)*, t. II, vol. 3, *Diversité des mondes anciens de l'Antiquité à 1815*, 2017, p. 407-415.

LELOUX, Kevin, « The Campaign of Croesus Against Ephesus : Historical & Archaeological Considerations », *Polemos*, 21-2, 2018, p. 47-63.

LELOUX, Kevin, *La Lydie d'Alyatte et Crésus. Un royaume à la croisée des cités grecques et des monarchies orientales. Recherches sur son organisation interne et sa politique extérieure*, thèse de doctorat en Histoire, Art et Archéologie, inédit, université de Liège, 2018.

LELOUX, Kevin, « Les alliances lydo-égyptienne et lydo-babylonienne », *Gephyra*, 22, 2021, p. 181-207.

LENFANT, Dominique, « Hérodote d'Halicarnasse », *in* LENFANT, Dominique (dir.), *Les Perses vus par les Grecs. Lire les sources classiques sur l'Empire achéménide*, Paris, Armand Colin, 2011, p. 214-227.

LENFANT, Dominique, « Xénophon », *in* LENFANT, Dominique (dir.), *Les Perses vus par les Grecs. Lire les sources classiques sur l'Empire achéménide*, Paris, Armand Colin, 2011, p. 405-420.

Les Histoires perses de Dinon et d'Héraclide, fragments édités, traduits et commentés par Dominique Lenfant, Paris, De Boccard, 2009 (« Persika », n° 13).

LOHMANN, Hans, « Survey in der Chora von Milet. Vorbericht über die Kampagnen der Jahre 1990, 1992 und 1993 », in *Archäologischer Anzeiger*, 1995, p. 293-328.

LOMBARDO, Mario, « Osservazioni Cronologiche e Storiche sul Regno di Sadiatte », in *Annali della Scuola Normale Superiore di Pisa. Classe di Lettere e Filosofia*, serie III, 10-2, 1980, p. 307-362.

LORAUX, Nicole, *Né de la Terre. Mythe et politique à Athènes*, Paris, Seuil, 1996.

LUKE, Christina, ROOSEVELT, Christopher H., « Memory and Meaning in Bin Tepe, the Lydian Cemetery of the "Thousand Mounds" », *in* KELP, Ute, HENRY, Olivier (dir.), *Tumulus as Sema. Space, Politics, Culture and Religion in the First Millenium BC*, Berlin / Boston, De Gruyter, 2016, p. 407-428.

LUKE, Christina, ROOSEVELT, Christopher H., « The Story of a Forgotten Kingdom ? Survey Archaeology and the Historical Geography of Central Western Anatolia in the Second Millenium BC », *European Journal of Archaeology*, 20-1, 2017, p. 120-147.

MAC SWEENEY, Naoise, *Community Identity & Archaeology. Dynamic Communities at Aphrodisias and Beycesultan*, Ann Arbor, University of Michigan Press, 2011.

MARIAUD, Olivier, « Châtiments de villes en Grèce orientale à l'époque archaïque (700-500 av. n. è.) : "choc de civilisation" ou conflit de voisinage ? », *in* GILLI, Patrick, GUILHEMBET, Jean-Pierre (dir.), *Le Châtiment des villes dans les espaces méditerranéens (Antiquité, Moyen Âge, Époque moderne)*, Turnhout, Brepols, 2012, p. 239-258.

MATTHEWS, Lydia, « Xanthus of Lydia and the invention of Female eunuchs », *Classical Quarterly*, 65-2, 2015, p. 489-499.

MAZZARINO, Santo, *Fra oriente e occidente. Ricerche di storia greco arcaica*, Florence, La Nuova Italia, 1947.

MCDEVITT, Arthur, *Bacchylides. The Victory Poems*, translation with introduction and commentary by Arthur MCDEVITT, Londres, Bristol Classical Press, 2009.

MILLER, Molly, « The Herodotean Croesus », *Klio*, 41, 1963, p. 58-94.

MITCHELL, Stephen, « Troas », *in* HANSEN, Mogens H., NIELSEN, Thomas H. (dir.), *An Inventory of Archaic and Classical Poleis. An Investigation Conducted by The Copenhagen Polis Centre for the Danish National Research Foundation*, Oxford, Oxford University Press, 2004, p. 1000-1017.

MORRIS, Sarah P., « Potnia Aswiya : Anatolian Contributions to Greek Religion », *in* LAFFINEUR, Robert, HÄGG, Robin (dir.), *POTNIA. Deities and Religion in the Aegean Bronze Age*, Proceedings of the 8th International Aegean Conference Göteborg, Göteborg University, 12-15 April 2000, Liège / Austin, 2001, p. 423-434.

MOSSHAMMER, Alden A., *The Chronicle of Eusebius and Greek Chronographic Tradition*, Lewisburg, Bucknell University Press, 1979.

MUSS, Ulrich, « Zur Geschichte des Artemisions », *in* MUSS, Ulrich (dir.), *Die Archäologie der ephesischen Artemis. Gestalt und Ritual eines Heiligtums*, Vienne, Phoibos, 2008, p. 47-56.

OHNESORG, Aenne, *Der Kroisos-Tempel. Neue Forschungen zum Archaischen Dipteros der Artemis von Ephesos*, Vienne, Verlag der österreichischen Akademie der Wissenschaften, 2007.

PAPAZARKADAS, Nikolaos, « Two new epigram from Thebes », *in* PAPAZARKADAS, Nikolaos (dir.), *The Epigraphy and History of Beotia : New Finds, New Prospects*, Leyde / Boston, Brill, 2014, p. 223-251.

PARKE, Herbert W., « Croesus and Delphi », *Greek Roman and Byzantine Studies*, 25, 1984, p. 209-232.

PAYNE, Annick, WINTJES, Jorit, *Lords of Asia Minor. An Introduction to the Lydians*, Wiesbaden, Harrasowitz, 2016.

PEDLEY, John G., *Ancient Literary Sources on Sardis*, Cambridge (MA), Harvard University Press, 1972.

PELED, Ilan, « Eunuchs in Hatti and Assyria : A Reassessment », FELIU, Lluis *et al.* (dir.), *Time and History in the Ancient Near East : Proceedings of the 56th Rencontre Assyriologique Internationale at Barcelona, 26-30 Juillet 2010*, Winona Lake, Eisenbrauns, 2013, p. 785-797.

PELLING, Christopher, « Educating Croesus : Talking and Learning in Herodotus' Lydian *Logos* », *Classical Antiquity*, 25-1, 2006, p. 141-177.

PETIT, Thierry, *Satrapes et Satrapies dans l'Empire achéménide de Cyrus le Grand à Xerxès Ier*, Genève, Droz, 1990.

POLIGNAC, François de, « Quelques réflexions sur les échanges symboliques autour de l'offrande », *in* PRÊTRE, Clarisse (dir.), *Le Donateur, l'Offrande et la Déesse*, Liège, Presses universitaires de Liège, 2009, p. 23-31.

POTTS, Daniel T., « Cyrus the Great and the Kingdom of Anshan », *in* SARKHOSH CURTIS, Vesta, STEWART, Sarah (dir.), *The Idea of Iran I. Birth of the Persian Empire*, Londres / New York, I.B. Tauris & Co. Ltd., in association with The London Middle East Institute at SOAS and The British Museum, 2005, p. 1-28.

POTTS, Daniel T., « Monarchy, Factionalism and Warlordism. Reflections on Neo-Elamite Courts », *in* JACOBS, B., ROLLINGER, R. (dir.), *Der Achämenidenhof. The Achaemenid Court*, Akten des 2. Internationalen Kolloquiums zum Thema « Vorderasien im Spannungsfeld klassischer und altorientalischer Überlieferungen », Landgut Castelen bei Basel, 23. – 25. Mai 2007, Wiesbaden, Harrassowitz, 2010, p. 107-137.

POUILLOUX, Jean, « Les décrets delphiques pour Matrophanès de Sardes », in *Bulletin de correspondance hellénique*, 98-1, 1974, p. 159-169.

RADET, Georges Albert, *La Lydie et le monde grec au temps des Mermnades (687-546)*, Paris, Thorin & fils, 1893.

RAMAGE, Andrew, « Golden Sardis », *in* RAMAGE, Andrew, CRADDOCK, Paul, *King Croesus' Gold. Excavations at Sardis and the History of Gold Refining*, Londres, British Museum Press, 2000, p. 14-23

RATTÉ, Chrisopher, « The Carians and the Lydians », *in* RUMSCHEID, Frank (dir.), *Die Karer und die Anderen*, Internationales Kolloquium an der Freien Universität Berlin 13. bis 15. Oktober 2005, Bonn, Habelt, 2009, p. 135-147.

REDON, Bérangère, « L'identité grecque de Naucratis. Enquête sur la fabrication de la mémoire d'une cité grecque du Delta égyptien aux époques hellénistique et romaine », in *Revue des études grecques*, 125-1, 2012, p. 55-93.

ROBINSON, Marcelle, *Schliemann's Silent Partner : Frank Calvert (1828-1908). Pioneer, Scholar and Survivor*, Bloomington (IN), Privately Printed, Xlibris Corporation, 2006.

ROLLINGER, Robert, « The western expansion of the Median "empire" : a re-examination », in LANFRANCHI, Giovanni B., ROAF, Michael, ROLLINGER, Robert (dir.), *Continuity of Empire (?). Assyria, Media, Persia*, Padoue, Eisenbrauns, 2003, p. 289-319.

ROOSEVELT, Christopher H. *et al.*, « Exploring Space, Economy, and Interregional Interaction at a Second-Millennium B.C.E. Citadel in Central Western Anatolia : 2014–2017 Research at Kaymakçı », *American Journal of Archaeology*, 122-4, 2018, p. 645-688.

ROOSEVELT, Christopher H., *The Archaeology of Lydia. From Gyges to Alexander*, Cambridge, Cambridge University Press, 2009.

ROOSEVELT, Christopher H., « Lydia Before the Lydians », *in* CAHILL, Nicholas D. (dir.), *Lidyalılar ve Dünyaları. The Lydians and Their World*, Istanbul, Yapı Kredi Yayınları, 2010, p. 37-74.

ROOSEVELT, Christopher H., « Iron Age Western Anatolia : The Lydian Empire and Dynastic Lycia », *in* POTTS, Daniel T.

(dir.), *A Companion to the Archaeology of the Ancient Near East*, Oxford, Wiley-Blackwell, 2012, p. 896-913.

ROSE, Charles Brian, « Separating Fact from Fiction in the Aiolian Migration », in *Hesperia*, 77-3, 2008, p. 399-430.

ROSE, Charles Brian, « Introduction : The Archaeology of Phrygian Gordion », *in* ROSE, Charles B. (dir.), *The Archaeology of Phrygian Gordion, Royal City of Midas*, Philadelphie, University of Pennsylvania Press, 2012, p. 1-19.

ROSE, Charles Brian, *The Archaeology of Greek and Roman Troy*, Cambridge, Cambridge University Press, 2013.

ROTH, Jonathan P., « War », *in* SABIN, Philip, VAN WEES, Hans, WHITBY, Michael (dir.), *The Cambridge History of Greek and Roman Warfare*, t. I, *Greece, The Hellenistic World and the Rise of Rome*, Cambridge, Cambridge University Press, 2008, p. 368-398.

ROUGEMONT, Georges, « L'oracle de Delphes : quelques mises au point », *Kernos*, 26, 2013, p. 45-58.

RUBINSTEIN, Lene, GREAVES, Alan M., « Ionia », *in* HANSEN, Mogens H., NIELSEN, Thomas H. (dir.), *An inventory of Archaic and Classical Poleis. An Investigation Conducted by The Copenhagen Polis Centre for the Danish National Research Foundation*, Oxford, Oxford University Press, 2004, p. 1053-1107.

RUBINSTEIN, Lene, « Aiolis and South-Western Mysia », *in* HANSEN, Mogens H., NIELSEN, Thomas H. (dir.), *An inventory of Archaic and Classical Poleis. An Investigation Conducted by The Copenhagen Polis Centre for the Danish National Research Foundation*, Oxford, Oxford University Press, 2004, p. 1033-1052.

RUNG, Eduard, « The End of the Lydian Kingdom and the Lydians after Croesus », *in* SILVERMAN, Jason M., WAERZEGGERS, Caroline (dir.), *Political Memory in and after the Persian Empire*, Atlanta, SBL Press, 2015, p. 7-26.

RUZICKA, Stephen, *Trouble in the West. Egypt and the Persian Empire 525-332 BCE*, Oxford, Oxford University Press, 2012.

SAID, Suzanne, « Herodotus and Tragedy », *in* BAKKER, Egbert J., DE JONG, Irène J. F., VAN WEES, Hans (dir.), *Brill's Companion to Herodotus*, Leyde / Boston / Cologne, Brill, 2002, p. 117-147.

SÁNCHEZ, Pierre, *L'Amphictionie des Pyles et de Delphes. Recherches sur son rôle historique, des origines au IIe siècle de notre ère*, Stuttgart, Franz Steiner, 2001.

SCHAPS, David M., *The Invention of Coinage and the Monetization of Ancient Greece*, Ann Arbor, University of Michigan Press, 2004.

SCHAUDIG, Hans, *Die Inschriften Nabonids von Babylon und Kyros' des Großen, samt den in ihren Umfeld entstandenen Tendenzschriften. Textausgabe und Grammatik*, Munster, Ugarit, 2001.

SCHÜRR, Dieter, « Sardes, Spelmos, Krösus und λαίλας im Lydischen », *Philia*, V, 2019, p. 75-83.

SINEUX, Pierre, *Amphiaraos. Guerrier, devin et guérisseur*, Paris, Les Belles Lettres, 2007.

SOURVINOU-INWOOD, Christiane, « "Myth" and History : on Herodotus III. 48 and 50-53 », *Opuscula atheniensia*, 17, 1988, p. 167-182.

SUMMERS, Geoffrey D., « Aspect of Material Culture at the Iron Age Capital on the Kerkenes Dağ in Central Anatolia », *Ancient Near Eastern Studies*, 43, 2006, p. 164-202.

SUMMERS, Geoffrey D., « East of the Halys : thoughts on settlement patterns and historical geography in the late 2nd millennium and first halfof the first millennium B.C. », *in* BRU, Hadrien, LABARRE, Guy (dir.), *L'Anatolie des peuples, des cités et des cultures (IIe millénaire av. J.-C. – Ve siècle ap. J.-C.)*, vol. 1, actes du colloque international de Besançon (26-27 novembre 2010), Besançon, Presses universitaires de Franche-Comté, 2013, p. 41-51.

SUMMERS, Geoffrey D., « The Kale at Kerkenes Dag : An Iron Age Capital in Central Anatolia », *in* REDFORD, Scott, ERGIN, Nina (dir.), *Cities and Citadels in Turkey. From the Iron Age to the Seljuks*, Louvain, Peeters, 2013 (« Ancient Near Eastern Studies », Supp. 40), 2013, p. 137-160.

TALAMO, Clara, *La Lidia arcaica. Tradizioni genealogiche ed evoluzione istituzionale*, Bologne, Pàtron editore, 1979.

THONEMANN, Peter, « Croesus and the Oracles », *Journal of Hellenic Studies*, 136, 2016, p. 152-167.

TUPLIN, Christopher, « Ctesias as Military Historian », *in* WIESEHÖFER, Josef, ROLLINGER, Robert, LANFRANCHI, Giovanni B. (dir.), *Ktesias' Welt / Ctesias' World*, Wiesbaden, Harrasowitz, 2011, p. 449-488.

TUPLIN, Christopher, « Medes in Media, Mesopotamia, And Anatolia : Empire, Hegemony, Domination or Illusion », *Ancient West & East*, 3-2, 2004, p. 223-251.

VAN DER SPEK, Robartus J., « Cyrus the Great, Exiles, and Foreign Gods : A Comparison of Assyrian and Persian Policies on Subject Nations », *in* KOZUH, Michael *et al.* (dir.), *Extraction & Control. Studies in Honor of Matthew W. Stolper*, Chicago, Institute for the Study of Ancient Cultures, 2014, p. 233-264.

VERGNAUD, Baptiste, *Recherche sur les fortifications d'Anatolie occidentale et centrale au début du premier millénaire av. J.-C. (X^e-VIe s.)*, t. I, *Texte*, thèse de doctorat en « Histoire, Langues et Littérature ancienne », université Michel de Montaigne – Bordeaux 3, inédit, 2012.

VILLARD, Pierre, « L'Empire néo-assyrien », *in* HURLET, Frédéric (dir.), *Les Empires. Antiquité et Moyen Âge. Analyse complète*, Rennes, Presses universitaires de Rennes, 2008, p. 15-32.

VOISIN, Dominique, « Décomposition et recomposition des motifs mythologiques dans les *Passions d'amour* de Parthénios de Nicée », *in* ZUCKER, Arnaud *et al.* (dir.), *Lire les mythes. Formes, usages et visées des pratiques mythographiques de l'Antiquité à la Renaissance,* Villeneuve-d'Ascq, Presses universitaires du Septentrion, 2016, p. 67-83.

WALLACE, Robert W., « Walwe and Kali », *Journal of Hellenic Studies,* 108, 1988, p. 203-207.

WALLACE, Robert W., « KUKALIṂ, WALWET, and the Artemision deposit : problems in early Anatolian electrum coinage », *in* VAN ALFEN, Peter (dir.), *Agoranomia. Studies in Money and Exchange Presented to John H. Kroll,* New York, American Numismatic Society, 2006, p. 37-48.

WALLACE, Robert W., « Charismatic Leaders », *in* RAAFLAUB, Kurt A., VAN WEES, Hans (dir.), *A Companion to Archaic Greece,* Chichester, Wiley-Blackwell, 2009, p. 411-426.

WALLACE, Robert W., « Redating Croesus : Herodotus Chronologies, and the Dates of the Earliest Coinage », *Journal of Hellenic Studies,* 136, 2016, p. 168-181.

WATERS, Matt, « Notes On The Medes And Their "Empire" From JER 25:25 to HDT 1.134 », *in* FRAME, Grant *et al.* (dir.), *A Common Cultural Heritage. Studies on Mesopotamia and the Biblical World in Honor of Barry L. Eichler,* Bethesda, 2011, p. 243-253.

WATERS, Matt, *Ancient Persia. A Concise History of the Achaemenid Empire, 550-330 BCE,* Cambridge, Cambridge University Press, 2014.

WEST, Stephanie, « Croesus second reprieve and other tales about the Persian court », *Classical Quarterly,* 53-2, 2003, p. 416-437.

WILL, Édouard, *Doriens et Ioniens. Essai sur la valeur du critère ethnique appliqué à l'étude de l'histoire et de la civilisation grecques,* Paris, Les Belles Lettres, 1956.

WINAND, Jean, *Une histoire personnelle des pharaons,* Paris, Puf, 2017.

WISEMAN, Donald J., « Babylonia 605-539 B.C. », *in* BOARDMAN, John, EDWARDS, Iorwerth E. S., HAMMOND, Nicholas G. L., SOLLBERGER, Edmond, WALKER, Christopher B. F. (dir.), *The Cambridge Ancient History*, t. III-2, *The Assyrian and Babylonian Empires and other States of The Near East, from the Eighth to the Sixth Centuries B.C.*, Cambridge, Cambridge University Press, 1991, p. 229-251.

WOUDHUIZEN, FRED, « Phrygian & Greek », *Talanta*, 40-41, 2008-2009, p. 181-217.

YAKUBOVICH, Ilya S., *Sociolinguistics of The Luwian Language*, vol. 1, thèse de doctorat en Philosophie, inédit, université de Chicago, 2008.

YAKUBOVICH, Ilya S., « An agreement between the Sardians and the Mermnads in the Lydian language ? », *Indogermanische Forschungen*, 122-1, 2017, p. 265-293.

ZAWADZKI, Stefan, « The Portrait of Nabonidus and Cyrus in *Their* (?) Chronicle : When and Why the Present Version Was Composed », *in* CHARVÁT, Petr, MAŘÍKOVÁ VLČKOVÁ, Petra (dir.), *Who Was King ? Who Was Not King. The Rulers and their Ruled in the Ancient Near East*, Prague, Institute of Archaeology of the Academy of Sciences of the Czech Republic, 2010, p. 142-154.

RESSOURCES EN LIGNE

NATIONAL AERONAUTICS AND SPACE ADMINISTRATION. *NASA Eclipse Web Site* : eclipse.gsfc.nasa.gov/eclipse.html

Index

Table

ANNEXES

Pour en savoir plus
sur les Éditions Perrin
vous pouvez consulter notre site Internet

www.editions-perrin.fr

lisez!

et nous suivre sur les réseaux sociaux

Editions Perrin

@EditionsPerrin

@editionsperrin

Pour plus d'information :

#lisez! engagé
www.lisez.com

Imprimé sur du papier issu de forêts gérées durablement.

Achevé d'imprimer en octobre 2023
dans les ateliers de Normandie Roto Impression s.a.s.
N° d'impression : 2304157

Imprimé en France